アジア共同体構想と地域協力の展開

朱 永浩 編著

文眞堂

序

　本書は，ワンアジア財団の「アジア共同体講座開設大学への研究助成」を得て福島大学で行われた総合講座「アジア共同体構想と地域協力の展開」(2016年度，2017年度）をもとに編集された，アジア地域理解のための入門書である。総合講座では，アジア地域に関わる各研究分野の専門家による講義が柱となり，アジア共同体構想を展望すべく，現在アジア地域の直面している様々な課題（経済統合，歴史認識，文化理解，安全保障，国際物流，国際労働力移動，環境問題，地域間連携など）を念頭において授業が進められた。また，今後アジア地域が目指すべき繁栄と平和に結びつく方向性についての検討も行われた。

　周知のように，アジアの最大の特徴は，多様性に富んだ地域であるということである。すなわち，アジアは，民族，宗教，言語，歴史，政治体制，経済発展の水準，人口密度などにおいて極めて多様な地域である。1990年代後半以降のアジアの国々においては，グローバル化の加速に伴い，域内協力・連携，共同体創成への関心が高まってきた。これらの議論は，自由貿易協定（FTA）や経済連携協定（EPA）に代表されるように，経済協力・連携・統合の重要性が強調され，その地域的範囲は東南アジア諸国連合（ASEAN），東アジア自由貿易地域（EAFTA），東アジア地域包括的経済連携（RCEP）などへと広がっている。

　こうしたアジアの域内経済連携の強化は当然重要であるが，一方で，「開かれた地域主義」の基本理念のもとで，単なる経済利益の追求だけではなく，政治や社会，歴史，文化，環境など様々な分野での相互理解・協力推進も欠かせない。幅広い分野の地域協力の積み重ねを通して，アジアにおける共同体意識の生成・発展の可能性という点に注視することも重要である。アジアの繁栄と平和をいっそう図っていくためには，地理的範疇に拘わらず，東アジア，東南アジア，東北アジアを含めた「アジア」の多様性に留意しつつ，地域協力の深

化や共同体意識の生成，共同体の枠組み作りのような中長期的課題について，政治，経済，社会，歴史，文化，環境などの側面からさらなる検討を進めていく必要がある。

このような問題意識から，本書は，アジア地域協力の進展，共同体の創成に向けた構想に関する具体的な課題および取組み状況に焦点を当て，域内協力・連携の促進とともに「アジア地域理解の視点」を提供し，「共生するアジア」の問題意識を高めることを目的としている。

本書は大きく4部構成となっている。以下，本書の構成に即して各部・各章の内容を簡単に紹介しよう。第Ⅰ部「グローバル化するアジアと共同体構想」は，グローバル化の中のアジアの構造転換および共同体構想の具体的課題を分析する4つの章からなる。

第1章「アジア共同体構想の意義と課題」では，アジア共同体構想へのアプローチをまとめたうえで，多様な視点からアジアを見る重要性を論じる。さらに共同体構想については，地域的な概念に拘束されず，豊かで多様な個性や文化が尊重されるための議論を進めるべきであると指摘する。

第2章「構造転換のアジア経済と『共同体』構想」では，急速に成長する東アジア経済に焦点を合わせ，その構造変化と発展のメカニズムについて論じる。こうした構造転換への関わりおよび共同体構想については，東アジアにおける相互理解と地域協力を共に考える重要性を強調している。

第3章「グローバル時代の東アジア地域協力」は，世界経済を特徴づけているグローバル化の観点に基づき，東アジアの経済的特徴を析出している。さらに，環太平洋パートナーシップ協定（TPP）とRCEPを取り上げ，その誕生の経緯および東アジアにとっての意義の違いを明らかにしながら，経済統合をいっそう深化するための方途を論じている。

次に，第4章「ASEAN経済共同体の創設と東アジア共同体」では，アジアの経済統合の先頭ランナーであるASEAN経済共同体（AEC）の経済統合の歴史的経緯とその特徴，課題を論じた上で，ASEANを中核に東アジアの経済統合と協力を重層的に進める必要性を主張している。

第Ⅱ部「多角的視点から見る東北アジアの歴史と現在」は，ディアスポラや，歴史認識，国際貿易，地域経済連携などの多角的視点から，東北アジアの

歴史と現在を描出する5つの章からなる。

　第5章「東北アジアのコリアン・ディアスポラと日本」では，20世紀以降，中国，ロシア，中央アジア，日本に移住した「コリアン」が，移住先での社会形成過程と彼らの戦後国籍処遇問題について考察する。その上で，多国籍・多言語の民族共同体としての多層的なアイデンティティによって構成された「在外コリアン」の歴史的研究の意義について，東北アジア共同体の構想を考える際に大きな示唆を与えるものだと強調している。

　第6章「歴史認識をめぐる問題について―日韓相互理解への道」では，近代日朝関係の推移を追いつつ日本の朝鮮支配の本質を究明する。また，戦後から今日に至るまで日韓両国がかつての植民地支配をめぐる問題の清算にどのような態度で臨んで来たかを検討し，日韓両国を含めアジアの未来のために過去に蓋をせずに誠実に向き合う必要性を示している。

　第7章「現代北朝鮮問題の理解と東北アジア共同体」では，北朝鮮について理解するために，日本の植民地時代，第二次世界大戦後に南北が分断して独立した歴史経緯や，朝鮮戦争，核・ミサイル開発問題などの視点から読み解く。こうした考察を踏まえて，東北アジアにおける経済をはじめとする各種交流・協力を強化する上で，北朝鮮問題の解決が必須条件だと論じている。

　第8章「日中韓をめぐる東北アジアの貿易構造」では，世界経済における日中韓の位置づけに焦点を当てつつ，日中韓の3カ国をめぐる貿易のつながりについて考察する。さらには，アジアの地域協力・地域統合に向けた構想に，東アジア域内の貿易比率の増大が重要だと強調している。

　第9章「中国東北部から見た東北アジアの地域経済連携」では，中国東北部と東北アジア諸国との経済関係が深化している点に着目し，近年における中国東北部経済の特徴と対外貿易の現状を考察する。さらに中国東北部とロシア極東地域，韓国，北朝鮮，日本との経済連携の実態と課題を明らかにするとともに，東北アジア諸国とこれから向き合うための手がかりを探る。

　第Ⅲ部「アジア地域協力の展開と課題」は，アジア地域協力の進展状況および将来の展望について，国際移民や国際物流，インフラ整備，環境問題，企業間の協力と競争などの観点から考察し，5つの章で構成される。

　第10章「アジアにおける国際移民―メリットとデメリットを中心に」で

は，送り出し国，受け入れ国のそれぞれの観点から，外国人労働者も含めたアジアの国際移民の現状とそのメリット，デメリットについて論じ，アジア共同体を構想するにあたり，「人の自由な移動」の重要性を指摘している。

続く第11章「アジアの経済交流を支える国際物流」では，日本を中心にアジアとの国際物流の進展状況を分析し，また物流インフラ整備を目的とした国際協力の進捗と展望について考察する。その上で国際物流インフラがアジア地域の安定化に寄与することができることを主張する。

次に，第12章「アジアにおける発展途上国の選択―自由貿易かインフラ整備か」では，まずTPP，RCEP，「一帯一路」戦略の現状と課題を取り上げた上で，途上国のネパールの事例を中心に解説し，自由貿易の基盤となるインフラの整備はアジアの発展途上国の最優先課題だと結論づけている。

第13章「東アジアにおける環境問題と国際協力」では，環境問題の現状，その本質と課題について整理し，環境問題と生産活動，生活スタイルとの関わりを考察する。また，越境汚染をめぐる東アジア地域の環境問題における多国間協力と民間レベルでのNGO活動の取組みとその意義についても明快に解説している。

第14章「東アジアにおける小売業の協力と競争―日韓小売企業の中国進出を中心に」では，日本および韓国の小売企業の中国進出に注目し，その経営展開について論考する。また，東アジアにおける小売分野の連携促進が生じる可能性を示唆するとともに，域内の信頼醸成に対するその意義も強調している。

第Ⅳ部「大学生からの意見・提言――日本とアジアの未来へ――」では，総合講座「アジア共同体構想と地域協力の展開」を受講した10名の現役大学生たちの意見・提言を収めた。アジア共同体構想への信頼醸成・共生のために必要なことは何かを探るために，こうした若者の切実な声，ユニークな視点から現実的なヒントを引き出すことが大切であろう。

最後に，福島大学での総合講座「アジア共同体構想と地域協力の展開」の開講の助成および本書の出版機会を提供して下さったワンアジア財団の佐藤洋治理事長，財団の関係諸氏に衷心より拝謝申し上げる。また，本書の出版にあたり，総合講座の講義内容をベースにした玉稿をお寄せいただいた執筆者の先生

方に心より厚く御礼申し上げる。そして総合講座の運営に多大なるご支援をいただいた福島大学経済経営学類の佐野孝治学類長，伊藤俊介准教授，近裕見子支援室長，菅野徳裕氏を含む関係者諸氏に，深甚の謝意を表したい。さらに原稿整理等の細かな作業にご協力いただいたゼミ生の澤田果奈さん，當間丈士君，相田柊太郎君に感謝したい。筆末ながら，本書の刊行を快く引き受けていただいた文眞堂の前野隆社長，並びにひとかたならぬ尽力をしていただいた担当編集者の前野弘太氏に心より御礼を申し上げたい。

2018 年 1 月 7 日

朱　永浩

目　次

序 ………………………………………………………………………… *i*

第Ⅰ部
グローバル化するアジアと共同体構想

第1章　アジア共同体構想の意義と課題 …………（鄭　俊坤）*3*

　　はじめに ……………………………………………………… *3*
　　第1節　アジア共同体へのアプローチ ……………………… *3*
　　第2節　アジア共同体を考えるための視点 ………………… *5*
　　むすびにかえて ……………………………………………… *8*

第2章　構造転換のアジア経済と「共同体」構想 ………（平川　均）*11*

　　はじめに ……………………………………………………… *11*
　　第1節　世界経済の構造転換と東アジア …………………… *12*
　　第2節　東アジアの発展構造とその転換 …………………… *17*
　　第3節　地域協力の重要性と共同体構想 …………………… *20*

第3章　グローバル時代の東アジア地域協力 …………（小林 尚朗）*25*

　　はじめに ……………………………………………………… *25*
　　第1節　グローバル化した世界 ……………………………… *26*
　　第2節　グローバル化の光と影 ……………………………… *30*
　　第3節　東アジア地域協力の萌芽の意味 …………………… *33*
　　第4節　グローバル時代の東アジア地域協力を考える …… *37*

第4章　ASEAN経済共同体の創設と東アジア共同体…(石川　幸一) 43

 はじめに ……………………………………………………………… 43
 第1節　東南アジア地域の特徴 …………………………………… 43
 第2節　ASEANの経済統合の歴史 ……………………………… 46
 第3節　ASEAN経済共同体の創設 ……………………………… 48
 第4節　ASEAN経済共同体の評価 ……………………………… 51
 第5節　AEC2025に向けて ……………………………………… 54
 おわりに──ASEANに学び重層的な交流を ………………… 55

第Ⅱ部
多角的視点から見る東北アジアの歴史と現在

第5章　東北アジアのコリアン・ディアスポラと日本…(権　寧俊) 61

 はじめに ……………………………………………………………… 61
 第1節　沿海州地域への移住と「高麗人社会」の形成 ………… 62
 第2節　中国朝鮮族社会の形成 …………………………………… 67
 第3節　在日朝鮮人社会の形成 …………………………………… 72
 おわりに …………………………………………………………… 77

第6章　歴史認識をめぐる問題について ……………(伊藤　俊介) 81
   ──日韓相互理解への道──

 はじめに ……………………………………………………………… 81
 第1節　近代日朝関係史の推移 …………………………………… 82
 第2節　日韓国交正常化と歴史認識をめぐる問題 ……………… 87
 むすびにかえて …………………………………………………… 92

第7章　現代北朝鮮問題の理解と東北アジア共同体……(三村　光弘) 94

 はじめに ……………………………………………………………… 94

第 1 節　「北朝鮮」とは何か，その起源と日本 ……………………… 95
第 2 節　なぜ北朝鮮は核を持とうとするのか──北朝鮮の政治，国際関係 ……………………………………………………………… 105
第 3 節　北朝鮮はどうすれば変われるのか──経済社会の変化から見た示唆 ……………………………………………………………… 109
おわりに ……………………………………………………………… 113

第 8 章　日中韓をめぐる東北アジアの貿易構造 ……… （大津 健登）117

はじめに ……………………………………………………………… 117
第 1 節　日中韓の豊かさ …………………………………………… 118
第 2 節　日中韓をめぐる生活の結びつき ………………………… 120
第 3 節　日中韓をめぐる貿易の構造（しくみ） ………………… 123

第 9 章　中国東北部から見た東北アジアの地域経済連携
　　　　　 ……………………………………………… （朱　永浩）127

はじめに ……………………………………………………………… 127
第 1 節　変貌する中国東北部経済 ………………………………… 129
第 2 節　中国東北部と東北アジアの経済関係 …………………… 135
おわりに ……………………………………………………………… 143

第Ⅲ部
アジア地域協力の展開と課題

第 10 章　アジアにおける国際移民 ………………… （佐野 孝治）149
　　　　　──メリットとデメリットを中心に──

はじめに ……………………………………………………………… 149
第 1 節　世界とアジアにおける国際移民の状況 ………………… 150
第 2 節　国際移民・国際労働移動のメリット …………………… 156
第 3 節　国際移民・国際労働移動のデメリット ………………… 160

おわりに ………………………………………………………… *163*

第11章　アジアの経済交流を支える国際物流 ………（新井 洋史）*167*

第1節　国際物流の基礎 ……………………………………… *167*
第2節　日本とアジアの国際物流 …………………………… *169*
第3節　アジアにおける物流インフラ整備 ………………… *172*
第4節　シームレス物流の課題 ……………………………… *175*
第5節　国際インフラ整備と地域の安定化 ………………… *177*

第12章　アジアにおける発展途上国の選択 ………（徐　一睿）*180*
　　　　――自由貿易かインフラ整備か――

はじめに ………………………………………………………… *180*
第1節　TPPと一帯一路の成り行き ………………………… *181*
第2節　アジアの発展途上国は何を求めているか？ ……… *185*
第3節　ネパールの事例から考える ………………………… *188*
おわりに ………………………………………………………… *194*

第13章　東アジアにおける環境問題と国際協力 ………（金　　丹）*197*

はじめに ………………………………………………………… *197*
第1節　環境問題 ……………………………………………… *198*
第2節　国際協力 ……………………………………………… *204*
おわりに ………………………………………………………… *207*

第14章　東アジアにおける小売業の協力と競争 ………（包　振山）*209*
　　　　――日韓小売企業の中国進出を中心に――

はじめに ………………………………………………………… *209*
第1節　日韓系小売企業の中国への進出要因 ……………… *210*
第2節　日韓系小売企業の中国進出 ………………………… *213*
第3節　日韓系小売企業進出の中国小売業へのインパクト … *219*
第4節　東アジアにおける小売分野の連携可能性 ………… *223*

第Ⅳ部
大学生からの意見・提言
――日本とアジアの未来へ――

相互分析，相互理解の必要性――作られた一体感を避けるために――
……………………………………………………………（相田 柊太郎）*229*
若者に託された「新しいアジア」……………………………（及川 英莉）*231*
地域協力は「アジア人」としての意識から …………………（小島　望）*233*
将来の日本とアジアのあり方 …………………………………（勝田 菜那）*235*
日本における東アジア地域との連携・協力のかたち………（小林 宇輝）*237*
「協力」と「発展」――手を繋ぎ始めるアジア―― ……………（佐々木 将登）*239*
アジア地域協力とコンテンツの可能性 ………………………（澤田 果奈）*241*
友達づくりから始めるアジア共同体 …………………………（相馬 周平）*243*
これからのアジアと日本の関係 ………………………………（高藤 美幸）*245*
鍵を握る日中関係と相互理解――アジアの未来に向けて―― …（當間 丈士）*247*

第Ⅰ部

グローバル化するアジアと共同体構想

第1章
アジア共同体構想の意義と課題[1]

はじめに

　アジアは多様性のある地域である。そのため，ヨーロッパの EU のような一つの共同体を作ることに対して，一般的に否定的な意見が多い。しかし，今後の人々が，より快適に，平和に，そして自由に生きていくためには，このままの既存の国家の枠組みにとらわれていてはそれを実現することはできない。これからの時代には，国民国家の概念を越えた考え方が，そして多様性を前提とした多文化共生社会の実現が必要になってくる。

　本章では，アジア共同体の意義と課題について提言する。具体的には，まず第1節では，アジア共同体を考える上での全体の視点を紹介する。そして第2節では，アジア共同体の必要性について述べ，そこから実現に向けて私たちに何ができるかの提言をする。

　アジア共同体については人によって様々な考え方がある。しかし，そのアジア共同体の論議がどのようなものかを知らなければ，まず理解することはできない。ここでアジア共同体の論議がどのようなものかを理解し，関心を持ち，そしてそこから一人ひとりがアジア共同体について考えてみてほしい。

第1節　アジア共同体へのアプローチ

　本章に入る前に，ワンアジア財団の活動について述べたい。2016 年現在，世界で約 230 の大学でアジア共同体論の講義が行われ，準備中の大学も 130 校

ある。この講座に参加する先生は5000名を超えるなど，アジア共同体論に興味を持っている大学は多い。本講座が開講されているのは日本や韓国，中国といったアジアの大学だけでなく，アメリカやカナダ，そしてイタリアやイギリスといった欧州諸国，そしてアフリカやオーストラリアでも開講されている。わずか5，6年足らずの間にアジア共同体論の講義が世界中で行われるようになった。

　この理由として2点あると筆者は考える。一つ目は，世界中の先生方の中には国を越えた新しい社会の流れをすでに認識し，このような講座を提供したいと考える先生がいることだ。大学は人の集まる「共同体」であり，学生と教員の「共同体」である。つまり，そこに誰がいるかが重要だということだ。そのような先生方の新しい時代の流れの認識と情熱でこの講座は開講できるようになった。

　2つ目は，学生の関心が高いことである。本講座に対する学生の人気は年々高まってきている。開講している大学の中には，受講志望者数が教室の定員を超えるために受講生を減らしたり，または席が足りないために立って授業を受ける学生がいたりする大学もある。また，一部の大学では常設科目として定着しつつある。学生からの関心が高いことは非常に重要なことである。いつの時代も歴史を変えたのは若者である。それは日本だけではなく，世界でも同じだ。若者は時代を批判的に見るが，その不満こそ，時代を変えるエネルギーになる。現在，若者が国を越えて新しい変化を模索していることは間違いない。

　ワンアジア財団は国や団体の利益のために活動するのではなく，組織や個人の名誉のために活動しているわけでもない。ただ，アジア共同体の創生に寄与することだけを目的としている。この講座は，たとえば日本，中国や台湾，イスラム圏でも，世界中の至る所で行われている。

　他方，「アジア共同体」の定義は漠然としている。そしてまた，アジアを理解することも難しい。アジアのイメージは人それぞれである。なぜなら，人々はそれぞれの異なる関心，知識，経験，視点からアジアを見ているからだ。しかし，違う視点を持っているからといって，それが間違いだというわけではない。それも一つの視点である。そのため，より多くの人の多様の視点からアジアを見れば見るほど，深い理解に繋がっていくことになる。理解とは，性格や

生い立ち，趣味，関心，経験などを通じて初めて少しずつ深まっていき，次第に距離や壁が無くなっていくものである。そしてそれは，アジアの社会への理解に対しても同じことが言える。知れば知るほどアジアとの距離や壁は無くなっていくのである。

　歴史的な視点からみると，アジアは絶えず変化があった地域である。時代によってアジアの範囲が変化してきた。また，現在であってもたとえば日本の外務省と韓国の外務省とではアジアの範囲は異なっている。また，国連のアジアの範囲も同じではない。しかし，どこでアジアを線引きするかということは，これからの時代にとっては，重要なことではない。

　たとえば，トルコで授業を行ったとき，トルコの学生からこのような質問を受けた。それは，「トルコはアジアとヨーロッパのどちらに入るべきか？」という質問だった。私は次のように答えた。「トルコは政治的にヨーロッパに入ることが有利であればヨーロッパに入った方がいいし，もし経済的にアジアに入ればよりよいならばアジアに入った方がいいだろう。また，人種的にみれば文化的には中央アジアに属するとも言える」。

　アジアやヨーロッパなどの範囲に，一言で分ける必要があるだろうか。むしろ，どこにも属さずに，場合によって属するカテゴリーが変われば，より豊かなより楽しい生き方ができるはずだ。安全保障や経済，文化的な要素によって，付き合う国に関して様々な選択があるべきだ。また，逆にそのような中間的な国・地域があることによって，お互いの地域の対立もなくなることが有り得る。線引きする基準はないはずである。それは，これからの時代も同じである。違うからすべて対立するのではなく，分野や関心によって付き合いを考えるべきである。これがアジアである。

第2節　アジア共同体を考えるための視点

1．多様な視点からアジアをみる

　アジアは多様性のある地域である。そして，ヨーロッパは文化的に共通性をもつ地域と言われている。筆者はヨーロッパに行ったとき，現地の大学生にア

ジアについて質問したことがある。そのとき，「アジアと聞いて思い浮かぶものは何ですか？」と聞いた。そしたらその学生は，アニメや音楽，ドラマ，映画と答えた。私が想像していたものは書道や茶道などの伝統的なものであったため，今のヨーロッパの若い人は，筆者の考えているイメージでアジアを見ていないことに気が付いた。若い世代のアジアを見る目は，ただの伝統だけではなく，リアルタイムで感じているアジアを見ているのだ。

　私たちが思っているアジアを外からはそう思っていない可能性がある。内側からと外側からみるアジアでは異なるかもしれない。だからこそ，より多様な視点からアジアを見る必要がある。そうしないと，本来のアジアを見失う可能性がある。そして，自分の部分的な知識でアジアを決めつけてしまう恐れがある。

　アジアの多様性を一つに決めつけてはいけないと，筆者は常に思っている。アジアの多様性は非常に抽象的だ。モンゴルに行った際，そのことを実感した出来事があった。それは，2015年12月にウランバートルへ行ったときに起こった。空港に到着し気温を確認したところ，現地の気温はなんとマイナス30度であった。そしてその翌日，ホーチミン国立大学へ向かった。飛行機に乗ってホーチミン空港に到着し気温を確認すると，今度はプラス30度だった。同じアジアの中でも，こんなにも環境が異なっていた。

　人間は，自分が直面している自然や文化の立場から相手を見ることには慣れている。私たちは文化を体で覚え，文明を頭で覚えている。そのため，体で覚えるものが我々の行動や判断を左右する場合が多い。つまり，文化的な見解を越えられない場合がある。マイナス30度からみるのもアジアではない，プラス30度から見るのもアジアではない。アジアは両方含めて初めてアジアと言える。だから，我々はより多様な視点からアジアをみる必要がある。

　ここまで多様性のあるアジアには多様な視点が必要だという話をしたが，時間という意味での多様性もある。普段から，自分自身や自分の属している国や共同体を見るときには，幅広い視点から見ている。つまり，過去・現在・未来の視点から見ている。過去の視点は歴史から，苦しくて辛い経験があっても，あるいは華麗な歴史があっても，その記憶をもって現在を見ている。そして，そこから未来を夢見ている。しかし，他者については必ずしもそうではない。

場合によっては過去の視点だけ，または現在の視点だけで縛られて見ていることもある。そのため，相手の過去や現在の状況のみで判断し，相手の将来について正しく評価しようともしないことがある。

このことを実感した出来事がある。授業を行いにモンゴルを訪れた時のことだ。モンゴルは，日本などと比較すると経済面においては発展途上国である。そして，社会的なインフラもまだ足りない国だ。そこで，筆者は現地の学生に，韓国や日本に行ったことがあるか尋ねた。モンゴルは経済的余裕がないため，クラスの2，3人しか手を挙げないと考えていたが，実際は約半分が手を挙げた。そこで自分の先入観に間違った理解があり，自分の基準が間違っていたことに気が付いた。私たちは経済的余裕があるから海外に行くと考えがちであるが，これが必ずしも正しいわけではない。一番重要なことは経済的余裕ではなく，関心と熱意があるかどうかだ。まず関心がなければ外に行く行動に繋がらない。関心があって，また知識を深めてそこに近づいていく。だから，そこで筆者は現在の視点のみで彼らを判断していたことに気が付いた。

2.「変化」や「限界」についての対応

上記で述べたように，固定概念から相手を見てはいけないし，その国を判断してはいけない。今，世界各地で起きている様々な対立や葛藤は，ある部分だけを見て全体を理解したような錯覚によって起きる対立がほとんどである。しかし，全体像を見れば見るほどその誤解は無くなっていく。国も個人も同じだ。大体そういう壁の中で戦争が起きたりしていた。だから私たちは，そういう偏見や先入観をなくす努力をする必要がある。それがアジア共同体講座の重要なポイントだ。そうしない限りは一緒になることは無理であり，壁をなくすことも無理である。そういう意味で一人の人間に対しても様々な視点を持つことが必要である。同様に，一つの国を理解するためにも歴史，文化，様々な視点が必要である。そして，その国を超える地域を理解するためにはより多様な視点がまず大事だ。それが必要であることを我々が認めることで，新しい何かが見えてくるはずだ。

19世紀のフランスの政治学者，A. D. トクヴィルは「一つの国についてしか知らない者は，実はその国についても知ってはいない」という言葉を残してい

る。国に限らずある物事や現象を分析するには他と比較することの重要性を説いたのである。自分が属している共同体，そして自分自身を見るためにもより広い視点からみる必要がある。つまり，アジア全体の脈絡，あるいは世界史の脈絡の中でその国や共同体を見る必要がある。そのとき，より客観的にそして相対的に自分が見えてくる可能性がある。したがってどのような視点をもつかが重要である。知識や情報やそういうものは，後から収集してもよい。しかし，どのような視点から事実を集めるかによってそれは変わるものである。

3．アジア共同体の構築に向けて

　ここまで，視点の重要性について述べてきた。しかし，その視点だけではその社会は変わらない。そこで最も重要なことは行動である。アジア共同体は，今はまだ存在しないものだ。しかし，これから作っていくためには，想像だけでは不可能であり，想像力とともに行動力も必要になってくる。たとえば，遠くのものは見えないし，遠くの声は聞こえない。しかし，近づくことによってより正確に見たり，聞いたりすることはできる。そこに近づくか近づかないかは個人の自由である。想像力で終わらせてもよい。しかし，遠くまで行った人しか得られない新しい知識や情報や経験があることは事実である。

　そして，それによってまた新しい発想をすることもできる。私たちは，そういうある意味では想像力で終わって相手を決めつけることが有り得る。それは 21 世紀の私たちを危険にさせる。すべてを経験することがもちろん無理であっても，できる限り確認したり，行ってみたりすることが重要である。

むすびにかえて

　アジア共同体を作ることは，その国がなくなるという意味ではない。もしくは，文化をなくし，一つに統合するということでもない。ただ，国の本来の役割をより完全にするための変化のプロセスである。国の本来の役割とは，国家を形成する人々が，より自由でより快適で幸せに生きるために努めることである。だから，それを目指していない国家は，国民にとってどのような意味を持

つのだろうか。そこで国家を超える発想が必要であるわけだ。したがって，アジア共同体は必ずしも地域的概念に拘束される必要はない。だからと言ってその地域を無視するというわけではない。地域を踏まえて，その上で国を越え，アジア全体の視点で，共同体を生きる人々に焦点を置いて発想をすることが重要である。

したがってアジア共同体の目指すところは，開かれた共同体として地域的な概念に拘束されず，人間の持つ可能性を広げると同時に，豊かで多様な個性，文化が尊重されるための共同体であるべきと考える。それは，人類自らが作り上げてきた古い壁を一つずつ卒業していくプロセスでもある。

今の国家のあり方や役割がこのままで永遠に続くことは考えにくい。今まで絶えず変化してきたように，これからも国家が変化することによってその国に生きる人々が，より自由でより豊かに，より快適で幸せに，そしてより平和に生きるために変化していく必要がある。

最終的な人類のゴールは，世界中の人々が全体の中でより自由に生きることである。そのためには，私たちは国家・国民という概念に拘束されることなく，より多様な民族・文化や多様な価値観で構成されるその市民社会の中で広い視点で生きる選択をしないといけない。そのために私たちは，国家と国家を結び付けると同時に，国家の中にいる個人と個人を結びつける努力を，私たち一人ひとりが行うことも必要である。

したがって，アジア共同体を形成することは，単なる国家間の制度的な統合のみを意味するものではない。夫婦が結婚するときでも，心を交わして壁を壊す必要がある。それと同様である。私たちの考え方や発想が変わらないままに，今の枠組みの中ですべて判断するとすれば，国家を超えることはできない。だから，それを越えたより違う広い視点から自らを，アジアを，そして世界をみる努力をする必要がある。そしてそれを行うためには，私たちが心の内面に持っている様々な壁を卒業していくための訓練・練習を一人ひとりがやるしかない。

EUでもそうであったように，私たちには教育を通じて，持っている先入観や偏見，既存の知識や情報などから，より自由になり，全体をみようとする心構えが必要である。それができたときに，また違った意味で自分が，そして相

手が見えてくる可能性がある。そういう視点から進めていくのが，まさにアジア共同体の論議である。つまり，単に一つのモデルを作って，それを目指していくという意味ではない。アジア共同体を形成することは，単なる国家間の制度的な統合のみを意味するものではない。今までの制度や価値観を卒業して，これからの時代に必要な新しいパラダイムの変換を意味する概念である。したがって，既存のロジックやシステムの延長ではなく，人々の新しい発想によって議論していくものである。そういうプロセスが，アジア共同体の論議である。

（鄭　俊坤）

【注】
1　本章は 2016 年 4 月 20 日，福島大学に招かれて行った著者の講演をもとに構成し，澤田果奈・朱永浩が整理したものである。

第 2 章
構造転換のアジア経済と「共同体」構想

はじめに

　半世紀近く前に始まった東アジアの新興経済の成長はこの間，参加する国を次々と増やし，今では地理的に東アジアの殻すら破り始めている。またそれに伴い，世界とアジアにおける各国間の関係も変わってきた。中国が経済規模で日本を超えたことは既に常識だろう。しかし，アジアや世界の経済の構造がどう変化しているか，各国間の関わり，特に日本との関係がどのようなものなのかとなると情報はかなり偏り，全体像を掴むことはそれほど易しいことではない。

　とは言え，世界経済やアジア経済が現在進行形で動いていることは実感できるようになった。アメリカにトランプ大統領が誕生して，これまで同国が進めてきた経済のグローバル化の行方はどうなるだろうか，ブレグジット（Brexit）の造語が生れたイギリスのEU離脱はヨーロッパをどう変えるだろうかなど，世界中で期待を膨らませる人々もいるに違いないが，おそらくそれ以上に多くの人々が他人事では済まないと不安感を強めているように思われる。

　アジアの経済に眼を転じても，同じことが言える。東アジアは既に20世紀末から様々な変化を国際社会にもたらしていた。G20，BRICs（あるいはBRICS），アジア・インフラ投資銀行（AIIB）など，新たな名称や会議，そして組織がこの時代に次々と生まれている。成長するアジア経済は世界の経済的枠組みや組織・制度に再編をもたらしている。

　本章の目的は，現在進行形で変化するアジアに焦点を合わせて，その構造変化と発展メカニズム，そして今後の展望を中・長期的な視点に立って考察する

ことである。また,この構造転換への私たちの関わりについて共に考えることである。

本章の構成は以下のようである。第1節では,世界経済の中でのアジアの位置を確認し,第2節でそのアジアの発展のメカニズムについて立ち入って検討する。最後の節で地域協力の重要性について考える。

第1節 世界経済の構造転換と東アジア

1. 先進国とアジア新興国の成長比較

日本が地理的に位置する東アジアの経済は,過去半世紀近くにわたって高成長を続けてきた。これは常識でもあるが,とりあえずその確認から本節を始めよう。第2-1図は,1990年代以降の新興経済とアメリカ,日本,ヨーロッパの成長率を数年の将来推計を含んで図示したものである。この期間中,特に今世紀に入って,新興経済が先進経済グループに比べて高い成長率を維持し続けていることが分かる。もちろん1997年のアジア通貨危機と2008年の世界金融危機では落ち込みが見られるが,それは先進国グループより高いレベルで反転しており,新興経済と先進経済との相対的な関係性は維持されている。

見方を変えて,東アジア経済に注目して新興国と先進国G7の成長率を比較したのが第2-2図である。そうすると,この間中国が断トツの成長率を維持

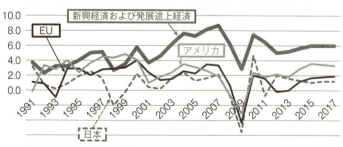

第2-1図 先進主要経済と新興経済の成長率推移(1991-2017年)

注:2013年より推計。
出所:IMF (2013), World Economic Outlook, April より作成。

第 2-2 図　東アジアの主要グループと G7 の GDP 伸び率（1991-2015 年）

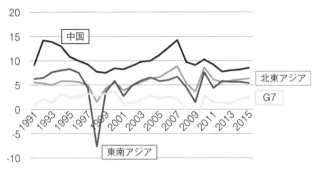

注：北東アジア：中国，香港，日本，韓国，モンゴル，台湾。東南アジア：ASEAN5 ＋チモール。日本は北東アジアと G7 の両グループに含まれている。
出所：IMF (2013), World Economic Outlook, April より作成。

し，その中国を含む北東アジアと ASEAN から成る東南アジアがそれに続いていることが分かる。アジア通貨危機はタイの通貨バーツの大暴落に始まるが，そのタイを含む東南アジアで落ち込みが深いものの直ぐ反転し，それ以降，G7 と比べて相対的に高い成長率を維持している。

こうした高成長の持続は，東アジアの経済を今では先進経済に比肩するまでに押し上げた。この関係は第 2-3 図から明確となる。この図は 1980 年代以降の世界経済の構造変動を捉えるために，各年のアメリカ経済を基準にして EU，日本の先進経済に中国，インドを加えて主要国・経済とし，さらに東アジアの主要グループとして NIES，ASEAN5 カ国，その合計の東アジアの経済規模を相対比で見たものである。そうすると，大きな構造上の変化が浮び上がる。まず，アメリカ，EU，東アジアの経済規模を比較すると，1980 年代から 2000 年代初めまで EU とアメリカがシーソー・ゲームの観を呈し，東アジアは 2 つの先進経済を追い駆ける構造であった。しかし，今世紀に入って 2010 年代になると，東アジア経済の合計はアメリカと EU を次々と追い越し，さらにそれを引き離していく。東アジア地域は，今では世界最大の経済圏に成長したのである。

ところで，東アジア域内は今世紀の初めまで，構造的に日本が東アジア経済の動向を決定づけていた。それが 2005～06 年頃から中国にその地位を

第 2-3 図　各国・各経済圏 GDP のキャッチアップ率（対 U.S.）

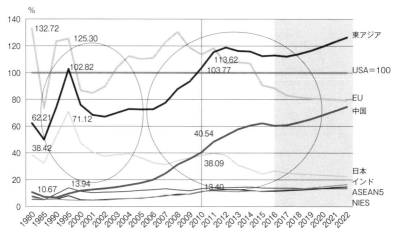

注：アメリカの名目 GDP を 100 とする。1980 年の比率は，下から順に NIES（香港，韓国，シンガポール，台湾），インド，中国，ASEAN5（インドネシア，マレーシア，フィリピン，タイ，ベトナム），日本，東アジア（NIES + ASEAN + 中国，韓国，日本）。米国（100），EU である。2016 年より推計値。
出所：IMF（2017），World Economic Outlook, April より作成。

譲ったことが分かる。つまり，今世紀初めまで東アジアの動きは日本と並行していた。それが，今度は中国と並行するようになる。日本と東アジアの経済の動きは乖離し，2010 年には日本と中国が経済規模で逆転する。NIES と ASEAN5，そしてインドの動きは中国と比べてアメリカへの追い上げが緩慢であるが，着実に格差を縮めている。

東アジア経済の構造転換をより直接的に見るために，中国の年別の経済規模を基準にした日本と ASEAN5 の変化を図 2-4 図で見よう。1990 年代の初めには日本の経済規模は中国の 8 倍近くあった。それが 2000 年に約 4 倍，2005 年に 2 倍，2010 年にはほぼ同じで逆転を許し，2013 年には 2 分の 1 になった。ASEAN は 1990 年代中頃には中国の 8 割の規模になる。しかしその後は減少し，今では 5 分の 1 の規模である。ただし，ASEAN の経済規模が縮小したのではない。中国の経済規模の劇的な膨張が ASEAN の相対比における大きな縮小を許したのである。東アジア経済の構造は大きく変わった。それは信じられないことに，過去四半世紀の間に起った事実である。

第 2-4 図　中国を基準とした日本と ASEAN5 の経済規模推移（1991-2019 年）

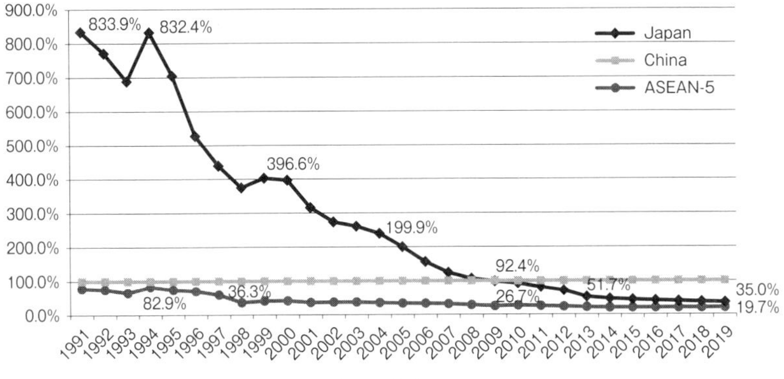

注：現行ドル価格基準の GDP。2013 年から推計。
出所：IMF（2014），World Economic Outlook, October より作成。

2．アジア経済の発展可能性と潜在力

　中国に注目が集まるものの，東アジアを中心にアジア地域が今後成長を続け，世界での存在感を一段と高めると見られている。アメリカの投資会社ゴールドマン・サックス（GS）のジム・オニールは 2001 年末にブラジル，ロシア，インド，中国を合せて造語 BRICs を作り，それらの経済，特に中国の経済が向こう 10 年の内に世界の GDP におけるウエイトを伸ばし，これらの国の財政金融政策のインパクトを考えるなら，G7 は世界の政策決定のフォーラムに BRICs を加えるべきだと提言した（O'Neill 2001）。2003 年には，向こう半世紀の間に BRICs が世界経済の一大勢力となり，2050 年までに米ドル換算で現在の先進 6 カ国のうち米日を除く経済に取って替わるとのシミュレーション結果を公表した（Wilson & Purushothaman 2003）。アジア開発銀行（ADB）の 2011 年の報告書『アジア 2050』も，もし今のままの成長が続けば 2050 年までに世界の GDP，貿易と投資の半分以上をアジアが占め，アジアは産業革命以前の 250 年前の世界に占めた地位を再び獲得すると指摘した。そのためには，アジア諸国が「中所得の罠」を乗り越えねばならないが，アジアの発展の可能性は極めて高いとしている（ADB 2011）。ちなみに，「中所得の罠」とは，発展途上国から中所得国に昇れても先進国への階段はさらに限られていて，多くは中所得国が中所得の水準で足踏みしてしまう現象を指す。

とはいえ，東アジアの発展の潜在力は極めて大きい。本章の最初に確認したが，中国を筆頭に東アジアの多くの経済はこの間，高成長を達成してきた。ところが，今世紀に入って高い成長率を達成している国は人口規模が大きくかつ1人当たりGDPの低い国なのである。第2-5図は1人当たりGDPの水準と人口規模の相関を確認するものであるが，1人当たりGDPの低い国が相対的に人口規模の大きい国であることが分かる。もちろん，このことは逆の危惧を生む。食糧，エネルギー，資源などの消費量は今後，飛躍的に増していくだろう。成長に伴い環境問題もますます深刻化しよう。先進国と同様の豊かさを中国，そしてアジアの人々が得るならば，例えば車を持ったなら世界はどうなるだろう。地球のキャパシティはこれに耐えられるだろうか。だが，そうした危惧にも拘らず，その潜在力の大きさは変わらない。

　人口構成でアジアの国々が人口ボーナス期から人口オーナス期へ今後急速に移行し，人々が豊かさを手に入れる前に老齢社会が訪れ，成長はますます難しくなるとの予想もある。人口構成で児童や老人などの従属人口（0〜14歳と65歳以上）に対する就業人口（15〜64歳）の割合が大きい時期をボーナス期，小さくなる時期をオーナス期と呼ぶ。今後アジアの多くの国々で働く人の割合が急激に小さくなる。それは確かに成長の足かせになる。しかし，世界の企業

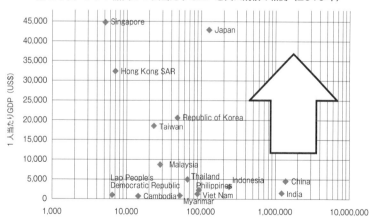

第2-5図　アジア諸国の1人当たりGDPと人口規模の相関（2010年）

出所：United Nations Population Information Network；IMF (2013), World Economic Outlook Database, April (GDP) より作成。

にとって絶対的な人口規模は市場規模を規定する重要な要素である。巨大な人口を擁するアジアはやはり世界の中で高い潜在力を有しているのである。

第2節　東アジアの発展構造とその転換

1．変わる直接投資の流れと投資目的

　20世紀の後半から世界では，アメリカ企業が先頭に立って海外に進出し，企業活動を国際化してきた。多国籍企業と呼ばれるそうした企業は，製造業を中心に生産拠点を海外に移し，生産を国際化し，1990年代になると貿易の構造をも規定するようになる。90年代は主にアメリカの金融資本とアメリカ政府の推し進める金融のグローバル化が世界を覆った。今世紀に入って先進国製造業の多国籍企業も国際的事業活動を一段と深化させた。第2-6図は世界の海外直接投資（FDI）を受入地域別に見たものであるが，今世紀のはじめまでFDIの主要な受入先は先進国であり，先進国間相互投資が中心であった。

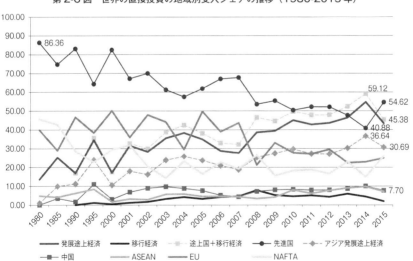

第2-6図　世界の直接投資の地域別受入シェアの推移（1980-2015年）

出所：UNCTAD stat より作成。

それが，今世紀に入ると先進国の受け入れシェアはアップダウンを繰り返しながら減り続け，逆に発展途上地域と移行経済を合せた合計のシェアが上昇し，2013〜14年には50％を超え60％に迫るまでになった。その中心はアジア新興国への直接投資である。なお，直近の2015年には発展途上地域と移行経済への落ち込みが激しい。これはウクライナ問題によるロシアへの制裁など国際政治上の要因から引き起こされたものである。

　さて，このアジアを中心とした新興経済へのFDIの目的は何だろうか。今世紀に入るとはっきりと投資先でも投資目的でも変化があった。1980年代までの主要な投資先は韓国，台湾，香港，シンガポールなどのNIESであった。それが1990年代から徐々に中国，そして今世紀に入ってインドを含むBRICs，そしてタイ，ベトナム，インドネシアなどへ広がっている。著者はこうした投資先の経済をポブメス（潜在的大市場経済PoBMEs：Potentially Bigger Market Economies）と呼ぶ。そしてその段階的変化に注目すれば，NIESからPoBMEsへの投資先の変化が起きていることが分かる。そして，NIESとPoBMEsとは対照的な特徴がある。NIESの人口規模は数百万から数千万で小さいが，PoBMEsのそれは大きい。典型であるBRICsは数億から10億台である。開発政策もNIESは輸出主導型で発展し市場は先進国であるが，PoBMEsは違う。巨大な人口を持つ国内市場がFDIの誘因である。

　ここで，人口が働く人々の規模を表す指標とすれば，所得を得る人口は市場の大きさを示す指標でもある。NIESは輸出主導型戦略を採った。低賃金が競争力の源泉であり，それが先進国市場で競争する企業を惹きつけた。だが，PoBMEsでは潜在的な市場規模の大きさが企業を惹きつける。このことを多国籍企業の視点から捉えるならば，先進国の市場規模が限界にあって競争が激化しているのである。NIESへの生産拠点の移転は相対的な低賃金を求めた。しかし，そうした発展に続いて早晩，新たな市場を求めるようになる。それがPoBMEsの段階である。

　日本の製造業の海外進出に関して，国際協力銀行が1990年代初めから毎年実施する「わが国製造業企業の海外事業展開に関する調査」には「中期的（今後3年程度）有望事業展開先国」を尋ねる問がある。その回答結果のまとめが第2-7図である。事業有望先国として中国への関心が一貫して高いが，今世紀

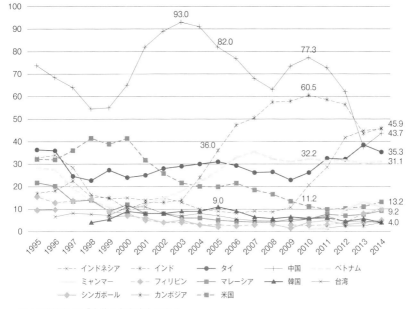

第2-7図 日本の製造業企業の中期的有望事業展開先国の推移（1995-2014年）

注：中期的とは「今後3年程度」である。
出所：国際協力銀行「わが国製造業企業の海外事業展開に関する調査報告」より作成。

に入るとアメリカなど先進国への関心が確実に減り，代わってインド，タイ，ベトナム，インドネシアなどへの関心が高まる。

有望の理由も大きく変わった。かつての有望理由の第1は「安価な労働力」であった。それが，今では「現地市場の今後の成長性」である。続く理由が，低下傾向にある「安価な労働力」と，逆に上昇傾向にある「現地市場の現状規模」などである（国際協力銀行 2012 他）。つまり，今後の企業の事業展開では，現地市場の潜在力とビジネスに耐えうる確かな規模の市場の存在が大きな関心事項になっているのである。

2．中間層と市場の誕生

　実際，東アジアを中心とした新興国は今世紀に入って中間層が誕生し，市場が注目されるようになった。通商白書2015年版によると，新興経済の消費支出額は上位中所得国（24億人）[1]の消費支出が2000年の2.5兆ドルから2013

年には9.2兆ドルと4倍近くに伸びた（経済産業省 2015, 43頁）。中国の新車自動車販売台数は2009年以降アメリカを抜いてトップの座を占め続けている。中国汽車工業協会のデータによれば，中国の販売台数は2010年1806万台，15年には2460万台に達している。ちなみに，15年のアメリカの新車販売台数は1747万台である。世界の企業が中国に注目するはずである。中国に限らず新興経済の市場は大きく伸びているのである。

前項で見たように，世界の製造業のFDIは，NIESが注目された時期には安価な労働力の利用と運輸・通信インフラの整備されたところに製造拠点を求めた。こうした投資がなくなった訳ではもちろんない。だが今では，FDIのますます大きな比率が進出先の市場を求めるようになっている。

第3節　地域協力の重要性と共同体構想

1．域内協力の制度化と進展

東アジアにおける地域協力の機運は，1997年のアジア通貨危機に求められる。それ以前にも地域協力の試みはあったが，東アジア地域として協力するような機運も機会も乏しかった。ところが，タイの通貨バーツの暴落に始まったアジア通貨金融危機の勃発が契機となった。アメリカや，IMFなど国際機関は危機の原因をアジアの内部に求め，「クローニー（仲間内）資本主義」として東アジア諸国を非難し，自由化政策を受け入れさせる口実に用い，危機に陥った国々を冷淡に扱った。こうした事実が地域協力の機運を生んだ。

危機の勃発した年は，ASEANにとってたまたま創設30年を迎える年であり，日中韓3カ国首脳が招待されていた。ASEAN+3首脳会議が実現したのである。同会議は翌年から定例化され，1999年にはアジア史上初の「東アジアにおける地域協力に関する共同声明」を出すに至った。今世紀の最初の年である2001年には，同首脳会議が2年前に設置したアジア・ビジョン・グループの報告書「東アジア共同体に向けて」の提案を承認した。提案には，東アジア首脳会議（EAS）の設置と自由貿易協定（FTA）の形成が含まれていた。こうしてASEANを軸として東アジア共同体への諸政策が推し進められるよ

第2章 構造転換のアジア経済と「共同体」構想

第2-8図 ASEAN地域協力の制度化と東アジア共同体構想

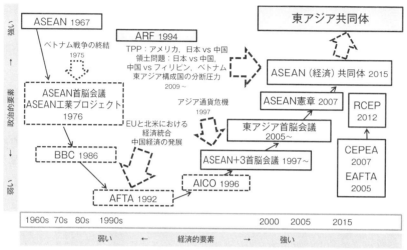

注：BBC：ブランド別自動車部品相互補完計画（Brand to Brand complementation），AFTA：ASEAN自由貿易地域，AICO：ASEAN産業協力計画。
出所：筆者作成。本図は，平川（2014），47頁を大幅に修正したものである。

うになる。

ASEAN自体は2003年に第2 ASEAN協和宣言を採択し，2020年までにASEAN政治・安全保障共同体，経済共同体，社会・文化共同体から成るASEAN共同体の建設を決議し，2007年にはそれを5年早め2015年とした。同じ年ASEAN憲章を制定し，2015年にASEAN共同体が誕生している。

東アジアの地域協力は当初の予想通りに展開している訳ではない。だが，2005年にはEASが始まり，FTAも2010年までにはASEANを軸にして二国間で成立し，現在では広域のRCEPが進められている。こうした東アジアの協力の動きを図示化したのが第2-8図である。東アジアの制度化はASEANに始まり，ASEANを軸に展開されてきたことが分かる。そして，当初は政治的意味合いの強かった協力にやがて経済的目的が加えられ，今では「共同体」として社会統合に向けた試みが続けられている。

2．東アジアにおける相互理解と地域協力

　今世紀に入り中国が日本のGDPを超えた2010年前後から，東アジアでは領土問題を典型に国家間の対立が深刻化している。日本は中国との間に東シナ海の尖閣諸島（中国名，釣魚島）問題，韓国との間に日本海の竹島（韓国名，独島）問題を，中国はフィリピン，ベトナムなどとの間に南シナ海での領有権問題を抱えており，対立を深めている。日中間では2012年の日本政府による尖閣諸島国有化で対立を決定的にした。同年末に成立した自民党政権の安倍晋三首相は就任1年後の13年12月には靖国参拝を強行し，アメリカ政府からさえ失望を買った。戦後70年に当る2015年には，同盟国米国と連携しながら「地域及び国際社会の平和と安定にこれまで以上に積極的に寄与していく」という安全保障政策を「積極的平和主義」[2]と呼んで推し進め（外務省Website），同年9月には衆議院本会議において安全保障関連法を強行採決し，自衛隊の海外派兵に道を開いた。これに対抗する中国は，公船や漁船の尖閣諸島への接近を頻繁に繰り返し，13年には同諸島を含む地域に対し「防空識別圏」を設定した。

　南シナ海では，中国はフィリピン，ベトナムなどとの領有権問題に強行姿勢で臨み，ASEAN諸国との対立を深めている。2014年には南沙諸島での中国による大規模な埋め立てと軍事基地建設が明らかとなり，アメリカ，日本との対立も深まっている。2013年初めにフィリピンが国際裁判所に提訴した南シナ海での中国の領有権の主張と強硬措置に対する異議申し立ては2015年10月にフィリピン側の主張を認める判断が示され，当然にも中国は強く反発した。その後フィリピンでのドゥテルテ大統領の誕生を受けてフィリピン・中国関係は当面おさまったように見える。しかし，南シナ海の領有権問題はASEAN全体に対しても困難な課題を突き付けている。

　ASEANと中国の間の南シナ海における行動規範の締結問題は，2012年9月のASEAN外相会議では共同声明を出せない事態を生んだ。フィリピンやベトナムが求める対中声明にカンボジアが同意せず，共同声明を作成できなかったのである。ただし，国際裁判所の判決に強く反発した中国も，2016年8月に開かれた南シナ海を巡る中国ASEAN高官会議で17年前半に南シナ海行動規範の枠組みを作ることで合意した。台頭する中国は既存の地域構造の再編

を迫る。その再編過程は，東アジアの地域協力に新たな課題を生み出す。今のところそれは，東アジアの協力に関してリスクを高めている。

　アメリカ発のアジア太平洋経済連携協定（TPP）の提案も，東アジアの協力に試練をもたらした。2009年末にオバマ大統領が交渉をはじめ，後に日本が参加したTPPは2015年10月に交渉12カ国による大筋合意に達した。それは中国への圧力となると共に，東アジアの域内諸国への分断のリスクをもたらした。TPPの大筋合意を受けてオバマ大統領がホワイトハウスから発した声明は「中国のような国にアジア太平洋の通商ルールを書かせない」とするものであり，TPPの政治的性格が公式に示されている。またTPPの参加国には日本の他，シンガポール，ベトナム，マレーシアなどが加わり，中国をはじめとする未参加国との分断がある。それは地域協力でリスクを孕むものである。もっとも，TPP離脱を明言するドナルド・トランプ新大統領の就任は，TPPをアメリカを除く11カ国による合意に向かわせることになった。こうした事態は，ASEAN+6の国々によるRCEPへの関心を以前にもまして高めている。中国のイニシアティブが強調されるRCEPに日本がどう動くかも今後の行方に影響を与える。

　以上のような状況にあって，構造転換がさらに進む可能性が顕在化している。2013年3月に中国に誕生した習近平体制は，シルクロード経済帯と21世紀海上シルクロードから成る「一帯一路」構想を打ち出し，15年10月には第13次5カ年計画の外交上の重要政策とした。それは世界第2位の経済大国の中国が，「一帯一路」沿線国と協力して同地域に高速道路，港湾，鉄道などのインフラ投資を行い，ヨーロッパと結びつける構想である。

　この構想には，人口希薄な地域への投資であり採算が難しい，対象地域はタリバン，反政府勢力，ISなどのテロリストの活動地域でリスクが大きい，現地事情を無視した進出で進出先の人々とのトラブルや環境破壊も多い，国内の過剰なインフラ製品のはけ口対策であるなど，様々な疑問や批判，悲観的見解が出されている。だが，旧ソ連邦から独立した中央アジア諸国を始め，南アジアから中東諸国そしてアフリカの国々の中国との経済関係は確実に深まっている。中国の政策と実践の内実がその成否に影響を与えるにしても，東南アジアを含む「一帯一路」構想は世界の成長の重心がアジア太平洋からアジア，そし

て東南アジア，南アジアに移る中でユーラシア経済圏の形成に向けた第一歩となる可能性を秘めている。TPP の将来が不透明化する中で，中国を中心に生まれる新たな動きに注意が必要である。同時に，相互不信のスパイラルの回避に向けて地域協力の重要性は一層高まっている。平和なアジア地域の枠組みの構築は国際協力の軸を ASEAN に置きつつも，南アジアから中央アジアを含んで重層的に構築される必要があるだろう。経済統合も理想に向けて当事者の納得のいく速度で実現していくことが求められる。経済の効率を過度に重視せず，社会の安定にも目配りが必要である。アジア共同体は現時点におけるこの地域における究極の目標である。

(平川　均)

【注】
1　世界銀行の定義で 1 人当たり GNI が 4126〜1 万 2745 ドルの国。なお，下位中所得国は 1 人当たり GNI が 1046〜4125 ドル，低所得国は 1045 ドル以下，高所得国は 1 万 2746 ドル以上の国である。
2　「積極的平和主義」は平和学の権威であるヨハン・ガルトゥングが用いた構造的暴力のない平和な状態を指す言葉であり，安倍首相のいう安全保障政策としての「積極的平和主義」とはまったく意味が異なる。ジャーナリストの志葉玲は 2015 年 5 月 28 日のブログで，英字メディアが安倍首相のそれを Proactive Contributor to Pease と訳し，平和学の Positive Pease と区別していると説明している (http://bylines.news.yahoo.co.jp/shivarei/20150528-00046102/)。また，関根健次の同年 6 月 25 日のブログは，ガルトゥングが来日し，「私が 1958 年に考えだした『積極的平和 (ポジティブピース)』の盗用で，本来の意味とは真逆だ」と述べたと伝えている (http://www.huffingtonpost.jp/kenji-sekine/japan-positive-peace_b_7651094.html, 2016 年 12 月 12 日アクセス)。

【参考文献】
経済産業省 (2015)『通商白書』2015 年版。
国際協力銀行 (2012 他各年版)「わが国製造業企業の海外事業展開に関する調査報告」。
平川均 (2014)「構造転換の世界経済と東アジア地域の制度化」植村博恭・宇仁宏幸・磯谷明憲・山田鋭夫編『転換期のアジア資本主義』藤原書店。
ADB (2011), *Asia 2050: Realizing the Asian Century*, Asian Development Bank, Metro Manila.
O'Neill, G. (2001), *Building Better Global Economic BRICs*, Global Economics Paper (Goldman Sachs), No. 66.
Wilson, D. and Purushothaman, R. (2003), *Dreaming with BRICs: The Path to 2050*, Global Economics Paper (Goldman Sachs), No. 99.

第3章
グローバル時代の東アジア地域協力

はじめに

　2017年に米国でトランプ大統領が誕生し，世界は混迷する様相を呈している。第二次大戦後70年あまりの間，国際秩序は様々に紆余曲折してきたとはいえ，今日もまた未来が明確に見通せない時期の一つに数えられるであろう。

　ただし，はっきりしているのは，世界の中心が欧米からアジアへとシフトし始めているということである。このような時代の転換期に，東アジア地域協力の意義はこれまで以上に大きくなっている。

　本章ではまず，今日の世界経済を特徴づけているグローバル化について概観することから始める。グローバル化とは何か？　なぜそれが引き起こされているのか？　はたしてグローバル化は良いことなのか，悪いことなのか？　いくつかの視点からグローバル化を考察することから始めたい。

　続いて，今日の東アジアにおける地域協力を考えるために，「東アジアの奇跡」と言われた戦後の東アジアの経済的特徴を概観したうえで，本題である東アジア地域協力の歴史（最近のことであるが）を紐解いていく。そのなかで，とりわけTPPとRCEPの2つを取り上げ，その誕生の経緯の違い，性格の違い，東アジアにとっての意義の違いを説明していく。

　読者にとって，東アジア地域協力を考えるうえで一助になることができれば，本章の目的は達成される。

第1節　グローバル化した世界

1．グローバル化とは何か？

　グローバル化（あるいはグローバリゼーション：globalization）という言葉を聞いたことがない人はいまや少ないであろう。新聞やニュースなどで見聞きする機会も多いし，グローバル・ビジネス，グローバル人材，グローバル・スタンダード，スーパー・グローバル大学，あるいは反グローバリズムなど，最近ではグローバル化に関連する数多くの言葉が使われている。国立国語研究所は，グローバル化に「地球規模化」という訳語をあて，その意味として「ものごとの規模が国家の枠組みを越え，地球全体に拡大すること」と説明している。今日のように，モノ（財），カネ（マネー），ヒト（人），ネタ（情報），ワザ（技術），そしてサービスまでもが国境を越えて活発に動き回る様子は，まさに「地球規模化」と呼ぶにふさわしい現象である。

　日本でグローバル化という言葉が日常的に使われ始めたのは1980年代後半頃のことである。それが日本経済新聞の紙面に初めて登場したのは1983年5月であり[1]，83，84年はそれぞれ年間でわずか1度登場しただけであった。それが，86年には月1度程度（年間13件），87年には週1度以上（同66件），そして97年になって1日1件以上（同413件）にまで増大した。2000年にはピークとなる年間654件を記録し，過去10年ほどは（2006～2016年）同400～600件程度が続いている。グローバル化という言葉は日本で完全に定着したと言える。

　言葉は定着したとはいえ，グローバル化がいつ，どのように始まったのか，論者によって認識は様々に異なっており，決まった定義があるわけではない。たとえば社会学者のR.ロバートソンは，グローバル化を政治，経済，文化，制度，価値観等々が複雑に重なり合って構成されるものとしたうえで，それを「世界の縮小と，一つの全体としての世界という意識の増大」と定義した[2]。一般的には，財やら人やら思想やらといった様々なものが世界中を動き回り，緊密に関係し合うなかで，相互依存性や対立を生みつつ，善し悪しは別として

も世界が身近になっている現象,あるいはそれへと至る過程そのものが,グローバル化と認識されているのではないだろうか。

グローバル化の定義がはっきりしていないこともあり,その起源についても様々な議論がある。古くは紀元前の地中海貿易から,大航海時代,資本主義の誕生,あるいは産業革命をその端緒とみる議論もある。いずれにせよ,グローバル化という言葉が,少なくとも日本では1980年代後半以降に定着したことを踏まえれば,その時期にそれ以前と比べてなにか大きな変化があったのか,確かめる必要がある。

当時の経済審議会の報告書によれば[3],1980年代以降になると重層的,拡張的,加速度的にグローバル化が展開され,国際経済がまったく新しい段階へ突入したという。すなわち,第一に,貿易が引き続き拡大することに加え,企業の海外進出(直接投資)の増大,国際的な金融取引の活発化,情報の流れの飛躍的拡大,そして人の国際的移動などが重なり,それらが相互に刺激し合うことで,グローバル化が重層的に展開した。第二に,グローバル化の流れのなかに新たなプレーヤーとして東アジアの新興経済や旧社会主義諸国が参入し,地理的に広がりを見せるとともに,経済主体としても国際的な展開を目指す企業,国際的な場で活動する個人が急増することで,グローバル化が拡張的に展開した。そして第三に,貿易,投資,金融,情報通信など各分野の国際的交流の増加ペースが従来と比べて著しく速まったことで,グローバル化が加速度的に展開したのである。

2. グローバル化を引き起こした要因

こうした新たな展開を引き起こした要因として,大きく2つが考えられる。まず一つは,技術進歩である。具体的には,輸送,通信,情報処理などにおいて,高速化と低コスト化が実現したことである。これらの技術進歩は,地理的な距離の障壁を時間的にもコスト的にも大幅に引き下げることで「距離の死」をもたらし,世界を一つの分業体系に組み込むことを可能にした。とりわけ通信や情報処理技術(コンピュータ)の発展は,情報や文化と価値観のグローバルな共有を可能にし,NC(numerically controlled:数値制御された)工作機械による技術移転を容易にし,国境を越えた多額の複雑な金融取引を生み出し

た。たとえば，国際決済銀行の調査によれば，2016 年 4 月の外国為替取引高は一日平均でおよそ 5 兆ドル（年間の平均為替レート，1 ドル＝約 109 円で換算して 545 兆円）にも達した[4]。これは，わずか 3 日間で世界総輸出額（2016 年は約 16 兆ドル）に匹敵するほどの額が取引されたことになる。技術進歩は人類の歴史の自然な流れであり，非可逆的でもあるので，その意味ではグローバル化が進展したのも必然で不可避的な側面があると言える。

ただし，技術進歩はグローバル化の進展の必要条件ではあっても十分条件ではない。グローバル化を生んだもう一つの要因は，技術進歩とは逆に人為的なものである。すなわち，世界規模での市場経済化，言い換えれば世界各地において自由化・民営化・規制緩和などが進展したことである。それによってモノ，カネ，ヒトなどが動き回れるようになったのである。

そのような動きは，もともと 1970 年代末に始まる英国のサッチャー政権や，1980 年代初頭に始まる米国のレーガン政権に端を発するものであった。戦後の西側諸国ではケインズ的な総需要管理政策（大きな政府）が主流であったが，1976 年にノーベル経済学賞を受賞したミルトン・フリードマンを代表とする新自由主義的な考えに基づいて，政府の役割を最小限にとどめ，自由化・民営化・規制緩和によって市場メカニズムの働きを十分に発揮させる改革が実施された。たとえば，1981 年に米国大統領に就任した R. レーガンは，市場重視の政策によって民間部門の活力を回復させることで，長引くスタグフレーションから脱却し，「強い米国」を再生することを目標に掲げた。具体的には，大型減税，社会保障費の削減，一般行政費の削減，そして各種規制緩和などによって，小さな政府への転換を目指すものであった（実際には，軍事予算の拡大もあり，小さな政府は達成できずに財政赤字が拡大した）。

米国における新自由主義改革は，世界大での市場経済化を引き起こすことにつながった。米国は，市場メカニズム重視の政策こそが正しく，また公正なものとして，諸外国に対しても自由化・民営化・規制緩和を要求した。たとえば，1980 年代に対外債務を返済することができずに危機に陥ったラテン・アメリカ諸国など多くの発展途上国に対して，IMF（International Monetary Fund：国際通貨基金）や世界銀行などの国際機関を通じて，「ワシントン・コンセンサス」[5]と呼ばれる一連の市場重視の処方箋が適用された。つまり，危

機が発生すると，短期的には IMF が緊急の救済融資を行ったり，中・長期的には世界銀行が体質改善のための構造調整融資を実施したりするが，それら融資の付帯条件（コンディショナリティ）として，従来の政府主導の保護主義的な開発政策の放棄と，自由化・民営化・規制緩和といった新自由主義的な改革の実施が要求されたのである。

　また，ちょうど同じ頃，1980年代後半には，当時社会主義国であったソ連・東欧諸国が中央集権的な計画経済の危機に直面していたこともあって，自由市場経済が正当化されやすい状況であった。市場メカニズムを排除した計画経済の破綻は，その対極にある自由市場経済の有効性を示すものと解釈されたのである。そのため当然ながら，破綻した旧社会主義諸国の経済改革プログラムも，「ワシントン・コンセンサス」に基づく市場メカニズムを重視した急進的改革が処方された。さらに，日本や韓国，台湾など東アジアの新興経済が外向きの工業化によって輸出主導型の高成長を果たしていたことも，貿易の自由化や直接投資の受け入れが成長に結びつくというイメージを形成した。ただし，実際には，これら東アジアの経済では政府の介入が民間の自由な経済活動を制限しているとして，多額の貿易赤字を記録していた米国は二国間交渉を通じて市場開放や規制緩和などを強く要求していたのであった。

　こうして新自由主義の波は文字通りグローバルに広がり始め，市場メカニズムの働きを妨げる政策や措置は「非効率」且つ「不公正」とみなす市場至上主義的な思想がグローバル化した。これに技術進歩の加速が相まって，グローバル化の拡張的展開が，重層的・加速度的展開を伴いながら引き起こされたのである。これは一方で，米国が描く世界像・価値観が，「ワシントン・コンセンサス」というグローバル・スタンダードとして流布していく過程でもあった。そのため，この時期のグローバル化は，アメリカン・グローバリズムに基づくアメリカナイゼーションとも呼ばれている。

第2節　グローバル化の光と影

1．グローバル化した世界の混乱

　1996年6月にフランスのリヨンで開催されたG7サミット（先進国首脳会議）において，日，米，英，仏，独，伊，加7カ国の首脳は，G7として初めてグローバル化を中心テーマとする経済コミュニケを発表した。「すべての人々のためにグローバル化を成功させる」という副題のもと，以下のように謳われた[6]。

　　今日の相互依存の世界においては，経済の成長と発展はグローバル化の過程と深く結びついている。グローバル化は，我々のみならず他のすべての国々にとっても，将来への大きな機会を提供するものである。その多くの積極的側面には，投資と貿易の未曾有の拡大，世界で最も人口の多い諸地域の国際貿易への開放及びより多くの開発途上国がその生活水準を向上させる機会，ますます速くなる情報の伝播，技術革新，そして熟練を要する職業の急増が含まれる。このようなグローバル化の特徴は，世界の富と繁栄の相当な拡大をもたらすに至った。したがって，我々は，グローバル化の過程は将来への希望の源泉であると確信している。

　これはいわばグローバル化の「光」の部分であるが，同コミュニケでは，「より貧しい国々においては，グローバル化は不平等を広げることとなるかもしれず，また世界の一部の地域は疎外されていく可能性がある」と，「陰」となり得る部分についても言及した。そして，「我々は，自由化とグローバル化の進展に決定的な貢献を行ってきた。我々は，この過程が自ら引き起こした期待に十分応え，また，グローバル化が，人々の利益，彼らの雇用と生活の質に資することを確保するため，最善を尽くさなければならない」との認識を示したうえで，「種々の国際的な制度の仕組みを改善すること，市場の自由化，公正なルールとこれを新たなプレーヤーにも及ぼすこと，様々な規模と特色を有

する危機に対応する能力，及び経済の低開発の苦難から脱却しようと苦闘している国々の努力を支援する用意があること」など，国際協力の必要性を謳ったのである。

その後 20 年間のグローバル化の進展過程は，時間を凝縮したかのように歴史的事件が続発した。IT（Information Technology：情報技術）関連の進歩の速さを 1 年間に人間の 7 年分成長する犬の成長速度に喩えてドッグ・イヤー（dog year）と呼ぶが，過去 20 年間の社会の変化もまさにドッグ・イヤー並のスピードであった。1997 年 7 月に勃発するアジア通貨危機，1998 年 8 月のロシア・ルーブル危機と米国大手ヘッジファンドの巨額損失に伴う金融危機，2001 年 9 月の米国同時多発テロに端を発するアフガニスタン戦争や 2003 年のイラク戦争（それに続く「テロとの戦い」），そして 2007 年夏頃から深刻化したサブプライムローン問題は 2008 年 9 月のリーマン・ショックに至り，米国発の世界金融危機が世界を大きく揺るがすことになった。

さらに，スマートフォンなどの普及によって SNS（social networking service）がグローバルな規模で絶大な社会的影響力を持つようになり，世界の動き方は大きく変わった。2010 年末以降，北アフリカや中東の諸国において一連の「アラブの春」と呼ばれる反政府運動が発生し，長期間にわたって続いた独裁政権が崩壊したところもあった。2011 年 9 月には，人口比でわずか 1％の金持ちから，99％の人々のために世界を取り戻そうというウォール街占拠運動が発生した。学資ローンを借りて大学を出たにもかかわらず，リーマン・ショック後の不況によって職に就けない若者たちの怒りが，危機を引き起こしながらも高額所得を稼ぎ続けているウォール街に向けられたのである。2014 年 6 月には「イスラム国」が樹立を宣言し，世界中を恐怖に引き込むとともに，一部の若者たちを引き寄せていった。

2．深刻化する格差

2016 年には，6 月に英国が国民投票によって EU（European Union：欧州連合）からの離脱（Brexit：ブレキジット）を決めた。世界でもっとも進んだ地域経済統合と評されていた EU であるが，移民問題に対する英国民の考えは予想以上に厳しいものであった。そして 11 月の米国大統領選では，ツイッ

ターなどの SNS を駆使し,「メキシコとの国境に壁を作る」,「イスラム教徒は入国させない」,「TPP（Trans-Pacific Partnership：環太平洋パートナーシップ）は破棄する」などの過激な発言と,「米国第一主義」を唱えたドナルド・トランプ氏が劇的な勝利を収めた。大統領選の対抗馬であったヒラリー・クリントンが既得権益層の象徴とされたことから,現状に不満を持つ米国民が予想外の選択をした結果であった。トランプ氏の大統領就任は,前述のレーガン大統領が「強い米国の再生」を目指したように,米国が再び「米国の復活」を掲げて単独主義に走る懸念を引き起こした。かつて英米から新自由主義改革が始まったように,英米の国民が現在のグローバル化の変容を望んでいるのか,世界が注目するところである。

英米の国民がそのような選択をした背景として,両国における中間層の不満が蓄積したことが指摘されている。第 3-1 図は,その理由を説明する一助になるとされるグラフである。グラフの横軸は,世界で最も所得の少ない人から多い人までを並べたもので,右になるほど所得が高いことを示している。縦軸は,1998〜2008 年の 20 年間における実質所得の変化率を％で示したもので,これが高いほどこの間に実質所得が増大したことを意味している。A は所得の中央値, B は上位 20％に位置する階層, C は最も豊かな 1％ を示している。このグラフによると,最も豊かな 1％（先進国の富裕層に該当する）と,下位 40〜70％ あたりの人々（中国など新興経済の人々）の所得がもっとも伸びたのに対して,先進国の中・低所得層に該当する上位 10〜20％ 程度の階層はこの間にほとんど所得が伸びなかった。言い換えれば,この間にグローバル化の恩恵を受けた新興経済と最富裕層に対して,英米など先進国における中間層は,上位層との格差が広がる一方で,下位層からの急速な追い上げを目の当たりにしていたのである。

さらに近年では,最富裕層の資産の伸びも著しい状況にある。2016 年 1 月に英国の NGO（Non-governmental Organization：非政府組織）であるオックスファム・インターナショナルは,『最も豊かな 1％ のための経済（An Economy for the 1％）』という報告書のなかで,信じがたいほどのグローバルな経済格差を発表した。それによれば,「世界で最も裕福な 62 人が保有する資産は,世界の貧しい半分（36 億人）が所有する総資産に匹敵する。この数字

第 3-1 図　グローバル化の象

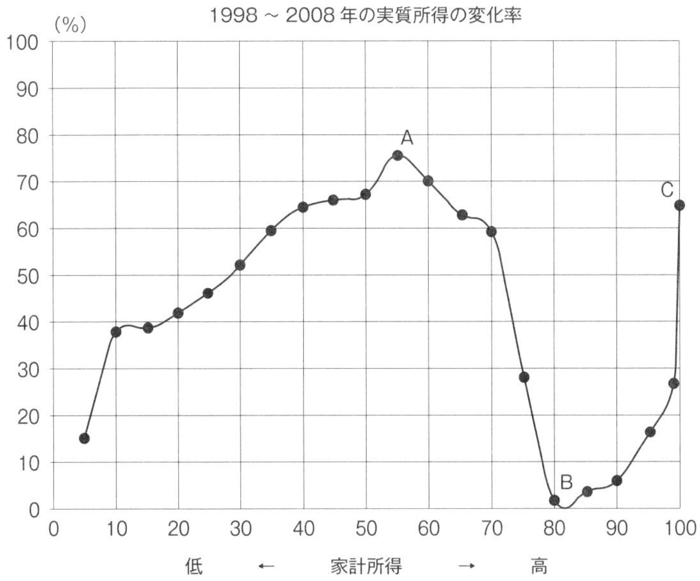

1998～2008 年の実質所得の変化率

（グラフ：横軸 家計所得（低←→高）0～100、縦軸 (%) 0～100。ピークA は 55 付近で約 75%、谷B は 80 付近で約 2%、右端C は 100 で約 65%）

出所：Milanovic (2016), p. 11.

が，わずか 5 年前 2010 年には 388 人だった」[7]というのである。さらに翌 2017 年 1 月には，新しく『99％のための経済（An Economy for the 99%）』という報告書が発表され，「富める者と貧しい者の間の格差は，これまで考えられていたよりも大きく，世界で最も豊かな 8 人が世界の貧しい半分の 36 億人に匹敵する資産を所有している」[8]ことが明らかにされた。グローバル化から得られている恩恵に大きな差異があることは，今後も不安定要因になる恐れがあるであろう。

第 3 節　東アジア地域協力の萌芽の意味

1．東アジアの奇跡

　第二次世界大戦後，1960 年代頃までに大部分の旧植民地は政治的独立を果たした。新興の発展途上諸国は，経済的自立に向けて開発政策に着手したが，

依然として多くが貧困から抜け出せず，独立時の目標を達成できずにいる。

　そうしたなか，資源を持たない小国であったがゆえに，いち早く外向きの工業化を採用することによって，長期にわたり輸出主導型の高成長を果たしたのが東アジア経済であった。日本の後を追うように，1960年代には NIEs（Newly Industrializing Economies：新興工業経済）と呼ばれる韓国，台湾，香港，シンガポールが輸出の拡大を通じて成長軌道に乗った。ここで外向きの工業化とは，従来の後発国の工業化が内向きの輸入代替工業化，すなわち輸入していた工業製品の国産化を目指すのが一般的であったのに対して，最初から輸出目的で生産する工業化である。東アジアの NIEs は資本や技術だけでなく，市場までをも国外に求めた歴史上初のモデルであった[9]。さらに1980年代には，タイ，マレーシア，インドネシアなどの ASEAN（Association of Southeast Asian Nations：東南アジア諸国連合）諸国も，外国からの直接投資に牽引されて外向きの輸出主導型成長を果たしていった。東アジアは輸出や直接投資に大きく依拠した成長を果たしたゆえに，開放的な経済運営が成功要因と捉えられることも多いが，前述のように米国から閉鎖的と非難されて市場開放を要求されたように，現実には政府の積極的な役割がとても重要であった。

　前述のように，IMF や世界銀行は融資のコンディショナリティを通じて，債務危機に直面した発展途上国に新自由主義的改革を実施させたが，大部分の東アジア経済は危機に陥ることもなくそれを免れていた。ところが1980年代末になると，やはり政府の縮小と市場メカニズムの重視を迫られることになった。急速な円高もあり，日本は1989年にドルベースで世界一の援助大国に躍り出るが，同年に世界銀行が日本の経済援助について，「市場の働きを歪める」とクレームをつけたのである[10]。これを契機として，世界銀行は日本の要請と資金提供のもと，東アジアの経済成長における政府の役割について研究することになった。その成果が1993年に発表された，*The East Asian Miracle*（『東アジアの奇跡』，以下『奇跡』）である。

　『奇跡』の論点は「市場か，国家か」であったが，端的に結論を言えば，政府は無実が証明できずにクロとなり，市場は有罪が証明されなかったのでシロとなった。有能な官僚集団による産業政策などの選択的介入に自負がある東アジア経済にとって，この結論には異議や違和感があったが，市場重視の教義

によって民間の自由を妨げる不公正で不効率な行為とされた。折しも，APEC（Asia-Pacific Economic Cooperation：アジア太平洋経済協力）におけるクリントン米大統領とマレーシアのマハティール首相との間の確執もあり，ポジティブな意味合いでアジア的価値が議論されるようにもなった。

2．アジア通貨危機と東アジア地域協力

　1997年7月のタイ・バーツの管理フロート制移行に伴う通貨危機の発生は，奇跡的な成長を遂げてきた東アジアにとって青天の霹靂であった。年内のうちにタイ，インドネシア，韓国が相次いでIMFの救済を仰ぐことになるが，その際に東アジアとIMF・米国との間で確執が生じた。8月には東京でタイ支援国会合が開かれ，IMFによる支援に加えて日本など近隣諸国も二国間支援を約束した。後者の二国間支援にも「ワシントン・コンセンサス」に基づくIMFのコンディショナリティが適用されたが，その内容は1セントも拠出しない米国の意向に沿ったもので，ドナー国の本意ではなかった。その不合理性から，タイやマレーシア，インドネシアがアジアの共同基金作りを日本に要請し，9月に日本はAMF（Asian Monetary Fund：アジア通貨基金）構想を表明した。ところが，米国やIMFの強硬な反対で11月には断念され，代わりにIMFの規律下で「マニラ・フレームワーク」が構築された。

　しかし翌98年10月になると，日本は韓国，インドネシア，マレーシア，フィリピン，タイの5カ国向けに，総額300億ドルの資金支援スキーム，「新宮澤構想」を発表した。この98年10月というタイミングは，前述のように，同年夏のロシア危機で米国大手ヘッジファンドのLTCM（ロング・ターム・キャピタル・マネジメント）が経営危機に陥り，その影響で米国金融界が大混乱している時期であった。東アジアでは新自由主義に基づき危機に陥った金融機関を次々と閉鎖させた米国とIMFであるが，この米国危機の際にはニューヨーク連邦準備銀行が自ら民間金融機関の救済融資交渉をまとめあげるというダブル・スタンダードぶりであった。「新宮澤構想」は，「ワシントン・コンセンサス」やIMFのコンディショナリティに対する痛烈な批判とともに提案され[11]，東アジアで高い評価を受けたのであった。

　外向きの輸出主導型成長を遂げてきた東アジアでは，域内に密接な貿易・

投資関係が構築され，事実上の経済統合が進んでいた。とはいえ，地理的に純粋な東アジアという枠組みで，つまり米国を含まずに中国を含むような構成メンバーで，地域経済協力が進められることは1990年代末まで皆無であった[12]。それが実体をもって動き出すのは1997年のアジア通貨危機以降のことであり，その中心となったのがASEANに日本，中国，韓国の3カ国を加えたASEAN+3であった。これはもともと，1997年12月にASEAN結成30周年を記念して日中韓首脳がASEAN首脳会議へ招待されたことが始まりであった。それが折しも危機の真っ直中での開催となり，東アジアの開発モデルが米国やIMFから批判されるなか，地域経済協力の強化で団結したのであった。

翌98年12月にはASEAN+3首脳会議が再度開催され，以後，定例化することで合意されるとともに，地域経済協力の可能性と方策について民間有識者が協議する東アジア・ビジョン・グループ（East Asia Vision Group：EAVG）が設置された。翌99年11月の首脳会議では，東アジア首脳による史上初の公式声明である「東アジアにおける協力に関する共同声明」が採択され，協力を確実に実行するために関係閣僚会議の開催でも合意した。たとえば2000年5月開催の財務相会議では，通貨危機の再発防止に向けた通貨スワップ協定（チェンマイ・イニシアティブ）で合意するなど，地域協力の進展に大きな成果が見られた。2001年11月の首脳会議ではEAVGの報告書が提出され，「地域内すべての人々の十全な発展に基づく，平和・繁栄・進歩の東アジア・コミュニティ（East Asian community）」を創設する提言がなされた。その検討のため，各国政府高官からなる東アジア・スタディ・グループ（East Asia Study Group：EASG）が新たに形成され，東アジア自由貿易地域や東アジア首脳会議の設置が検討されたのである。

以上を踏まえれば，ASEAN+3という枠組みでの地域経済協力の背景には，もともと米国発のアメリカン・グローバリズム，あるいは「ワシントン・コンセンサス」に対処するための東アジア地域主義があったことが理解できる。危機とその後の一連の対応などを通じて，東アジア地域の経済的相互依存性の強さが確認されたことに加え，成長段階は様々であるものの，開発哲学あるいは経済的価値観の相対的な類似性が改めて意識されたのである。

ジョージ・ソロスは，「グローバル社会はコミュニティには決してなり得な

い。それはコミュニティになるにはあまりにも大きく，あまりにも変化に富み過ぎている。あまりにも多くの文化と伝統を抱えているからだ」と述べている[13]。グローバル化の申し子とも言われた東アジアが青天の霹靂で危機に直面し，痛みを共有したことが地域の求心力を高めたと言える。松野周治は，力の差が存在する現実の世界で負の側面を抑制してグローバル化のメリットを生かすための手段として地域主義を評価し，「リージョナリズム（地域協力強化，地域共同体形成）とそのもとで導入される中央ならびに地方政府の政策，並びに社会的規制の役割が改めて認識される必要がある」[14]と指摘している。これは，多様性を認めて共生する，まさしく「共同体」としての地域主義を示しているように思える。その際，自由化度が高いことが必ずしも「質の高い統合」となるわけではなく，各国に対して開発政策を「選択する自由」を保証することのほうが，むしろ本質的には「質の高い統合」を意味することになる。

第4節　グローバル時代の東アジア地域協力を考える

1．2つの広域経済連携―TPPとRCEP

　アジア通貨危機を契機に始まった東アジアの地域経済協力は，一国では対応困難な問題を引き起こすアメリカン・グローバリズムに対する地域共同体的な対応という特質があった。ところが，ASEAN+3の地域経済協力は，順調に進んでいったわけではなかった。なぜなら，一方では政治的なしがらみによって日中間の主導権争いが発生し，もう一方では米国が東アジアに回帰してきたためである[15]。

　2002年11月にEASGは，ASEAN+3による自由貿易地域の形成や東アジア首脳会議（East Asian Summit：EAS）の開催を推奨する最終報告書を提出した。それを受けて2005年12月には第1回EASが開催されるが，日本やシンガポールなどは，強国として勃興する中国を牽制するため，豪州，ニュージーランド，インドの3カ国の参加を提案し，結局EASはその提案通り16カ国首脳で開催された。その結果，東アジア地域経済協力の枠組としてEAS（ASEAN+6）とASEAN+3とが併存することになり，前者が日本主導で東ア

ジア包括的経済連携（Comprehensive Economic Partnership in East Asia：CEPEA）を，後者が中国主導で東アジア自由貿易地域（East Asia Free Trade Area：EAFTA）を目指すことになった。

他方で，東アジアにおける地域主義の動きは，北米自由貿易協定（North American Free Trade Agreement：NAFTA）の米州全体への拡大を目指した米州自由貿易地域（Free Trade Area of the Americas：FTAA）構想が挫折したこともあり，米国の東アジアに対するコミットメント拡大の誘因となった。米国は2006年11月のAPEC首脳会議でアジア太平洋自由貿易圏構想（Free Trade Area of the Asia-Pacific：FTAAP）を提案し，さらに，2008年2月にはシンガポール，チリ，ニュージーランド，ブルネイの4カ国による環太平洋戦略的経済連携（P4）の投資・金融サービス交渉への参加を表明した。同年9月には，P4に全分野で参加することを決定し，さらに豪州，ペルー，ベトナムも加わって新たにTPP（Trans-Pacific Partnership：環太平洋パートナーシップ）が交渉されることになった。その後，マレーシア，カナダ，メキシコ，日本もTPP交渉に参加し，2015年10月には12カ国が交渉の大筋合意に達し，2016年2月には締結に至ったのである。

TPPをめぐる動きのドミノ効果を受けながら，前述の米国抜きの東アジアの枠組みにも新たな動きが見られた。2011年8月に東アジアの地域経済協力を加速させるための日中共同提案，「EAFTAおよびCEPEA構築を加速化させるためのイニシアティブ」が示され，物品貿易，サービス，投資の3つの作業部会の設置が提案された。同年11月にはASEANが東アジアの新たな枠組みとしてASEAN+6の16カ国による地域包括的経済連携（Regional Comprehensive Economic Partnership：RCEP）を提案し，2013年5月には第1回交渉会合が開催された。東アジアにおける米国抜きの自由貿易圏構想としては，RCEPの誕生によってCEPEAとEAFTAが統合された形になる。

結果として，東アジアでは米国が主導して「プラチナ・スタンダード」とも呼ばれる「質の高い統合」を掲げるTPPと，（豪州・NZ・インドが含まれるものの）中国を含めた東アジア地域協力の理念を引き継ぐRCEPという，2つの広域経済連携構想が展開されることになった。平川均は，「詰まる所，TPPは，今や世界最大の経済圏の地位を築きその経済的中心に中国が座る東アジア

経済圏へのアメリカの回帰戦略であり，東アジアの独自のルール化を阻止しようとするアメリカの試みであろう」[16]と指摘する。「米国がTPPを推進するのは，アジア太平洋貿易で米国主導の貿易ルールを敷き，力を増す中国を牽制しかつ組み込みたいからである」[17]と。実際に，TPP交渉が大筋合意に達したことを受けてオバマ米大統領は，「この協定のもとで，中国のような国ではなくわれわれが，グローバル経済のルールを書くのだ」[18]と述べている。

RCEPはTPPと比べて自由化度が低いと言われるが，これまでの経緯，つまりグローバル化に地域として対応する枠組みということを踏まえれば，いわばグローバル化を牽引する側のTPPとは性格が異なって当然である。各国からすべてのカードを奪うのではなく，適切な優遇措置や例外項目などが盛り込まれるべきである。その中身は，相互協力と共存共栄のため，多様性の容認＝「選択する自由」を確保すること，そして長期的な目標を共有しながらも漸進主義を採用することが柱となるであろう。

2．むすびにかえて

戦後の国際経済システムの原点は，二度と悲惨な戦争を繰り返さないために，自由・無差別・多角主義に基づいた貿易体制を構築することであった。それを踏まえたうえで今日の世界的な潮流を概観すれば，「自由」ばかりが強調されて，「無差別」が軽視されているように思える。国連の「持続可能な開発のための2030アジェンダ」では「誰も置き去りにしない（leave no one behind）」という基本原則を掲げているが，RCEPではハードルの高すぎる枠組みではなく，開発政策手段を「選択する自由」を認め，「どの国も置き去りにしない」ように努めるべきであろう。実際に，RCEPでは交渉の基本方針のなかで，「参加国の発展段階の違いを考慮し，特別且つ異なる待遇を含む適切な形の柔軟性」などを盛り込むことが謳われており[19]，TPPなどの自由化度が高い枠組みとは別の性格の地域経済協力を目指していることを物語っている。門戸を開いておけば無差別＝平等という問題ではない。一種の競争効果であるドミノ効果によって，半ば無理に背伸びを強いられてバランスを失う恐れも否定できないであろう。

これは保護主義的なものと批判されるかもしれないし，確かに相対的には保

護主義的なものである。しかし，「保護主義」という響きはネガティブなものではあるが，かつての英国の「自由貿易帝国主義」と同様に「自由」は必ずしも自由や公正さを保障しない。「自由」という言葉は耳当たりがよく，「保護主義」という言葉はイメージが悪いが，現実には「自由」と言われるものが多様性や選択肢を否定し，様々な権利や希少性の「保護」が認められないこともあるのである。選択肢が一つしかないのに，「どうぞ自由に選んでください」というのはおかしな話なのである。

　東アジア地域には先進国から低所得国まで様々な国があり，途上国ながらも世界第2位の経済大国として勃興する中国もある。歴史問題を解決できないまま，分断国家や古くて新しい領土問題も抱え，移民問題や環境汚染などの課題も枚挙に暇がない。宗教，民族，言語，自然，政治体制，経済状況なども多様性に富んでいる。しかしその一方で，減速しつつあるとはいえ，東アジアは地域全体として世界の成長センターの位置にあり，会議外交の場を通じて政府間の交流も盛んで，制度的な経済統合は限られていたものの東アジアとしての枠組みは強固である。それらは，たとえ二国間で行き違いや対立があっても，東アジアの多国間の枠組みのために顔をつきあわせざるを得ない効果がある。今後も地域のダイナミズムを維持するため，域内の産業振興や社会改革を促進する協力体制を整備し，それを積極的に活かしていくことが望まれる。

（小林 尚朗）

【注】
1　日本経済新聞社のデータベース「日経テレコン21」を用いた。1975年以降が検索可能となっている。なお，初登場の記事は，情報通信のグローバル化についての記事である。
2　ロバートソン（1997），19頁。なお，グローバル化についての入門書としては，スティーガー（2010）がある。
3　経済企画庁総合計画局（1997），3-4頁。
4　Bank for International Settlements (2016), *Triennial Central Bank Survey: Foreign Exchange Turnover in April 2016*, Sep. 2016, p. 4. なお，1兆ドルを100ドル紙幣（円換算すれば1万円札相当）の札束で積み上げると世界最高峰のエベレスト山の20倍の高さになるので，5兆ドルだと100倍の高さに達する計算となる。
5　「ワシントン・コンセンサス」とは米国ワシントンDCにあるホワイトハウスや米国政府機関，IMF，世界銀行，米州開発銀行，そして各種のシンクタンクなどが必要と考える基礎的条件のコンセンサスである。小林（2016），219-226頁を参照のこと。また，IMFおよび世界銀行は，おもに出資金に応じて議決権が配分されるが，米国は最大の出資国であり，180を超える加盟国のなかで

唯一，重要案件に対する事実上の拒否権を有している。
6 外務省（1996）。
7 オックスファム・ジャパン「格差に関する最新報告書発表『最も豊かな1%のための経済』」2016年1月18日（http://oxfam.jp/news/cat/press/post_666.html，2016年12月1日アクセス）。
8 オックスファム・ジャパン「格差に関する2017年版報告書を発表『99%のための経済』」2017年1月16日（http://oxfam.jp/news/cat/press/201799.html，2017年1月25日アクセス）。
9 平川（1997），18-20頁。
10 世界銀行（1994），391頁。
11 危機への対応策としての緊縮財政政策，高金利政策，為替の自由化，そして危機の真っ直中に構造改革を要求したことなどが，危機をむしろ悪化させたとの批判がなされた。「第51回IMF暫定委員会における日本国ステートメント」1998年10月4日。（http://www.mof.go.jp/international_policy/imf/imfp/19981004st.htm，2016年12月2日アクセス）。
12 東アジア地域経済協力の変遷については，小林（2009）を参照のこと。
13 ソロス（1999），159頁。
14 松野（2010），27-28頁。
15 以下の経緯については，小林（2014）および小林（2015）を参照のこと。
16 平川（2014），51頁。
17 平川（2016），14頁。
18 "Remarks by the President After Meeting with Agriculture and Business Leaders on the Trans-Pacific Partnership," Oct. 6 2015. (https://www.whitehouse.gov/the-press-office/2015/10/06/remarks-president-after-meeting-agriculture-and-business-leaders-trans，2015年10月7日アクセス）
19 "Guiding Principles and Objectives for Negotiating the Regional Comprehensive Economic Partnership," Nov. 20, 2012. (http://www.mofa.go.jp/announce/announce/2012/11/pdfs/20121120_03_02.pdf，2016年9月15日アクセス）

【参考文献】
外務省（1996）「リヨン・サミット 経済コミュニケ—すべての人々のためにグローバル化を成功させる（仮訳）」（http://www.mofa.go.jp/mofaj/gaiko/summit/lyon/keizai.html，2016年12月1日アクセス）。
経済企画庁総合計画局編（1997）『進むグローバリゼーションと21世紀経済の課題—経済審議会21世紀世界経済委員会報告書』大蔵省印刷局。
小林尚朗（2009）「東アジア共同体とはなにか」平川均・小林尚朗・森元晶文編『東アジア地域協力の共同設計』西田書店。
小林尚朗（2014）「東アジアにおける複層的な経済統合」明治大学国際総合研究所『「東アジア経済統合の展開および深化に向けた政策の在り方」研究会報告書』。
小林尚朗（2015）「グローバル資本主義の展開とアジアの世紀？」福田邦夫編『21世紀の経済と社会』西田書店。
小林尚朗（2016）「アジアの新たな開発協力モデル—『ワシントン・コンセンサス』と『北京コンセンサス』から『アジア・コンセンサス』へ」平川均・石川幸一・山本博史・矢野修一・小原篤次・小林尚朗編『新・アジア経済論—中国とアジア・コンセンサスの模索』文眞堂。
スティーガー，マンフレッド B.／櫻井公人・櫻井純理・高嶋正晴訳（2010）『新版 グローバリゼーション』岩波書店。
世界銀行／白鳥正喜監訳（1994）『東アジアの奇跡—経済成長と政府の役割』東洋経済新報社。

ソロス，ジョージ／大原進訳（1999）『グローバル資本主義の危機―「開かれた社会」を求めて』日本経済新聞社．

平川均（1997）「東アジア工業化ダイナミズムの論理」粕谷信次編『東アジア工業化ダイナミズム―21世紀への挑戦』法政大学出版局．

平川均（2014）「構造転換の世界経済と東アジア地域の制度化」植村博恭・宇仁宏幸・磯谷明徳・山田鋭夫編（2014）『転換期のアジア資本主義』藤原書店．

平川均（2016）「アジア経済の変貌と新たな課題」平川均・石川幸一・山本博史・矢野修一・小原篤次・小林尚朗編『新・アジア経済論―中国とアジア・コンセンサスの模索』文眞堂．

松野周治（2010）「東アジア共同体と日本」田中祐二・中本悟編著『地域共同体とグローバリゼーション』晃洋書房．

ロバートソン，ローランド／阿部美哉訳（1997）『グローバリゼーション―地域文化の社会理論―』東京大学出版会．

Milanovic, Branko (2016), *Global Inequality: A New Approach for the Age of Globalization*, Cambridge, MA: The Belknap Press of Harvard University.（ミラノヴィッチ，ブランコ／立木勝訳『大不平等―エレファントカーブが予測する未来―』みすず書房，2017年．）

第4章
ASEAN経済共同体の創設と東アジア共同体

はじめに

　ASEANはアジアの経済統合の先頭ランナーである。1993年からASEAN自由貿易地域（AFTA）形成を開始し，AFTAは世界でも自由化率の高いFTAとなった。2003年からサービス，投資，熟練労働者の自由化など統合の深化を進めるASEAN経済共同体（AEC）の構築を始め，2015年末にAECは創設された。ASEANと日・中・韓・印・豪NZ（ニュージーランド）と5つのASEAN+1が結ばれるなどASEANはアジアの経済統合で中核的な役割を果たしている。

　ASEANは経済共同体に加えて，政治安全保障共同体，社会文化共同体から構成されるASEAN共同体を創設した。アジアでの共同体構築でASEANは最も進んでいる。東南アジアの多様かつ経済的格差の大きい10カ国が対立と差異を克服しながら協力することにより共同体を構築したASEANの努力，経験，知恵にアジアのその他の国は学ぶべきである。本章では経済共同体を中心にASEANの経済統合の歴史，現状，課題を論じている。

第1節　東南アジア地域の特徴

1．多様性の中の統一

　東南アジア諸国連合（Association of Southeast Asian Nations, 以下ASEAN）は，東南アジア諸国が1967年8月に結成した地域協力機構であり，2017年に

創設50周年を迎えた。東南アジアは，中国とインドの間に位置しており，大陸部と島嶼部に分けられる。大陸部には，ミャンマー，タイ，ラオス，カンボジア，ベトナムの5カ国があり，「陸のASEAN」と呼ばれている。島嶼部には，インドネシア，マレーシア，シンガポール，フィリピン，ブルネイ，東ティモールがあり，「海のASEAN」と呼ばれている[1]。

東南アジアの特徴は多様性である（第4-1表）。国土の大きさでは，日本の5倍の面積を持ち，東西5000キロ（ニューヨークからロスアンゼルスまでの距離に等しい）の広大な領域のインドネシアから淡路島とほぼ同じ面積の都市国家シンガポールまで差が大きい。人口でもインドネシアは世界4位の2億5500万人（2014年推定）の人口大国だが，ブルネイは42万人に過ぎない。民族と言語も多様だ。すべての国が多民族国家であり，多くの少数民族が住む国が多い。

宗教も多様であり，世界の3大宗教がすべて信仰されている。大陸部の国は仏教国である。13世紀に伝わったイスラム教はインドネシア，マレーシア，

第4-1表　東南アジア各国の基礎指標

	面積 （万平方キロ）	人口 （100万人）	名目GDP （億ドル）	1人当たりGDP （ドル）
インドネシア	191.0	258.8	9,323	3,620
マレーシア	33.0	31.7	2,964	9,811
フィリピン	38.0	104.2	3,049	2,978
シンガポール	0.071	5.6	2,970	52,755
タイ	51.3	68.9	4,068	5,940
ブルネイ	0.57	0.42	114	21,497
ベトナム	33.0	92.6	2,021	2,174
ラオス	23.6	7.2	159	1,865
ミャンマー	67.6	52.2	674	1,416
カンボジア	18.1	15.8	200	1,235
東ティモール	1.5	1.2	42	2461

注：日本の面積は37万7800平方キロ，人口は1億2700万人。
出所：日本ASEANセンター（2017）「ASEAN情報マップ」，人口は2016年。名目GDPと1人当たりGDPは2016年，名目GDPはIMF, World Economic Outlook 2017，東ティモール（数値は2014年）は外務省による。

ブルネイに信者が多い。キリスト教国はフィリピンで85％がカトリック信者である。フィリピン以外でもインドネシアやミャンマーにキリスト教徒が存在する。

重要なことは，多様性に富む東南アジアの国々が2つの意味で統合を進めていることである。国民国家としての国の統合であり，東南アジアの地域としての統合である。地域としての統合はASEANの創設と拡大，そして経済統合である。ASEANは現在10カ国で構成され，2015年末にASEAN共同体を創設した。2つの統合の動きはともに「多様性の中の統一（Unity in Diversity）」を目指すものと呼ぶことができる。

2．経済成長で注目

ASEANの人口（2016年）は6億3700万人でEU（欧州連合：5億900万人）を超え，中国，インドに次いで世界第3位となり，市場としての規模の大きさを示している。名目GDP（2016年）では，2兆5490億ドルであり，インド（2兆2560億ドル）より大きいものの，日本の51.6％の規模である。1人当たりGDP（2016年）は4000ドルで，中国（8113ドル）の49.3％である。ただし，国別に見ると，シンガポールの1人当たりGDPは5万2961ドルで日本（3万8894ドル）を超えている。

ASEANが注目されてきた理由は経済成長であり，日本，NIEsに続く工業化による経済発展を実現した地域として世界の成長センターの一翼を担ってきた。1993年に世界銀行が発表した報告書「東アジアの奇跡」では，所得の平等を維持しながら高成長を実現した国として東アジアの8カ国をハイ・パフォーマンス・アジア経済群と名づけており，シンガポール，インドネシア，マレーシア，タイのASEAN4カ国が含まれている（残りは，日本，韓国，台湾，香港）。

ASEANの経済は，原加盟5カ国（インドネシア，マレーシア，フィリピン，シンガポール，タイ）にブルネイを加えたASEAN6と新規加盟4カ国（CLMVとも呼ばれる）に分けて論じられることが多い。格差是正はASEAN経済共同体の重要な目標である。1人当たりGDPでは，カンボジア（1095ドル）とシンガポールでは51倍の差がある。ただし，CLMVの経済は21世紀

に入り高い経済成長を続けていることから1人当たりGDPは着実に上昇しており，格差は徐々に縮小している。

第2節　ASEANの経済統合の歴史

1．1970年代の経済協力とBBC

　ASEANは1967年8月にインドネシア，マレーシア，フィリピン，シンガポール，タイの5カ国により創設された。創設時はベトナム戦争の最中であり，政治協力，東南アジアの安全保障がASEANの課題であった。経済協力を開始したのは1976年の第1回首脳会議で「ASEAN協和宣言」が採択されて以降である。経済協力は3つのプロジェクトにより進められた。貿易自由化は，1977年に発効したASEAN特恵貿易制度（PTA）により取り組まれた。PTAは，基礎的産品，ASEAN共同工業プロジェクト（AIP），ASEAN工業補完協定（AIC）の2つの産業協力プロジェクトの産品と交渉で合意した品目を対象に関税を削減するというスキームだった[2]。PTA，AIP，AICによる1970年代の経済協力は成果をあげられず失敗に終わった[3]。失敗の理由は，各国の輸入代替工業化戦略をASEANが支援する「集団的輸入代替重化学工業化戦略」による自由化であり，それによる各国の利害の対立を解決できないことであった[4]。

　今日につながる実効性のある協力が実現したのは，1988年のブランド別自動車部品相互補完流通計画（BBC）である。BBCは三菱自動車工業がASEANに提案した構想で，自動車部品のASEAN域内貿易に対して50％の関税削減を与えるものだった。BBCは三菱自工，トヨタ，日産などにより活用され，部品の集中生産と域内補完を進展させた[5]。1992年にASEAN自由貿易地域（AFTA）創設が合意されるとBBCを全品目に拡大しAFTAに統合するAICO（ASEAN産業協力スキーム）が1996年から実施された。AICOはASEAN域内の企業内貿易に0～5％の特恵税率を適用するなど自由化率も高まった。

　BBC成功の背景には，1985年のプラザ合意以降，日本を初めNIEsからの

直接投資が急増し，ASEAN 各国が外資主導の輸出指向型工業化に転換し，ASEAN がそれを支援する「集団的外資依存輸出指向型工業化戦略」を推進するようになったことがある[6]。

2．AFTA により経済統合を本格化

1990 年代に入り，NAFTA や EU の共同市場実現など世界的な地域統合の進展，中国の改革開放による急成長と外国投資の急増，APEC（アジア太平洋経済協力）の制度化などの ASEAN を取巻く環境変化を受けて，ASEAN は本格的な貿易自由化スキームである AFTA を開始した[7]。

AFTA は，1991 年の経済閣僚会議での合意を経て，1992 年にシンガポールで開催された首脳会議で承認され，1993 年 1 月から開始されている。1992 年の首脳会議では，ASEAN 経済協力強化のための枠組み協定が調印された。枠組み協定は，① 全加盟国が ASEAN 自由貿易地域（AFTA）に 15 年以内に加わることに合意，② 共通効果特恵関税制度（Common Effective Preferential Tariff：CEPT）が AFTA のメカニズムとなることなどを規定している。

CEPT 協定は AFTA 実現のための関税削減方式，原産地規則などを規定している。当初は 15 年で 0～5％への関税削減を行う計画だったが，後述の通り変更が加えられ 10 年間で当初目標を実現している。

AFTA の目的は，① GATT ウルグアイラウンド締結によるグローバルな貿易自由化に備える，② 多国籍企業の投資を誘致する，③ NAFTA と EU の単一市場創設の中で ASEAN が重要性を失わないためには統合が必要，④ APEC に ASEAN がより強固な経済実体として参加する，の 4 つである。中でも重要なのは外国投資誘致であり，背景には中国への外国投資ブームが 1990 年代に入り起きたことがある。

AFTA は柔軟かつ段階的に関税削減を実施したが，計画より早く進められ，2003 年に 0～5％への削減を実現した（AFTA の加速）。関税撤廃は，1999 年の首脳会議で，ASEAN6 は 2010 年，新規加盟国は 2015 年（センシティブ品目の一部は 2018 年）との約束が行われた。ASEAN6 は計画通り 2010 年 1 月に関税撤廃を実現している。

発展途上国の FTA は自由化率が低いといわれるが，AFTA は極めて高い

自由化率を実現している。2015年2月時点の自由化率（関税撤廃品目の比率）はASEAN6が99.2％，CLMVが90.8％，ASEAN全体では96.0％となっている[8]。

AFTAは，①極めて高いレベルのFTAを計画通り実現した，②企業によるFTAの利用率も高まっている，という点で成功と評価できる。自由化の成功は，関税削減・撤廃を極めて柔軟かつ段階的に行ったことが大きい。1993年に開始し最終的に完成するのは2018年であるから25年をかけたことになる。経済格差，産業の発展レベルの違いが極めて大きいため，漸進主義による自由化が結果的に高い自由化をもたらしたといえる。

企業によるAFTAの利用は，関税がほぼ撤廃されているシンガポール向けの輸出では利用する必要がないなどの理由から利用率は国により異なっている。助川（2016）によると，タイの相手国別AFTA利用率（2015年）はインドネシア向けが66.0％，フィリピン向けが61.8％と高くASEAN全体（シンガポールを除く）は35.9％である[9]。

第3節　ASEAN経済共同体の創設

1．ASEAN経済共同体とは

ASEANは2003年10月の第9回首脳会議で採択されたASEAN第2協和宣言で安全保障共同体（後に政治安全保障共同体に改称），経済共同体，社会文化共同体から構成されるASEAN共同体を設立することを明らかにした[10]。

ASEAN経済共同体を提案したのはシンガポールのゴー・チョクトン首相（当時）であり，2002年の首脳会議でASEAN自由貿易地域（AFTA）の次の地域統合をASEAN経済共同体と名づけるべきであると主張した[11]。その背景には，ASEANは1997〜98年のアジア通貨危機でインドネシア，タイなど主要国が大幅なマイナス成長を記録するなど経済的に大きな打撃を受けた一方，21世紀に入り中国に加えインドが外国投資先として台頭したことがある。

ASEAN第2協和宣言で提示されたASEAN経済共同体（ASEAN Economic Community：AEC）は，「単一の市場と生産基地」であり，「多様性をグロー

第 4-2 表　経済統合の発展段階

	関税撤廃と量的貿易制限の撤廃	域外共通関税	生産要素の自由な移動	経済政策の調整	経済政策の統一と超国家機関の設立
FTA	○	×	×	×	×
関税同盟	○	○	×	×	×
共同市場	○	○	○	×	×
経済統合	○	○	○	○	×
完全な地域統合	○	○	○	○	○

資料：B.バラッサ／中島正信訳（1963）『経済統合の理論』ダイヤモンド社，4-5 頁より作成。

バルなサプライチェーンのダイナミックで強力な一部とする」とし，「実現のために明確なスケジュールと既存および新しいイニシアチブにより経済統合を深化・拡大する」としている[12]。

　ASEAN 経済共同体はどのような経済統合なのだろうか。ベラ・バラッサの経済統合の発展段階説では，① 自由貿易地域（FTA），② 関税同盟，③ 共同市場，④ 経済統合，⑤ 完全な地域統合の 5 段階がある（第 4-2 表）[13]。欧州の経済統合は 1968 年に関税同盟，1993 年に共同市場，1999 年の共通通貨ユーロ導入とこの発展段階にほぼ近い形で進展した。ASEAN 経済共同体は関税同盟ではなく，欧州の経済統合とはまったく別の経済統合である。

　ASEAN 経済共同体の全体像は，2007 年に公表された ASEAN 経済共同体

第 4-3 表　ASEAN 経済共同体ブループリントの 4 つの目標と分野

目標	分野
1．単一の市場と生産基地	①物品の自由な移動，②サービスの自由な移動，③投資の自由な移動，④資本のより自由な移動，⑤熟練労働者の自由な移動，⑥優先統合分野，⑦食料・農業・林業
2．競争力のある経済地域	①競争政策，②消費者保護，③知的所有権，④インフラストラクチュア開発，⑤税制，⑥電子商取引
3．公平な経済発展	①中小企業，② ASEAN 統合イニシアチブ
4．グローバル経済への統合	①対外経済関係への一貫したアプローチ，②グローバル・サプライ・チェーンへの参加

注：ASEAN 統合イニシアチブ（IAI）は，CLMV の開発を支援することにより格差是正を進めるプログラムである。
資料：ASEAN Secretariat (2008), ASEAN Economic Community Blueprint により作成。

ブループリント（以下ブループリント）に示されている[14]。ブループリントは，ASEAN経済共同体の4つの目標（柱）として，①単一の市場と生産基地，②競争力のある経済地域，③公平な経済発展，④グローバル経済への統合をあげている。そして，目標ごとに分野（原文はコアエレメント）を合計で17項目示している（第4-3表）。

2. 市場統合の目標はFTAプラス

「単一の市場と生産基地」は市場統合，「競争力のある経済地域」は共通政策とインフラ整備，「公平な経済発展」は格差是正，「グローバル経済への統合」は域外とのFTA締結である。この中で最も重要なのは，「単一の市場と生産基地」，すなわち市場統合である。そこで，ASEAN経済共同体の市場統合の目標を他の地域統合と比較してみよう（第4-4表）。物品の貿易では関税撤廃は実現するが，非関税障壁の撤廃は実現が困難である。無税輸入の対象になる

第4-4表 ASEAN経済共同体，欧州共同体，経済連携協定の目標の比較

	欧州共同体（EC）	ASEAN経済共同体（AEC）	経済連携協定（EPA）
関税撤廃	○	○	○
非関税障壁撤廃	○	○（*）	△
対外共通関税	○	×	×
サービス貿易自由化	○	○（*）	△
規格・基準の調和	○	△	△
人の移動の自由化	○	△	△
貿易円滑化	○	○	○
投資の自由化	○	○	○
資本移動の自由化	○	△	△
政府調達の開放	○	×	△
共通通貨	○	×	×

注：1．○は目標，△は目標だが限定的，×は目標になっていないことを示す。＊は目標だが実現は難しい，あるいは一部実現することを示す。ただし，厳密な評価ではない。
2．EECは1967年に欧州石炭鉄鋼共同体（ECSC），欧州原子力共同体（EURATOM）との3つの共同体の主要機関が共通の機関として整備されこれら3機関を総称してECと呼んでいたが，1992年にマーストリヒト条約によりEECはEC（欧州共同体）に改称された。
資料：筆者作成。

のは ASEAN 原産品と認められた産品（原産地規則を満たした産品）のみである。政府調達は目標になっていない。ASEAN 加盟国で WTO の政府調達協定に参加しているのがシンガポールのみであること，マレーシアのブミプトラ政策でマレー人企業を優遇していることなど政府調達の開放が現時点では困難なためである。対外共通関税は目標ではない。

　サービス貿易自由化は目標であるが，第3モード（サービス分野の投資）は外資出資比率70％が目標など自由化は最初から制限がある。人の移動の自由化は熟練労働者が対象であり，単純労働者は対象外である。こうしてみると，欧州共同体に比べると市場統合の分野と水準は制約が大きく，日本政府が締結を進めている経済連携協定（EPA）に類似していることが判る。市場統合については，「FTA プラス」と呼ぶべき内容である。

3．輸送分野を重視

　ASEAN 経済共同体は市場統合では EPA に類似しているが，インフラ建設など開発，格差是正，対外経済関係までを含む非常に壮大な経済統合計画である。ASEAN は連結性（connectivity）を重要視しており，2010 年に ASEAN 連結性マスタープラン（MPAC）が発表された。連結性とは，物，サービス，人などの移動を円滑にするためのインフラ，制度を意味している。物的連結性（道路，鉄道などインフラ整備），制度的連結性（交通協定など），人的連結性（観光など）の3つの連結性に分けて合計 19 のプロジェクトを提示している。MPAC は，ブループリントの内容が貧弱であり実施が遅れていた輸送関連インフラ建設・整備および交通協定の実施を促進する目的を持っている。輸送関連インフラ整備は CLMV で遅れており，MPAC は格差是正にも大きな役割を果たすことが期待されている。

第4節　ASEAN 経済共同体の評価

1．2015 年末は「通過点」

　ASEAN 経済共同体は 2015 年 12 月 31 日に創設された。2015 年末のブルー

第 4-5 表　AEC 主要分野の進展状況の評価

関税	◎	ほぼ撤廃される
非関税障壁	×	進展はほとんどない
貿易円滑化	○	ただし，ASEAN シングル・ウィンドウは遅れ
基準・認証	○	相互認証の対象分野は限られている
サービス貿易	○	第 10 パッケージ交渉中，例外を容認
金融サービス	○	2020 年が目標
投資	○	最低限の規制を残し自由化
熟練労働者の移動	△	8 職種の資格相互承認，実効性は今後
競争政策	○	8 カ国で競争法を導入
輸送協定	△	3 つの越境輸送円滑化協定の批准が遅れ
輸送	△	道路は一部整備遅れ，鉄道は遅れ，2020 年目標
エネルギー	△	ASEAN 電力網，ASEAN ガスパイプライン建設中
域内格差是正	○	ASEAN 統合イニシアチブ実施，格差は緩やかに縮小
域外との FTA	◎	5 つの ASEAN+1FTA を締結

注：◎ブループリントの想定どおりあるいは想定以上の成果をあげている，○は概ねブループリントの想定どおり施策が実施されている，△ブループリントの想定より実行遅れているが一定の成果がみられる，×は実施が大幅に遅れている，ことを示している。ブループリントの目標達成度の評価であり，自由化・円滑化実現の評価ではないことに留意が必要。

資料：国際貿易投資研究所（2016）「ASEAN 経済共同体（AEC）2015 の成果（2016 年 4 月末時点）」により作成。

プリントの目標の達成率は，高度優先措置を含む 506 措置中 475 措置を実施し 93.9％，全 611 措置に対しては 503 措置実施で 82.3％となっている。このように 100％実現ではなく，2015 年末の AEC 創設は「通過点」である。主要分野について AEC 研究者による評価は，「一部分野で大幅に遅れているが，全体としては目標を概ね達成している」というものである（第 4-5 表）。紙幅の都合で全分野を検討できないので，市場統合を中心に重要分野の実施状況をみてみよう[15]。

2．最大の成果は関税撤廃

（関税撤廃・非関税障壁）

　最大の成果は関税の撤廃である。ASEAN の 2015 年の平均域内関税撤廃

率は95.9％，ASEAN6は99.2％，CLMVは90.9％となっている。CLMVは2018年1月までに残りの品目（7％まで認められている）の関税を撤廃するので，2018年にはASEANは約99％の関税を撤廃した質の高いFTAを実現することになる。域外国とのFTAは，中国，韓国，日本，インド，豪州・ニュージーランド（NZ）と5つのFTA（ASEAN+1FTA）を締結・発効しており，大きな成果といえる。ただし，自由化率は豪州・NZとのFTAが最も高く，インドとのFTAが75％程度と最も低くなっている。

　非関税障壁（Non Tariff Barrier：NTB）の撤廃は進んでいない。主な実績はNTBより幅広い非関税措置（Non Tariff Measures：NTM）のデータベースを作成（現在UNCTAD新分類によるデータベース更新中）したことである。データベースによるとASEANのNTMは合計で5000を超える。NTMにはWTOで認められている措置も多く，何がNTBなのか明確ではないなどデータベース作成だけではNTB撤廃の効果はない。企業が直面するNTBの削減・撤廃など実効性のある取組みが求められる。主要なNTBは製品の規格の相違であり，規格の調和や相互承認（MRA）が効果的なNTBの撤廃の手段である。この分野では，電気電子機器（EEE），化粧品，医療製品で進展がみられ，加工食品，自動車，建築建設材料が作業中である。

（サービス貿易・投資・人の移動）

　サービス貿易は別の枠組みで交渉している金融と航空サービスを除く128分野の自由化を目指しており，第9パッケージ（108分野）まで交渉が終わっている。最後の第10パッケージ（128分野）が交渉中である。ただし，サービス分野の投資（サービス貿易の第3モード）では外資出資比率70％が目標であり100％ではない。また，例外が最初から認められている（15％柔軟性規定）ため，自由化例外分野がある程度残ることになる。

　投資では，投資自由化，投資保護，特定措置の要求（パフォーマンス要求）の禁止，投資家と国の紛争解決（ISDS）などレベルの高い規定を含むASEAN包括的投資協定（ACIA）が締結されている。投資は最小限の規制を除いて自由化をするとしており規制分野は留保表（ネガティブリスト）で示されている。

人の移動では，自由職業サービス8分野（エンジニアリング，看護，建築，医療，会計，歯科医療，観光）の資格の相互承認取決め（MRA）が締結されている。MRAを締結してもすぐに他国で働けるわけではないが，エンジニアリングでは1250人がASEAN公認エンジニア（ACPE）として登録され，建築では250人がASEAN公認建築士として登録されているなどの進展がみられる。

第5節　AEC2025に向けて

　ASEANは2015年に創設したAEC2015の未実現分野の実施に加えてASEANの内外の環境の変化による新たな課題への挑戦が求められている。そのための行動計画としてAEC2025ブループリントが2015年の首脳会議で発表された。AEC2025は，5つの目標（① 高度に統合され結束した経済，② 競争力のある革新的でダイナミックなASEAN，③ 高度化した連結性と分野別協力，④ 強靭で包括的，人間本位，人間中心のASEAN，⑤ グローバルASEAN）を掲げている[16]。AEC2025の内容はAEC2015を整理・再構成したものが多いが，生産性向上，イノベーション，グッドガバナンス，効率的かつ公正な規制，人間中心など新たな要素も含まれている。

　注目されるのは，イノベーションである。マレーシア，タイなどでは一人当たり所得が1万ドル程度に達すると経済成長率が低下する「中所得の罠」に陥ることが懸念されており，マレーシアではすでに中所得の罠に陥ったと政府が発表している。労働コスト上昇により競争力が低下した労働集約型産業に代わる成長産業の育成が必要だが，そのために新たな外国投資の受入れとともにイノベーションが不可欠だからだ。

　アジア広域FTAの締結への対応も課題である。ASEAN+6（日中韓印豪NZ）が参加する東アジア地域包括的経済連携（RCEP）は2012年に交渉が始まり，2018年に入っても合意に至っていない。高いレベルの自由化と早い時期の妥結をどのように両立させるのかが課題であり，ASEAN中心性を体現するASEANのリーダーシップが期待される。

おわりに―ASEANに学び重層的な交流を

　日本では，経済共同体，政治安全保障共同体（不戦共同体），社会文化共同体，環境共同体，観光共同体など様々なアジア共同体構想が提唱されている。ただし，共同体についての定義は明確ではなく，参加する国・地域をどうするのかも不明確である。安全保障は米国と中国を含まないと実効性はなく，経済では米国市場への依存は低下しつつも依然として大きくアジア各国の期待は大きい[17]。広域FTA構想では，RCEPが東アジア経済共同体のイメージに近い。一方，米国，カナダ，メキシコなど米州諸国を含むTPPは発効すればアジアからの参加国が増えることは確実であったが，米国はトランプ政権によって2017年1月に離脱し，米国を抜いた11カ国でTPP11を交渉し2017年11月に大筋合意に至った。TPP11にはASEANからシンガポール，ブルネイ，ベトナム，マレーシアが参加している。安全保障では，ASEAN主導のASEAN地域フォーラム（ARF）という枠組みがある。

　経済関係の緊密化の一方で，日本と中国および韓国の対立，南シナ海の領域問題など政治や安全保障では対立や不安定な要素があるが，様々な構想・枠組みによる重層的な協力や交流の積み重ねを続けるべきである。経済統合と協力では，AEC，TPP11，RCEP，日中韓FTA，GMS（大メコン圏），一帯一路構想などがあり，社会文化でも高等教育，青年交流，防災，環境，食料，高齢化などの多様な分野での協力と交流が行われている。

　ASEANは，東アジアの協力と統合で重要な役割を果たしてきたし，共同体構築でも重要な役割を果たすことが期待される。ASEANは3つの共同体から構成されるASEAN共同体を創設しているからだ[18]。ASEAN各国は他国への脅威にならないどころか，緩衝的な役割を果たすとともに，ASEAN+3，ASEAN+6，東アジアサミット（ASEAN+8）などASEAN中心性を維持しながら多国間の協議や交渉の場と枠組みの提供してきた。ASEAN各国は，領域問題を含む対立，歴史問題，多様性，経済格差などを克服しながら，柔軟かつ時間をかけて経済統合と政治安全保障協力，社会文化協力を着実に進めてき

た。ASEANの歴史，経験，方法，知恵に学べることは多い[19]。ASEANを中核に東アジアの統合と協力を重層的に進めるのが現実的である。

（石川　幸一）

【注】
1　東ティモールは2013年にASEAN加盟を正式に申請している。山田（2015），86頁。
2　PTAとAIC，AIPについては，清水（1998），51-58頁を参照。
3　清水（2015a），144-145頁。
4　清水（2015a），144-145頁。
5　清水（2015b），254-256頁。
6　清水（2015a），144-145頁。
7　清水（2015b），145頁。
8　助川（2015a），186頁。
9　助川（2016），97頁。
10　http://www.aseansec.org/15159.htm
11　Severino（2006），pp. 343-344.
12　本論では経済共同体を論じる。その他の共同体については，鈴木（2016）を参照。
13　B. バラッサ（1963），4-5頁。
14　ブループリントは，http://aseansec.org/21083pdf，ASEAN経済共同体ブループリントを含めASEAN経済共同体についての包括的な説明については，石川・清水・助川（2013）を参照。
15　主要分野の詳細な実施状況については，石川・清水・助川（2016）を参照。
16　福永（2016）。
17　井上（2006）は，アジアの地域主義において米国が不可欠であることを論じており示唆に富む。
18　ASEAN共同体については，鈴木（2016）を参照。
19　ASEANは，CLMVの関税撤廃はASEAN6より緩やかなスケジュールとしており，サービス貿易自由化などでは実施可能なから措置を実施し困難な国は後で参加する「ASEAN-X」方式を採用している。意思決定でも原則として全会一致方式を採用している。ASEANの合意形成については，詳細は鈴木（2014）参照。

【参考文献】
石川幸一・朽木昭文・清水一史編（2015）『現代ASEAN経済論』文眞堂。
石川幸一・清水一史・助川成也編（2013）『ASEAN経済共同体と日本—巨大市場の誕生』文眞堂。
石川幸一・清水一史・助川成也編（2016）『ASEAN経済共同体の創設と日本』文眞堂。
井上寿一（2006）『アジア主義を問い直す』ちくま新書。
清水一史（1998）『ASEAN域内協力の政治経済学』ミネルヴァ書房。
清水一史（2015a）「世界経済の構造変化とASEAN経済統合」石川幸一・朽木昭文・清水一史編（2015）『現代ASEAN経済論』文眞堂。
清水一史（2015b）「ASEANの自動車産業—域内経済協力と自動車産業の急速な発展」石川幸一・朽木昭文・清水一史編（2015）『現代ASEAN経済論』文眞堂。
助川成也（2015a）「AFTAと域外とのFTA」石川幸一・朽木昭文・清水一史編（2015）『現代ASEAN経済論』文眞堂。
助川成也（2016）「物品貿易の自由化に向けたASEANの取組み」石川幸一・清水一史・助川成也

(2016)『ASEAN 経済共同体の創設と日本』文眞堂。
鈴木早苗（2014）『合意形成モデルとしての ASEAN 国際政治における議長国制度』東京大学出版会。
鈴木早苗編（2016）『ASEAN 共同体』アジア経済研究所。
B. バラッサ／中島正信訳（1963）『経済統合の理論』ダイヤモンド社。
福永佳史（2016）「ASEAN 経済共同体 2025 ビジョン」石川幸一・清水一史・助川成也（2016）『ASEAN 経済共同体の創設と日本』文眞堂。
山田満（2015）「東ティモールの ASEAN 加盟問題」『海外事情』第 63 巻第 4 号，拓殖大学海外事情研究所。
Severino, Rodolfo C.（2006），*Southeast Asia In Search of ASEAN Community*, Institute of Southeast Asian Studies, Singapore.

第Ⅱ部

多角的視点から見る東北アジアの歴史と現在

第5章
東北アジアのコリアン・ディアスポラと日本

はじめに

　現在，東アジア共同体が議論されているが，その過程において「韓民族共同体」論が浮上し，コリアン・ディアスポラが注目されている。「韓民族共同体」の議論は，1989年9月11日，盧泰愚前韓国大統領が国会で発表した「自主・平和・民主」の3原則に基づく朝鮮半島の統一方案として提起されたが，1990年代に入り，グローバル時代の民族的生存戦略として新たに位置づけられるようになった。すなわち，当初の南北分断状況を解消し，分断以前の1民族1国家への回復という狭義の概念が，世界の中のコリアンとのネットワークを形成しようとする広義の概念に変換しつつあるのである。それが近年，いわゆる「韓民族共同体」もしくは「韓民族ネットワーク共同体」という概念として登場している。その韓民族の連帯には社会的，歴史的場所を奪われたディアスポラ（diaspora）の存在がある。コリアン・ディアスポラの代表的共同体は在日朝鮮人，中国朝鮮族，ロシアおよび中央アジアの高麗人などである。これらの社会はそれぞれの固有の歴史を背負っており，そこに生きる朝鮮民族にも特色がある。

　朝鮮民族が東北アジア地域に大量に移住したのは，日本が朝鮮半島及び満州を統治・支配する過程であった。日韓併合の年である1910年以前は中国とロシアの沿海州を除いて，日本や中央アジアには朝鮮人はほとんどいなかった。中国とロシアの沿海州は朝鮮半島と接していたため，日韓併合以前にも朝鮮人移住が行われていた。しかし，その数はそれほど多くはなかった。日露戦争の始まった1904年頃の中国には，約7万8000人，ロシアには約3万人が居住し

ていたが，日本にはわずか233人しかいなかった。それも一般の商人や労働者はほとんどおらず，留学生か亡命政治家たちであった。しかし，1910年に日韓併合が行われ，朝鮮半島が日本の植民地になってから，しだいに増えていった。

東北アジア地域に移動した朝鮮人の総数は約420万人に達していた。朝鮮人総人口は1945年の時点で2400万人と推定されるので，全朝鮮人の6分の1に達する人々が朝鮮半島を離れたのである。主な移住先は中国東北地方（旧満州）と日本，ロシアの沿海州であった。

そこで本章では，農耕民族であった朝鮮人が，なぜ中国・ロシアおよび中央アジア・日本等に移住し始めたのか。その移住先でどのような社会を形成し，戦後どのような待遇を受けることになったのか。東北アジア朝鮮人社会の形成過程とその人々の戦後国籍処遇問題について考察する。

第1節　沿海州地域への移住と「高麗人社会」の形成

1．帝政ロシア時代の移住と定着

朝鮮人のロシア沿海州における移住の歴史は1860年から始まる。1860年11月，ロシアと清国との間に「北京条約」が結ばれ，沿海州がロシアの領土となった。沿海州は，ロシア・中国・朝鮮半島との三国の国境線となっていて，朝鮮人の移住が容易な地域であった。

1861年4月に帝政ロシアは「アムールおよび沿海州におけるロシア人と外国人に対する移民法」を施行した。これは，官有地を私有地とすることを認め，移住民に対して人頭税を免除し，さらに軍役を10年間，土地税を20年間免除するというものであった[1]。この法律は，1882年と1892年に改正が行われ，1901年まで適用された。また，移民はロシア人だけではなく外国人にも奨励され，勢力拡大の可能性がある中国人より朝鮮人の移住が好まれた。そのため，朝鮮人の沿海州地域への移住が始まるようになり，1870年代末，沿海州とアムール州には6766人の朝鮮人が移住し，彼らによって21カ所の朝鮮人村落が形成された[2]。

その後も朝鮮人の沿海州への移住は小規模で続いていたが，移民者が一気に増加したのは，日露戦争後であった。1905年11月に，日本は朝鮮と「第二次日韓協約」（以下，保護条約）を締結して朝鮮の外交権を剥奪し，1910年には日韓併合条約を結んで朝鮮の統治権を完全に手に入れた。日韓併合は，日本の植民地支配に反対する朝鮮人の沿海州移住を促進する決定的なきっかけとなった。さらに植民地政策の一環として実施された土地調査事業（1911～1918年）により，多くの農民が土地を失ったことが，その流れを加速させた。ロシア当局に登録されていた朝鮮人の移民者の数をみると，1901年には2万9608人であったが，1906年には3万4399人に増加し，その後も1911年に6万2529人，1915年に7万2600人，1917年には8万4678人に増加した[3]。

2．ソビエト体制下の朝鮮人移住と定着

ロシア革命によって，1917年11月にソビエト政権が樹立された。ソビエト政権の誕生は朝鮮人移民者をより増加させた。1923年の極東革命委員会の朝鮮人問題委員会の資料によると，沿海州には12万982人の朝鮮人が居住しており，そのうち10万3482人が農村に，そして1万7500人が都市に居住していた。彼らの多くは，ソビエト政権が抑圧民族の権利・自由・独立を保障してくれると信じていた。そのため，彼らは内戦とソビエト化建設事業に積極的に参加し，ソビエト政権を支持しながら活発な社会主義運動を行った。しかし，ソビエト政権はこの問題の解決には消極的であった。特に大部分が農民である朝鮮人にとって最大の関心事は，土地分配の問題であった。1923年，ソビエト政権は新たな土地法を定め，すべての土地を国家の所有にしつつも，労働可能なすべての人に，一定の土地を使用することを認めた。しかし，ソ連国籍を持ってない外国人が土地を使用することは不可能であった。当時，沿海州農村地域に居住している朝鮮人10万3482人のうち，ロシア国籍者は3万1143人で，残り7万2339人は非国籍者であった。約70％がロシア国籍を持っていなかったのである[4]。

このように，ソビエト当局は，沿海州朝鮮人に土地を配分して問題を根本的に解決する政策はとらず，ソ連国籍取得による土地配分という消極的な対応にすぎなかった。ソビエト当局は土地をもってない人々に対し「1929～1930年

極東地域少数民族及び現地人集団化計画」を立て実施した。これは 1930 年 10 月 1 日までに朝鮮人農家の 75％を集団化させる計画であった。その計画はすでに達成して，朝鮮人の農業集団化は 1934 年に完全に終了した[5]。

また，ソ連の極東当局は「1929～1933 年の朝鮮人分散移住 5 カ年計画」も計画していた。この計画は当時，ほとんどの朝鮮人が朝鮮と中国との国境地域であるウラジオストク地区に居住していたため，この地区を「閉鎖地域」[6]にしようと計画した。ソビエト外務部の人民委員会は 1925 年 1 月から，沿海州に増加する越境中国人と朝鮮人の流入を防ぎ，内陸地方に居住しているロシア人の移住を奨励する政策をとっていた。そこで，極東当局はウラジオストク地区に居住している 15 万 795 人の朝鮮人のうち，8 万 7749 人を 5 年間でアムール地区やハバロフスク地区に分散移住させる計画を立てたのである[7]。しかし，この計画はソビエト当局の土地分配政策の失敗で実現できなかった。結局移住させたのは，1929 年に 1408 人，1930 年に 1342 人に留まった。朝鮮人強制移住計画が本格的になったのは，1937 年ごろであった。

3．ソビエト政府の朝鮮人強制移住

1931 年に満州事変が起こり，翌年 32 年には傀儡国家「満州国」が建国された。そうすると，ソ連と満州国の国境紛争は絶えることがなく，1930 年代半ば以降には状況がより厳しくなっていた。1936 年には日本軍がソ連領土を侵攻し，1937 年 7 月には日中戦争が勃発して国境地域の緊張はさらに高まってきた。このように，ソ連と日本軍との衝突が頻繁に行われていた地域が，朝鮮人が集団で居住していた極東地方であった。そのため，ソビエト当局は豆満江（中国では「図們江」と表記）の国境を閉鎖し，朝鮮人の沿海州への移住は不可能となった。

また，1937 年 3 月にボリシェビキ党中央委員会で「党事業の不振とトロツキーおよび両面主義者の清算方法について」というスターリンの報告が行われた。その報告では，ソ連は「資本主義の敵」に包囲されており，国内にも多くのスパイがいるとされていた。特に，朝鮮人に対するスパイ容疑が具体的に指摘された。ソビエト連邦共産党の機関紙である『プラウダ』には，「日本のスパイ網」（3 月 16 日），「朝鮮人集団農場で日本のスパイ逮捕」（3 月 23 日），

「ソビエト極東における外国スパイ行為」(4月23日)，「日本スパイの後方攪乱活動」(7月10日)，「日本秘密諜報部の破壊的行為」(7月29日) という記事が掲載された。これらの記事では，日本のスパイ (朝鮮人) が満州，内モンゴルおよびソ連の広い範囲に潜伏して，後方攪乱活動をしていることが強調されていた。そのため，ロシア革命前後からロシア人と力合わせて日本と戦ってきた極東居住朝鮮人は，国家犯罪の集団責任を負わされ，日本のスパイと見なされ，強制移住させられたのである。また，朝鮮人強制移住の背景にはもう一つソビエト当局の狙いがあった。それは，当時中央アジア地域の面積は広大であるが，半砂漠の不毛地が多く，その上，人口も減少して労働力が不足していた。そのため，朝鮮人が元来もつ優れた稲作技術を伝播すると共に，不足した労働力を補うことによって後進的な中央アジア地域を発展させようとしたのである[8]。

　このような理由から，1937年の朝鮮人強制移住が本格的に始まった。1937年8月21日党中央委員会によって「極東地方国境付近地域から朝鮮人移住に対する決議案」が採択された。そこで，「極東への日本のスパイ行為の防止のため」という名目で満州，朝鮮との国境地帯に住む朝鮮人のうち約7万8000人をウズベキスタンとカザフスタンに強制移住させた。さらに，1937年9月28日ソビエト政府の「極東地方領域からの朝鮮人の移住について」の問題が決定され，極東地方に住む残りの約10万人の朝鮮人をすべて強制移住させた。これによって，スターリン体制下における多くの民族強制移住が，朝鮮民族から行われることになった。

4．「敵性人民」から「ソビエト人民」へ

　ソビエト体制が強化される1930年代初めからは，ソビエト当局によって豆満江の国境が閉鎖されるに至り，朝鮮人の沿海州への移住は不可能になった。そのため，朝鮮半島との関係は断たれ，在沿海州朝鮮人たちはその地域で独自の生活文化圏を形成し，生活を営む立場となった。特に1937年の強制移住からは，完全に歴史の影に置かれ，徹底した「ロシア化」教育を受けなければならなかった。そのため，多くの高麗人が朝鮮語を喪失し，ロシア語への言語同化が行われた。この現象は世代が下がるにつれて，朝鮮語からロシア語へ移行

しているともいえる。その影響から彼らは,「朝鮮人」でも「韓国人」でもない高麗人としてのアイデンティティを獲得するようになった。国籍もソ連国籍を取得することになり,1991年の独立国家共同体（CIS）[9]設立からはソ連国籍からロシアおよびCIS各国の国籍を取得するようになった。

　さらに,彼らは1937年の強制移住からは敵国のスパイになりうる「特別移住民」,つまり「敵性人民」となった。彼らはこのレッテルをはがすために大いなる努力をした。高麗人にとってその転機期となったのは第二次世界大戦であった。高麗人はソ連軍に積極的に入隊して「大祖国戦争」に参戦しようとした。しかし,彼らの希望通りにはいかず,ソ連軍は彼らを後方の「労働軍」に動員した。主に石炭鉱山,軍需工場,道路建設地,強制労働収容所などに配置され,過酷な労働と劣悪な環境で働いた[10]。「敵性人民」のレッテルをはがすのは容易なことではなかったのである。戦後においても移転制限が加われ,貧しい農村を離れることができなかった。その移転制限が解除されたのはスターリン死後の1956年頃であった。

　1956年7月,ソビエト共和国連邦の最高会議で「特別移住民の居住制限措置の解除法」が発表され,中央アジアの高麗人にも初めて居住移転の自由が与えられた。そこから多くの高麗人は経済面や子女教育の問題を理由に農村地域から離れ,都市に移住するようになり,高麗人社会の都市化が進んだ。1989年のカザフスタンの高麗人都市化比率は約84％で,ウズベキスタンは約70％,キリギスタンは約78％であった[11]。高麗人社会の都市化は,高麗人の職業を多様化させた。医者,教師,会計員,学者などの専門職につく人や政府機関で働く公務員,政治家などが多く現れた。

　1989年,旧ソ連共産党は「民族政策綱領」を発表し,少数民族の権利回復を宣言した。特に強制移住された民族に対しては名誉回復を宣言し,それらの民族の文化や言語を保存・発展させることを約束した。そこで,高麗人の学者,公務員,政府機関の代表,学術機関の研究員などで構成されたロシア連邦最高会議傘下の「民族会議」が組織された。「民族会議」は「在ロ高麗人の名誉回復に対する決定案」を作るための作業に着手した。その結果,1993年4月にロシア連邦最高会議によって「在ロ高麗人の名誉回復に関する決定」が出され,ようやく高麗人が「敵性人民」という政治的レッテルをはがすことがで

きたのである。

第 2 節　中国朝鮮族社会の形成

1. 清末期の封禁政策と朝鮮人移住

　朝鮮人が朝鮮半島から中国へ初めに移住してきた地域は，北間島（現，延辺朝鮮族自治州）であった。かつてこの地域は満州族の発祥の地とされ，「封禁の地」であった。しかし，豆満江の渡河は容易であったため，実際には朝鮮人の移住は封禁時代にも行われていた。そこで 1883 年に清国政府は「封禁令」を全面解除して朝鮮人移住を許可するようになり，1894 年には約 6 万 5000 人の朝鮮人が移住していた[12]。清国政府はこれらの移住朝鮮人に対して，強制的な同化（帰化）政策を実施した。1881 年に「越境朝鮮人に対する入籍（国籍取得）令」が発布され，1890 年には「薙髪易服」[13]を強制した。

　清国政府は「韓民〔朝鮮人〕で在留を望むものは，薙髪〔弁髪〕易服すれば華人と同様流民に戸籍を編成し，年毎の税を納めて開墾して良い」と規定し，事実上中国への帰化入籍を土地所有の条件とした。さらに「〔入籍〕しないなら自国に追い返し，私的な開墾を認めない」と圧力をかけた。帰化後は，中国人と同じく租税を負担し，土地の所有も認められた。つまり，この政策は朝鮮人を清国に帰化する条件として，「薙髪易服」させ，同化を図ろうとする政策であった。しかし，多くの朝鮮人は「薙髪易服」を望まなかった。それは，当時儒教精神を固く重んじていた朝鮮人にとって「弁髪」には大きな抵抗感があったからである[14]。そのため，清国に帰化した人はそれ程多くなかった。帰化朝鮮人の数は 1908 年の全東北在住朝鮮人は約 12 万 3000 人であったが，その中の一割以下であった。そのため清国地方政府は，1908 年 3 月には「薙髪易服」とともに，清国に忠誠を誓う文面に署名して拇印を押した誓約書を提出させた。これに従わない者は土地を没収するという強制的な同化政策をとった[15]。

　このような清政府の朝鮮人に対する同化政策のために，当時中国に移住してきた朝鮮人の中には中国籍に帰化する人々が多く現れていた。これが，朝鮮

人の国籍問題の発端である。その政策の裏には，朝鮮人を日本の中国侵略計略に利用させないという狙いもあった。

2．日本の侵略政策と朝鮮人の移住

　1905年に朝鮮と間で「保護条約」を締結し，統監府を設置して統監政治を行っていた日本は，1907年8月には清国政府の強い抗議を押し切って，在間島朝鮮人の「保護」を名目として間島において統監府臨時間島派出所を設置した。その理由は，「保護条約」には在外朝鮮人の管理，保護には日本が当たるとなっており，統監・伊藤博文はこの条約を根拠として，朝鮮人の多く住んでいる間島に臨時派出所を置くことを決定したからである。また，1909年9月には清国と日本との間に「間島協約」が締結された。この協約によって日本は，間島での日本人居住権や土地所有権，日本間島総領事館の設置，中国と朝鮮を結ぶ鉄道敷設権，などを手に入れた。翌年に「日韓併合」してからは，在間島の朝鮮人は「日本臣民」であると主張し，朝鮮人の裁判権，朝鮮人の中国への帰化禁止，朝鮮人の自由な土地取得などを主張しはじめた。

　一方，日本の植民地化政策により，多くの朝鮮人が土地を失われ，豆満江や鴨緑江を越えて中国東北地方に移住した。また，朝鮮半島で活動していた義兵や独立運動家らも国権回復のための独立基地を構築するためにこの地域に集まってきた。中国東北地域が独立運動の基地になったのは，まず朝鮮と往来するのが容易な地域であり，すでに朝鮮人社会が形成されていたので，兵力募集と養成，武器や補給品の供給など人的・物的資源を確保しやすかったからであった。そこで在満抗日運動が活発に行われるようになった。

　当時，中国東北地方に移住した朝鮮人は，1904年には約7万8000人であったが，1910年には20万5600人に，1916年には32万8318人に増加した（第5-1図参照）。「日韓保護条約」締結前の1904年より4倍以上の人が増えたのである。

　このように，中国東北地方に移住した朝鮮人も沿海州に移住した高麗人と同様に日本の植民地化政策の影響から急速的に移住し始めた。その後も「第5-1図」の通り，増加し続けた。特に1939年以降，急激に増加していた。その理由には，「満洲国」という独特な政治状況があった。1932年3月に「満洲国」

第5-1図　在中朝鮮人の人口推移

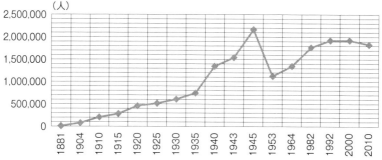

資料：国家統計局人口統計司編（1994）『中国民族人口資料』中国統計出版社；延辺州統計局（2011）『延辺統計年鑑』2011年版より作成。

が建国されると，朝鮮総督府は朝鮮農村の生活貧困者を満洲に送る計画を立てた。しかし，朝鮮人抗日武装勢力の拡大を恐れていた関東軍は「国防の充実」・「治安の維持」のため，日本内地からの日本人移民を奨励していた。それで1936年に「満州農業移民20カ年百万戸送出計画」（1936～56年）を定め，約500万人の日本人の移住を計画，推進した。しかし，日本人の満洲移民計画は計画通りには進まなく，さらに日中戦争の開始により労働力の不足に直面するようになった。そこで関東軍は1939年1月，新京で朝鮮総督府等の意見を踏まえて朝鮮人移民を日本人同様に取り扱い，さらに増加させることを決め，朝鮮人集団移民政策を推進するようになった。1942年4月からは朝鮮人満洲移民事業が初めて5年単位で計画されることになり，朝鮮人集団移住は急激に増加した[16]。

その結果「満洲国」建国当初，約60万人であった朝鮮人は，1939年になると2倍近い116万2127人となり，日本敗戦までには216万3000人に増加した（第5-1図参照）。

3．中華民国政府の朝鮮人に対する帰化政策

1912年1月1日，辛亥革命により清国が倒れ，南京臨時政府が成立した。中国政府は同時に国籍法を改定し，中国に5年以上常住する品行方正な外国人ないし無国籍人は，2名以上の中国人の保証人を立てれば中国籍に入籍できる

とした。朝鮮人に対しては従来の「弁髪」条件が姿を消し,「2名以上の中国人の保証人付き」という帰化条件に緩和されたのである(「易服」は続く)。これを機に1915年から一時期,間島在住朝鮮人の中国入籍が増加した。民国政府は帰化した朝鮮人に対して,租税負担の義務を課する一方で,選挙権・被選挙権と公立学校の校長や教員になる権利,または土地の所有権などを与えた。こうした中国側の対応の背景には,日本の満州侵略政策に朝鮮人が利用されないための配慮があった。しかし,朝鮮人の帰化は,中国への忠誠心を表したためではなく,ただ土地を手に入れるために帰化した人が多かった。当時の朝鮮人は中国の行政が厳しければ,日本に向かい,日本の行政が厳しければ中国に向かう傾向があった。また,非帰化者が帰化者の名義を借りて土地所有権を得ることもしばしばあった[17]。

このように,中国政府は朝鮮人の帰化を奨励しながら帰化朝鮮人が日本に利用され,中国侵略の手先になってしまうことは恐れていた。そのため,帰化朝鮮人の名義で非帰化朝鮮人が土地を取得することを警戒した中国政府は,厳しい帰化審査や高額の帰化手数料を課すことで「帰化阻止政策」を実施した。

こうして中国政府も1930年に積極的な帰化奨励政策へ踏み切ったが,満州事変の勃発によって政策変更を余儀なくされた。その様子を1930年9月,吉林省当局が出した「朝鮮人の帰化奨励に関する訓令(吉林省政府関于奨励朝鮮人帰化之訓令)」から読み取れる。

「近頃本省に移住する朝鮮人の数は著しく増加し,今や50余万人に達しており,経済上重要な地位を占めている。彼らの大部分は,日本の統治に不満を抱き,中国に渡ってきた人々である。彼らはわが国籍を取得し中国人と同等の権利義務を享有しようとしている。本政府はすでに朝鮮人の帰化に対して一定の制限を加えたこともあった。それは,特に朝鮮人の当局に対する信頼を減殺した。これは,対朝鮮人の政策上の誤りだと言わざるを得ない」[18]。

4.「在満朝鮮人」の国籍問題

「満州国」が建国すると朝鮮人の二重国籍問題が発生した。日本は「満州国」が建国してからまもなく,在満朝鮮人の中国への帰化を「国際法」に反す

ると主張し始めた。日本は中国政府が「中華民国国籍法」を通じて「原国籍の喪失」を帰化必修条件と規定しながら，日本帝国の臣民である朝鮮人が日本国籍を喪失しないまま，帰化を承認したのは国際法の違法である，というのがその理由であった。しかし，日本は以前から朝鮮総督府の訓令などを通じて朝鮮人の国籍離脱を禁止する政策をとっていた。このような状況を中国側は以下のように反応した。

「日本政府は，われらが朝鮮人に対して帰化証を付与するのは一方的な行為であり，国際上無効であると主張している。元来，延辺地方の朝鮮人は帰化するかしないかを問わず，間島協約により，当然わが法権に服従するものであって，日本側が干渉するものではない。本政府は中央政府の意図にもとづき，従来の帰化制限の主張を打破し，（朝鮮人）入籍を積極的に奨励する。公民権を付与し彼らを安心させ，わが法権に絶対服従するようにさせる」[19]。

当時，日本側では，在満朝鮮人に単一の「満州国籍」を付与するか，あるいは日本国籍をそのまま保持させるのか，あるいは二重国籍にするのかをめぐって，「内鮮一体」と朝鮮統治を重視する朝鮮総督府と「満州国」の「五族協和」建設を重視する関東軍側は，その見解の相違から対立していた。結局，「満州国」では終戦まで国籍法が制定されなかった。また，日本の国籍法も適用されなかった[20]。つまり厳密にいえば「4300余万人と言われている満州国居住者の中に，法的にはたった一人の満州国民もいなかった」のである。それゆえ在満朝鮮人は日本国籍者でもなく，満州国籍者でもない無国籍者であったといえる。

1945年に「満州国」が崩壊すると，当時約216万人にも達していた在満朝鮮人たちは，約100万が朝鮮半島に引き上げ，残り約100万余りの人々が中国に居残り，今日の「朝鮮族」の母体を形成したのである。

5．「在満朝鮮人」から中国少数民族（朝鮮族）へ

1945年8月日本が敗戦して戦争は終わったが，中国においてはすぐ，中国

共産党と国民党との内戦が勃発した。中国に残留した朝鮮人たちは，共産党側にたって戦った。この戦争は1948年まで続いた。

　1945年11月21日に現延辺自治州政府の前身である「延辺行政督察専員公署」が構成された。この公署は国共内戦期においては中国人がその長を占めていたが，内戦の終結を目前とした1948年3月からは朝鮮人が担当するようになった。1948年3月にその専員として林春秋が任命された[21]。

　この時期の朝鮮人における重要な課題は，「公民権（国籍）」の問題であった。「在満朝鮮人」の「公民権問題」について初めて公式かつ具体的に触れたのは，48年8月15日，中共延辺地方委員会の「延辺民族問題」に関する決議文であった。この決議文は「中国共産党と政府は中国境内の延辺朝鮮民族を少数民族として批准した」と強調しながら，朝鮮人の「公民権（国籍）」問題を提起した。この問題が最終的に決着したのは，8月29日の延辺行政督察専員公署の名義による「1948年の総括報告」であった。この報告のなかで，「朝鮮人は祖国がある民族で，中国に居住している者は中国境内（国内）の少数民族である」ということが規定された。そして「公民と僑民」の区別について次のように規定した。

　公民は「中国境内に居住していて，戸籍をもっている者，あるいは県以上の行政機関の批准を得て移住してきた者で審査を経て条件を満たす者」であり，僑民は「戸籍がない者，あるいは朝鮮（北朝鮮）の公民証をすでに獲得した者」であった[22]。

　1949年の初めからは，中国公民として確定された人々に「公民証」が発給された。それで，「在満朝鮮人」は中国の「少数民族としての公民」となった。その後，同年10月には，中華人民共和国が成立された。また，1952年9月3日，「延辺朝鮮民族自治区」が設立されたのである。

第3節　在日朝鮮人社会の形成

1．在日朝鮮人社会の形成起点と朝鮮人渡航制度

　日本は「日韓併合」以後，日本国内の工場で働く労働者として朝鮮人を募集

し，雇用し始めた。そこから日本に渡る朝鮮人が現れるようになった。また，朝鮮半島で土地調査事業が実施されると，朝鮮農民の多くは土地を奪われ，職を求めて日本へ渡航してきた。1917年ごろには，集団募集が増加して朝鮮人労働者の日本への渡航が本格化するようになった。その影響から在日朝鮮人の人口は1917年で1万人を突破し，朝鮮人集住地区も成立した。朝鮮人集住地区は工業地帯（大阪・兵庫），炭鉱地帯（福岡・北海道）などに集中し，その集住地区を主として在日朝鮮人社会が形成されるようになった。

その後も，日本に渡航する朝鮮人は増えていったが，1919年3月に朝鮮半島において「三・一独立運動」が起こると，日本政府は朝鮮人に対する渡航取締を強化するようになった。1919年4月，朝鮮総督府警務総監令第3号「朝鮮人ノ旅行取締ニ関スル件」を発布した。これは朝鮮総督府が朝鮮人の日本渡航に対する初めての直接的規制であった。朝鮮総督府は「渡航証明書制度」を設け，国外に出る者は居住地の警察署・駐在所から証明書と許可を受けなければならなかった[23]。

しかし，朝鮮総督府の植民地政策は「三・一独立運動」以降，武断政治から文化政治へ転換された。そして1922年12月，警務総監令第153号である「日本渡航規制の廃止」が出され，これをもって自由渡航制に代えた。その理由は，当時日本は新しい道路や鉄道をつくり，鉱山を開発し，工場の整備に取り組んでいた。そのため，日本人の半分以下の賃金という朝鮮人の安い労働力に

第5-2図　在日朝鮮人の人口推移

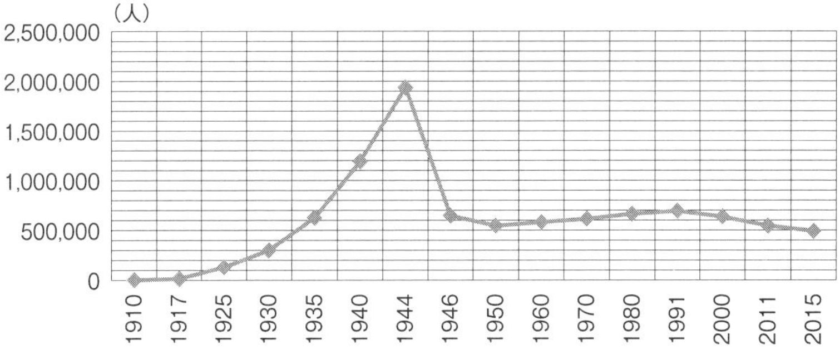

資料：樋口雄一（2002）『日本の韓国・朝鮮人』同成社，および在日本大韓民国民団調査より作成。

着目したのである。

　1925年10月，渡航阻止制度が再び設けるようになった。それは，関東大震災（1923年）の影響と共に日本国内での就職難の対応策として朝鮮人の日本渡航を制限するものであった。しかし，このような渡航の制限，または緩和があっても日本への渡航の増加傾向に変化はなかった。1917年の在日朝鮮人の人口は1万4502人であったが，1925年には12万9870人まで増え，渡航阻止制度が実施された1930年には29万8091人に増加した（「第5-2図」参照）。この朝鮮半島から低賃金労働力として迎えられた朝鮮人労働者は，近代日本「工業都市」の繁栄を底辺で支える存在であった。

2．朝鮮人強制連行

　1925年以降，朝鮮人の渡航阻止政策は続いていたが，その渡航規制政策にもかかわらず，1935年から37年には新規渡航者数は11万人台を突破し，1937年に日本在住朝鮮人は73万5689人となり，1939年には96万1591人に増加した。この背景は1937年の日中戦争の勃発による日本の労働力不足にあった。

　このような日本本土の労働力不足を補うために，1939年からは「会社募集」形式で，1942年からは国家の「官斡旋」形式で，1944年からは「徴用」という形で，朝鮮人集団の強制連行が始まった。こうして1939年からわずか6年間に家族を含めて100万以上の朝鮮人が日本へ渡ってきたのである（第5-2図参照）。強制連行された人々は各地の炭坑，鉱山，飛行場，軍事施設などで劣悪な労働条件，続発する労働災害，民族差別などを受けながら過酷な労働をさせられた。その上，日本人との賃金格差も大きく，生活は厳しかった。賃金は同じ条件の日本人労働者にくらべ，半分にもならなかったのである。当時，朝鮮人の職業は炭鉱や鉱山，軍事施設工場などで働く人が一番多かったが，その以外に飴売り，屑屋，零細な町工場の労働者，清掃業なども多くいた。

3．「帝国臣民」から「外国人」へ
(1)　「日本人」と「敵国人」の狭間

　1945年8月に戦争が終わると，193万6843人に達していた在日朝鮮人は，

次々と朝鮮半島に帰還することになったが，国に帰っても住む家もなく，土地もない人，そして日本ですでに生活の基盤を築いている人などは，日本に残留することになった。その数は 1946 年 3 月当時，64 万 7006 人であった。この人数が今日の在日朝鮮人の原点だと言える。

　当時日本政府にとっては，この残留朝鮮人の「国籍」をどうすべきなのか，が一つの課題になっていた。日本は戦後，GHQ（連合国軍最高司令官総司令部：General Headquarters）の占領下におかれていた。GHQ は当時，在日朝鮮人を次のように区分していた。「軍事上の安全が許す限り中国人たる台湾人及び朝鮮人を解放人民として処遇すべきである。彼らは，この指令に使用されている『日本人』という用語には含まれない。しかし，彼らは，今もなお引き続き日本国民であるから，必要な場合には，敵国人として処遇されてよい」（1945 年 11 月 1 日の GHQ「基本的指令」）。

　このように，GHQ は旧植民地出身者である朝鮮人と台湾人を「解放人民」あるいは「敵国人民」として取り扱った。特にこの文では在日朝鮮人・台湾人は「今もなお引き続き日本国民である」とされていた。しかし，日本政府は，このあいまいな規定を利用し，在日朝鮮人・台湾人をときには「日本国民」と同じく，ときには「外国人」として取り扱ったのである。

(2) 「日本国民」と「外国人」の狭間

　在日朝鮮人が日本政府によって「日本国民」と「外国人」の狭間で人権蹂躙されたのは大きく次の 4 つである。第一は，参政権の停止問題である。戦後間もない 1945 年 12 月に日本政府は，婦人参政権を盛り込んだ「衆議院議員選挙法」の改正を行ったが，その付則で「戸籍法の適用を受けざる者」の選挙権及び被選挙権を，「当分の内これを停止す」と規定した。戦前日本に居住していた在日朝鮮人と台湾人は選挙権も被選挙権も有していた[24]が，これを停止したのである。これは朝鮮人と台湾人は戦前，日本人と同じく「帝国臣民」であっても「戸籍」は朝鮮なり台湾にあったため，日本政府はこれを利用し，「戸籍」を基準にして朝鮮人と台湾人に選挙権を行使させないようにしたのであった[25]。参政権は今でもひきつづき，与えられていないのが現状である。

　第二は，「外国人登録令」の問題である。1946 年 2 月 13 日，日本政府に手

渡された「マッカーサー憲法草案」第16条では，「外国人は，法の平等な保護を受ける」と明記されていたが，現行憲法第14条（法の下の平等）のなかに「矮小化」されてしまった。

「すべての自然人は，その日本国民であると否とを問わず，法律の下に平等にして，人権，信条，性別，社会上の身分もしくは門閥または国籍により，政治上，経済上，または社会上の関係において，差別せられることなし」という条項が，日本政府と占領当局とのあいだでの交渉過程で，「すべての自然人」は「すべての国民」となり，「日本国民であると否とを問わず」が消え，さらに「国籍」は「門地」に変るようになった。そして，「国民」は「日本国籍保有者」であるという解釈が生まれた[26]。

さらに1947年5月2日，「外国人登録令」が公布実行された。これには今まで日本国籍を有する朝鮮人を「当分の間，これを外国人とみなす」（第11条）と規定し，これによって外国人登録やその証明書の常時携帯および呈示が義務づけられた。これにより，戦前「日本の臣民であり，日本国籍者であった」在日朝鮮人は，戦後「日本国籍」を喪失し外国人となった。さらに，現行憲法第14条（法の下の平等）の変更から，外国人としての人権保障も受けられなくなったのである。「外国人登録法」は，2012年7月に廃止された。

第三は，国籍の剥奪問題である。日本政府は，1951年4月19日に法務府（現法務省）の「民事局長通達」（「平和条約の発効に伴う朝鮮人，台湾人等に関する国籍および戸籍事務の処理について」）を出し，「朝鮮人及び台湾人は，内地（日本）に在住する者も含めてすべて日本国籍を喪失する」と規定した。しかし，この「通達」は日本国憲法を無視したものであった。日本国憲法第10条では「日本国民たる要件は，法律でこれを定める」と規定されている。すなわち，一片の「通達」をもって国籍を喪失せしめることはできないのである。日本政府はこの問題に対して，同「通達」はサンフランシスコ講和条約に基づいて出されたものだと主張するが，講和条約には，国籍が変わることを直接に定めた規定はなかった[27]。つまり，この問題は日本政府の独自の見解によるものであったと言える。

第四は，民族教育の否定である。先述した通り，在日朝鮮人は戦後，日本国籍を剥奪され，外国人になったが，一方，教育においては「民族教育」が否

定され，日本人と同一であることが要求された。1948年1月24日，文部省は学校教育局長通達「朝鮮人設立学校の取扱いについて」を公然と表明し，朝鮮人も日本人と同様に日本の学校への「就学義務」があり，民族学校は認めないという方針を打ち出した。さらに，各地の朝鮮人学校には閉鎖ないし改組の命令が出された。当時日本全国に朝鮮人民族学校は534校あり，生徒数は5万7204人であった[28]。1948年3月31日，日本政府は山口県と兵庫県でついに「朝鮮人学校閉鎖令」を出し，その後，岡山県，大阪府，東京都などでも同様の命令がだされた。その命令は朝鮮人にとって受け入れがたいものであった。朝鮮人はそれに対抗し，ついには阪神教育事件[29]という日本最大の教育闘争が行われたのである。

　現在日本には在日本大韓民国民団系の4つの学校と在日本朝鮮人総連合会系の70カ所の学校がある。そのうち，民団系の大阪の白頭学院，金剛学園，京都のある韓国学園は「一条校」で，韓国からの一時的滞在者などの子どもが全体の半数以上を占める東京の韓国学園は「各種学校」である。また，総連合会系の70カ所の朝鮮学校すべては正規の学校ではなく，「各種学校」として扱われている。ほとんどの民族学校が「各種学校」になっているため，朝鮮人民族学校の経営はより厳しくなっているのである。

　このように在日朝鮮人は，ある面では「外国人」として，ある面では「日本国民」として，結局日本の都合のいいように扱われていた。

おわりに

　以上のように，戦前の朝鮮民族の東北アジア地域への大規模な移動は日本帝国の施策と深く関係があった。日本は自国の経済基盤を用意するために，土地調査事業や産米増殖計画などを立て，多くの米を日本に移出した。そのため，朝鮮の農村経済は破壊され，朝鮮農民たちの生活はいっそう苦しくなり，多くの人々が住み慣れた故郷を離れて満州や日本に移住するようになったのである。

　彼らはロシア沿海州，中国東北地方，日本内地に移住し，独自の「朝鮮人社

会」を形成したが，戦後処遇問題はそれぞれ異なっていた。ロシア沿海州に移住した高麗人は，強制移住後，ロシア国籍をとっていたが，「敵性人民」という政治的レッテルを貼られ，差別を受けていた。そのレッテルがはがされたのは，ソ連崩壊後であった。また，高麗人は1937年の強制移住からおよそ50年間，「強制移住」を語ることは許されなかった。ペレストロイカ以降，はじめて高麗人の存在が明らかになった。彼らは，「朝鮮人」でも「韓国人」でもない高麗人としてのアイデンティティを獲得するようになった。

中国朝鮮族は「満洲国」崩壊後，中国公民として認定されていたが，大漢族主義社会での生活はそれほど容易なものではなかった。特に中国の政治変動の過程で，中国朝鮮族がそれ以前に抱いていた「僑民思想」と「二つの祖国という観念」が打破され，中国を唯一の祖国として認識するようになった[30]。しかし，その民族的アイデンティティは1992年の中韓国交樹立によって揺れているのである。

在日朝鮮人は高麗人と朝鮮族とは異なる道を歩んできた。両者と違ってもともと日本の臣民であったものが外国人になった。その上，戦後になっても日本国内の在日朝鮮人差別は解消されることもなく続いていた。そのため，日本社会からの「差別と同化」の圧力と戦うこととなり，その抵抗の手段として在日朝鮮人アイデンティティが形成されるようになった。

このように，民族と国家が同一視される国では，ナショナルなアイデンティティは自然と身につくものであるが，「在外コリアン」にとって，アイデンティティの獲得は自分との格闘の過程であった。多国籍・多言語の民族共同体としての多層的なアイデンティティによって構成された「在外コリアン」の歴史は東北アジア共同体の構想，特にグローバル化の時代に対応した民族的戦略という未来のビジョンとしての構想を考える際に大きな示唆を与えるものであると考える。

(権　　寧俊)

【注】
1　李（2002），13-14頁。
2　Kim German（2005），pp. 152-160.

3 Kim German (2005), pp. 165-171.
4 朴 (2004), 220-221 頁。
5 朴 (2004), 260-278 頁。
6 「閉鎖地域」とは, 旅行や居住が制限されていた地域である。当時, ウラジオストク地区は軍事的要地であり, 中国・朝鮮との国境地帯であったため越境移住が閉鎖されていた。
7 これは 1928～1929 年に 1229 人, 1929～1930 年に 5500 人, 1930～1931 年に 1 万 9297 人, 1931～1932 年に 2 万 8619 人, 1932～1933 年に 3 万 3604 人, 5 年間総 8 万 7749 人の朝鮮人を移住させる計画であった。Kim German (2005), pp. 180-186.
8 李 (2002), 54-60 頁。
9 2016 年 11 月現在, CIS の正式加盟国は 9 カ国 (ロシア, カザフスタン, タジキスタン, ウズベキスタン, キルギス, ベラルーシ, アルメニア, アゼルバイジャン, モルドバ) である。
10 18～50 歳の朝鮮人男性は強制労働に動員された。李愛俐娥 (2002), 107 頁。1943 年 3 月に 7765 人の労働隊が動員され石炭鉱山に送られていた。朴ボリス (2004), 383 頁。
11 李 (2002), 120 頁。
12 権 (2003), 40 頁。
13 服装とヘアスタイルを清国〔満州〕風に改めること。
14 1895 年に朝鮮で親日内閣が形成され, 「断髪令」が全国に出されたが, 儒教的伝統に従っていた多くの両班や人民たちは「身体, 髪の毛, 肌は父母から譲り受けたもので, 傷つけないのが孝の始まりだ」という儒教の考えから「手足を切ることと同じくらい, 髪一本も切ることが出来ない」と憤慨し, 全国的な反日義兵闘争が展開されたのである。
15 権 (2003), 41-42 頁。
16 金 (2012), 第 4 章参照。
17 権 (2003), 45-51 頁。
18 楊・李編 (1992) 参照。
19 楊・李編 (1992) 参照。
20 田中 (2007), 130-147 頁。
21 権 (2007), 80-83 頁。
22 権 (2007), 89-93 頁。
23 樋口雄一 (2002), 43 頁。
24 1932 年の総選挙で朝鮮人としては初めて衆議院議員選挙に立候補した朴春琴が東京第 4 選挙区で当選した。朴春琴は 1937 年選挙にも再選された。植民地時代に普通選挙の実施以降, 衆議院議員にのべ 11 名が立候補したが, 当選したのは朴春琴だけであった。しかし, 地方選挙では総 383 名の朝鮮人が立候補して 96 名が当選した。
25 田中 (1991), 63 頁。
26 田中 (1991), 58-59 頁。
27 金 (2006), 150-151 頁。
28 金 (2004), 63-77 頁。
29 1948 年 4 月 23 日, 大阪府庁前の公園に約 2 万人が集まって抗議集会を開き, 大阪府に対して学校閉鎖命令を取り消すよう求めた。そうすると大阪府側は武装警官 8000 人を動員して集会参加者を追い散らし, 日本人を含む 179 名を逮捕した。また, 4 月 25 日には占領軍によって神戸地方に「非常戒厳令」が発せられ, 朝鮮人らが次々と逮捕されていった。さらに, その鎮圧過程で, 銃撃まで引き起こり, その結果, 16 歳の金太一少年が頭に銃弾を受けて即死し, そのほか 20 数名が負傷するという大惨事を生みだした。これが阪神教育事件である。この事件で 1667 名に及ぶ朝鮮人, 日本人らが逮捕され, うち朝鮮人 8 名と日本人 1 名が 10 年を超える重労働の判決を受けた。

30 権（2014），15-46頁。

【参考文献】
〈日本語文献〉
蘭信三編（2013）『帝国以後の人の移動』勉誠出版。
李愛俐娥（2002）『中央アジア少数民族社会の変貌―カザフスタンの朝鮮人を中心に』昭和堂。
金德龍（2004）『朝鮮学校の戦後史 1945-1972』社会評論社。
金東鶴（2006）「在日朝鮮人の法的地位・社会的諸問題」，朴鐘鳴編『在日朝鮮人の歴史と文化』明石書店。
金永哲（2012）『「満州国」期における朝鮮人満洲移民政策』昭和堂。
權寧俊（2007）「国共内戦期における朝鮮民族の自治と公民権問題」『国際問題研究所紀要』第129号，愛知大学国際問題研究所。
權寧俊（2014）「変容する朝鮮族の民族教育」松本ますみ編『中国・朝鮮族と回族の過去と現在―民族としてのアイデンティティの形成をめぐって』創土社。
權寧俊（2016）「コリアン・ディアスポラ」小谷一明・黒田俊郎・水上則子編『国際地域学入門』勉誠出版。
佐々木衛・方鎮珠編（2001）『中国朝鮮族の移住・家族・エスニシティ』東方書店。
田中宏（1991）『新版在日外国人―法の壁，心の溝―』岩波新書。
田中隆一（2007）『満洲国と日本の帝国支配』有志舎。
朴慶植（1965）『朝鮮人強制連行の記録』未来社。
樋口雄一（2002）『日本の朝鮮・韓国人』同成社。
山室信一（1993）『キメラ　満洲国の肖像』中公新書。

〈朝鮮語文献〉
李光奎（1998）『러시아沿海州의 韓人社会（ロシア沿海州の韓人社会）』集文堂。
權寧俊（2003）「近代中国의 国籍法과 朝鮮人帰化政策」『韓日民族問題研究』第5号，韓日民族問題学会。
박보리스，니콜라이 부가이 지음；김광환，이백용 옮김 (朴ボリス，ニコライ・ブカイ著／キム・クァンファン，イ・ベクヨン訳) (2004)『러시아에서의 140년간（ロシアでの140年間）』도서출판 시대정신（図書出版時代精神）。
Kim German (2005)『한인 이주의 역사（韓人移住の歴史）』박영사（パクヨン社）。
허성태・임영언 지음 (ホ・ソンテ，イム・ヨンオン) (2014)『글로벌 디아스포라와 세계의 한민족（グローバルディアスポラと世界の韓民族）』북코리아（ブクコリア）。

〈中国語文献〉
楊昭全・李鐵環編（1992）『東北地区朝鮮人革命闘争資料彙編』遼寧民族出版社。

第 6 章
歴史認識をめぐる問題について
――日韓相互理解への道――

はじめに

　2015年5月30日付の『毎日新聞』に「日韓共同世論調査：両国関係，民意でも溝」と題する次のような記事が掲載された。

　　「非営利団体「言論NPO」（工藤泰志代表）と韓国のシンクタンク「東アジア研究院」は29日，日韓共同世論調査の結果を発表した。韓国に「良くない」印象を持つ日本人は52.4％で，前年比2ポイント減。逆に日本に「良くない」印象を持つ韓国人は72.5％で同1.6ポイント増だった。現在の日韓関係を「悪い」という回答は日本側で6割強，韓国側で8割弱を占めた。今年は日韓国交正常化50年の節目だが，関係改善の難しさが互いの民意からも明らかになった。（中略）相手国の印象が「良くない」理由（複数回答）として，日本側は「歴史問題などで日本を批判し続ける」が74.6％，韓国側は「侵略した歴史について正しく反省していない」が74％で最多だった（下略）。」

　戦後70年，国交正常化50年を迎えた今日においてもなお日韓双方が相手国に信頼感を抱くことができずにおり，その主たる要因として両国間の過去の歴史，すなわち日本の朝鮮植民地化をめぐる認識の問題がくすぶり続けていることを，この調査結果は如実に物語っている。
　それでは，両国間の過去の歴史をめぐる認識の問題とは具体的にどのような

もので，その本質とは何か。そして日韓両国は，これまでこの問題にどのように向き合い，問題解決に向けてどのような手順を追ってきたのか。本書のテーマともなっている「アジア共同体」というビジョンを考えるにあたり，長年にわたって日韓両国，さらに広くはアジア諸国における懸案ともなっている歴史認識をめぐる問題は，その前提条件としても避けて通るべきものではないと筆者は考える。

以下，本章では既存の研究成果を参照しつつ，第1節では19世紀末から日本による「韓国併合」が断行された1910年に至る近代日朝関係史の推移を追いつつ日本の朝鮮支配の本質について概観する。次いで第2節では戦後から今日に至るまで日韓両国がそうした植民地支配をめぐる問題の清算にどのような態度で臨んで来たかを検討した上で，筆者なりの見解を述べたい。

なお本章では，「韓国」という呼称は大韓帝国（1897年成立）および大韓民国（1948年成立）という国家と政府を指す場合のみに用い，他は「朝鮮」（地域としての朝鮮半島，大韓帝国成立以前の朝鮮王朝，「韓国併合」後の植民地の呼称としての「朝鮮」）を用いることとする。そのため読者には多少の煩雑さを与えてしまうかもしれないが，その点を予めご了承願いたい。

第1節　近代日朝関係史の推移

1．日本の朝鮮支配の目的

そもそも日本は，なぜ朝鮮を支配しようとしたのか。この素朴な疑問は近代日本の国家建設の根幹をなす極めて重要なテーマであるにもかかわらず，多くの場合において看過されがちである。近代日本の対外侵略構想の原型は幕末段階に登場し，日本に開国を求める欧米列強への対抗策として朝鮮・琉球・蝦夷・台湾など周辺地域に攻め込み領土を拡張すべきだという主張が林子平や橋本佐内などの海防論者によって語られ出した。やがてそうした主張は，徳川幕府の開国決定に反発して尊王攘夷運動が繰り広げられる中で，その精神的指導者であった吉田松陰によって国体論・尊皇論と結び付けられて理論体系化されていく。すなわち彼は「取易き朝鮮・満州・支那」には侵略の姿勢で臨めと説

き，中でも朝鮮は神功皇后（成務天皇40年－神功皇后69年，仲哀天皇の后とされる）が住吉大神の神託により三韓（新羅・百済・高句麗）を征伐したという，いわゆる神功皇后伝説を論拠に，古代より天皇に臣従すべき属国であったにもかかわらず，国体（天皇を中心とした秩序）が緩んだために「則ち之れを失へり」として，幕府に代わり天皇を頂点とする「国体明徴」を実現するためにも「三韓・任那（朝鮮半島南部に古代存在した加羅諸国を指す：引用者）は，合はせざるべからずして，而も之れを合はせば必ず合する者なり」（「外征論（丙辰幽室文稿）」）と，朝鮮を必ず日本の支配下に置かなければならないと主張した。

　神功皇后伝説をめぐってはこれまで日本古代史や考古学などの研究成果においても，その信憑性には疑問が呈されている。そもそも『古事記』『日本書紀』などの日本神話は，壬申の乱（672年）で大友皇子を排して即位した大海人皇子（後の天武天皇）が自らの皇位継承の正統性付与と神格化を図るなかで編纂されたものであり（今谷 2011，19-21頁），その内容に厳密な史料批判が求められることは言うまでもない。だが，そうした日本神話に依拠した吉田松陰の朝鮮侵略論は討幕運動の思想的バックボーンとして受け容れられ，木戸孝允ら後の明治政府の要人に少なからぬ影響を与えたのである（吉野 2002，第2章）。

　1867年，第15代将軍徳川慶喜が大政奉還（幕府の明治天皇への政権返上）を行うと，明治新政府は「王政復古の大号令」を発布して「諸事神武創業之始ニ原(もとづ)く」こと，すなわち「古代への回帰」を宣言した。そうして新政府は天皇を頂点とする新たな国家体制の建設に邁進するが，その対外政策目標として掲げられたのが日本による朝鮮支配の実現だった。朝鮮を支配してはじめて日本は神功皇后が三韓を「征伐」していた「輝かしき」古代への復活が達成できると考えたのである。政府内にいわゆる征韓論争が起こったのもまさにこの時期を前後してのことであった。

2．朝鮮支配に向けた具体的な動き

　ところで，日本が朝鮮支配を実現するにあたっては，朝鮮をとりまく伝統的な国際秩序という問題が存在した。当時，東アジアの国々は宗主国である中国

を中心とした冊封体制下に置かれ，朝鮮は中国に朝貢して「属邦」としての認可を中国皇帝から得る宗属関係にあった。「属邦」とは宗主国から内治外交の自主権が認められた国であり，中国皇帝の認可とはあくまで国を統治する国王としての正統性に限られていた。したがって支配国が内地外交権をも掌握する近代国際法における「属国」の概念とは根本的にその性質は異なる（趙 1989 参照）。周囲をモンゴルや日本，女真などに囲まれた厳しい地理的条件のもと幾度となく外敵の侵攻を受けてきた小国朝鮮は，大国である中国との宗属関係のもとに事大政策を採ることで自主独立を維持していたのである。

　だが，この宗属関係が朝鮮支配を目論む日本にとっては大きな弊害であった。そこで日本は，朝鮮から中国（19世紀当時は清国）の影響力を排除すべく，国際法の論理でこれに対抗しようとした。すなわち，宗属関係における「属邦」を国際法上の「属国」の論理に結び付けて捉え直し，清国の「支配」から朝鮮を「独立」させるという大義名分のもと，朝鮮に対する清国の影響力を排除した上で自国の朝鮮支配を進めようと画策したのである。1875年，欧米列強の開国通商要求に海防（鎖国）政策で対抗していた朝鮮に対して日本は，朝鮮の首都防衛の要地である江華島に軍艦雲揚号を派遣して砲艦外交を展開し，国際法に基づく開国を求めた（江華島事件）。そして翌1876年には両国の間に日朝修好条規が締結された。その第一款には「朝鮮国ハ自主ノ邦ニシテ日本国ト平等ノ権ヲ保有セリ」とあるが，この条項が朝鮮を国際法上の「独立国」と明文化することで清国との宗属関係を否定しようという日本側の思惑が反映されたものであることは言うまでもない（吉野 2002，第5章）。

　その後，日本は朝鮮政府を積極的に支援して政府要人らの関心を得ることで清国との宗属関係から朝鮮を引き離そうと努めた。そうして金玉均・朴泳孝・洪英植など日本の文明開化をモデルとした近代国家の建設を唱える少壮開化派官僚らと共謀し，対清「独立」を掲げて1884年にクーデターを起こしたが（甲申政変），清国軍の介入で挫折を余儀なくされる。以後，清国は朝鮮への内政干渉を強め，日清両国は朝鮮の支配権をめぐり対立を深めていく。

　そして日清両国は1894年に朝鮮で起こった甲午農民戦争を機についに武力衝突に至る（日清戦争）。これに勝利した日本は翌1895年に清国と講和条約を結び，その第1条で「清国ハ朝鮮国ノ完全無欠ナル独立自主ノ国タルコトヲ確

認ス」ると清国に認めさせることで，清国と朝鮮の宗属関係を完全に破棄させることに成功した。だが，その直後に東アジアでの権益拡大を狙うロシアがフランス・ドイツとともに三国干渉を行ったことで，今度は朝鮮の完全支配の実現に向けてロシアを仮想敵国として戦争の準備を進めていくことになる。

3．日本の韓国保護国化と抵抗運動

　清国との宗属関係が否定され弱肉強食の帝国主義の世界にひとり放たれた朝鮮は，列強の侵略に対処しようとさまざまなかたちで自主独立の道を模索した。1897年には国王高宗が皇帝に即位して国号を大韓と改め（大韓帝国＝韓国），永世中立化に向けた外交努力が試みられた。また民間からも独立協会などの政治結社が創立され，国民啓蒙活動を積極的に展開した（李 1982，第4章）。しかし清国という後ろ盾を失った韓国を日本が放っておくわけがなかった。日本は韓国への支配権を得ようとロシアと交渉を重ね，小村＝ウェーベル協定（1896年），山県＝ロバノフ協定（1896年），西＝ローゼン協定（1898年）などを結び妥協を図ったが，決定的な政治的優位を認めさせることができなかった。はたして1904年に日露開戦の機運が高まると，日本は韓国政府の局外中立宣言を無視し，軍隊を派遣してソウルを制圧，日韓議定書を結んで韓国における日本軍の駐留権と土地収用権を確保した。次いで韓国の植民地化を進める方針を閣議決定し，その足掛かりとして日本政府の推薦する者を韓国政府の外交顧問と内政顧問に任命するとした第一次日韓協約を締結させた。さらに1905年にはアメリカと桂＝タフト協定，イギリスと第二次日英同盟を結び，韓国支配に向けて欧米列強の承認獲得を進めた。そして日露戦争後に結ばれたポーツマス条約で韓国への優越権をロシアから得ると，日本は韓国に対して第二次日韓協約の承認を迫り，韓国政府の外交権を剥奪して日本の保護国とし，出先統治機関として統監府を設置した（初代統監には伊藤博文が就任した）。

　ところで，この第二次日韓協約はソウルに日本軍が配備された厳戒態勢の中で採決を強要されたものであり，協約締結に最後まで反対した皇帝高宗の批准も経られていなかった（小川原 2012，329-336頁）。そこで高宗は，日本の不当性を国際世論に訴えようと1907年6月，オランダのハーグで開かれた第

2回万国平和会議に使節を派遣したが日本の妨害で失敗に終わった（ハーグ密使事件）。日本はこれを口実に日本に敵対的な姿勢を固持する高宗を強制退位させ，さらに第三次日韓協約を締結して韓国の内政権までも剥奪した。こうした日本のやり方に韓国国内では国権回復に向けて愛国啓蒙運動や抗日義兵闘争といったさまざまな抵抗運動が各地で展開されたが，日本は法令制定と言論統制，さらには警察と軍隊を動員してこれを弾圧した。中でも全羅道地方の「南韓大討伐作戦」に代表される大規模な軍事力を動員した徹底的な義兵弾圧では被殺者1万7000人・負傷者3万6000人という韓国側のおびただしい被害が確認できる（朝鮮史研究会 1995，250-251頁）。

これほどまでに頑強な韓国国内の抵抗と反発を武力弾圧し，かつ膨大な人的・物的資源を投入してまで，なぜ日本は韓国を支配しようとしたのか。それは他でもなく，明治政府の掲げた「古代への回帰」という目的達成のためだったということを今一度確認しておく必要があろう。

4．「韓国併合」

1910年8月22日，ソウルに日本軍の厳戒態勢が敷かれる中で統監府第3代統監寺内正毅と傀儡政権の李完用（イワニョン）内閣との間に「韓国併合ニ関スル条約」が締結された。これにより韓国は国権を喪失し，「朝鮮」という名称のもと日本の植民地となってしまう。

「併合」という言葉は日本の朝鮮支配の本質を曖昧にするために同条約の原案を作成した外務次官倉知鉄吉によってこのときに創出された造語である。すなわち，倉知は条約原案の作成に当たり「自分は韓国が全然廃滅して帝国領土の一部となるの意を明かにすると同時に，其語調の余りに過激にならざる文字を選ばんと欲し（中略）当時未だ一般に用ひられ居らざる文字を選ぶ方得策と認め，併合なる文字を前期文書（条約原案：引用者）に用ひたり」（「倉知鉄吉覚書」『伊藤博文伝』）と述べている。こうした思惑のもとに同条約の第1条では「韓国皇帝陛下ハ韓国全部ニ関スル一切ノ統治権ヲ完全且永久ニ日本国皇帝陛下ニ譲与ス」と，あたかも両国の合意による平和的な政権譲与が行われたかのごとく体裁が取り繕われたのである（松田 2010，339-341頁）。

「古代への回帰」という悲願を達成した日本は祝賀ムード一色に染まった。

条約締結後，統監寺内正毅は祝宴の席で「小早川・加藤・小西（豊臣秀吉の朝鮮侵略の際に出陣した小早川秀秋・加藤清正・小西行長を指す：引用者）が世にあらば　今宵の月を　いかに見るらむ」という歌を得意げに詠んだという（小松緑『明治史実外交秘話』）。日本国内でも各地で祝賀会が開かれ，行燈行列や振る舞い酒，イルミネーションなどのイベントが催されるなど，「韓国併合」の「成就」に国民は歓喜した（帝国実業協会『韓国併合紀念史』）。こうした熱狂の中で韓国という国の消滅を憂い，「地図の上　朝鮮国にくろぐろと　墨をぬりつつ　秋風を聴く」（「九月の夜の不平」）と詠んだ歌人石川啄木のような存在は当時の日本にあっては極めて稀であった。

　以後，朝鮮は新たに置かれた朝鮮総督府の統治下で苦難を強いられることになる。日本の朝鮮支配をめぐっては，初代総督寺内正毅の武断政治，第3代総督斎藤実の文化政治，植民地末期の皇民化政策など統治のあり方をめぐる問題，強制連行や従軍慰安婦など戦時下における朝鮮人動員の問題，「韓国併合」を支持した親日団体一進会や本節でも言及した李完用などの親日派の問題，さらには在日韓国・朝鮮人をめぐる問題や日本人の朝鮮認識など，さまざまな角度から検討すべき課題はあまりにも多岐にわたる。だが紙面の都合上，本章ではこれらについては割愛し，戦後の日本と大韓民国（韓国）における歴史認識をめぐる問題への取り組みのあり方について見ていくことにする。

第2節　日韓国交正常化と歴史認識をめぐる問題

1．日韓国交正常化交渉における両国の対立

　1945年8月15日，日本の敗戦により朝鮮は36年にわたる日本の植民地支配からの解放を迎えたが，朝鮮半島は北緯38度線を境にアメリカとソ連に分割統治され，1948年，南には資本主義国の大韓民国（韓国）が，北には社会主義国の朝鮮民主主義人民共和国がそれぞれ建国された。そして米ソを中心とした東西冷戦の対立構造が厳しさを増す中で，1950年，その代理戦争としての様相を帯びるかたちで朝鮮戦争が勃発する。

　ところで，戦後の東アジア・ユーラシア地域はソ連や中国など社会主義陣営

の国々が広範を占めていた。そこで同地域での資本主義陣営の拡大を画策するアメリカは，敗戦後 GHQ（連合国軍総司令部）の統治下にあった日本をサンフランシスコ平和会議で独立国として承認し（1951 年），さらに東アジア地域の資本主義陣営の結束を強める目的から，日本と韓国の国交正常化を積極的に斡旋した。折しも国際社会に復帰し朝鮮特需（朝鮮戦争の勃発でアメリカ軍からの日本への発注が急増し，戦後不況を脱したこと）に沸いていた日本は，東アジア地域における自国の役割強化を狙っていた。また一方の韓国には，朝鮮半島における自国政府の正統性に対する国際社会の承認を得るとともに，朝鮮戦争で荒廃した国土を復興させるべく諸外国に支援を要請しなければならないという切実な事情があった。こうした双方の思惑の働く中で日韓両国はアメリカの仲介のもと国交正常化に向けた具体的な交渉に入っていく（山田他 1991，第 21 章）。

　だが交渉は，日本の植民地支配をめぐる双方の主張が真っ向から対立して最初から難航する。日本側は，「韓国併合」は欧米列強の承認を得た「合法的」なものだったが，サンフランシスコ平和条約の第 2 条で「日本国は，朝鮮の独立を承認」することを確認したため，日本の支配権は「今となっては無効となった」との主張に終始した。日本にとって朝鮮支配の不当性を認めることは近代日本の歩みそのものを否定することを意味する。また主権回復にともない戦前の保守陣営が復活を果たす中で，朝鮮支配に対する日本政府の反省はあまりに希薄であった。それゆえ日本側は歴史認識をめぐる問題の清算を極力回避しようとしたのである。一方，韓国側はそもそも「韓国併合」に至る日本の朝鮮に対する一連の支配権強化策自体が国際法に違反した行為であり，「韓国併合」は「最初から合法的に成立していない」と一貫して主張し，日本に歴史認識をめぐる問題の清算を求めた。両者の主張は平行線をたどり，1953 年 10 月に行われた第 3 回日韓会談で，日本側首席代表久保田寛一郎の「日本としても朝鮮の鉄道や港を造ったり，農地を造成したりしたし，大蔵省は，当時，多い年で 2 千万円も持出していた」などの植民地支配を正当化する発言（久保田発言）に韓国側が猛反発し，会談は決裂する（山田他 1991，第 22 章）。

2．曖昧な妥協のもとでの国交正常化

　膠着状態だった日韓国交正常化交渉は朴正煕政権の誕生で急速な進展を見せる。1961年，軍事クーデターを起こして大統領の座に就いた朴正煕は，日本との関係改善を図ることで韓国の戦後復興と経済改革の資金を調達しようと画策した。折しも高度経済成長期を迎えて日韓関係の改善を足掛かりに韓国への経済進出をも視野に入れていた池田勇人内閣は，国交正常化に積極的な姿勢を示す朴政権を支持して交渉を進めた。そうして続く佐藤栄作内閣時の1965年6月22日，「日本国と大韓民国との間の基本関係に関する条約」（日韓基本条約）が締結され，日韓両国は戦後20年を経てようやく国交正常化を迎えることになる。

　しかしながら，この日韓基本条約は双方が経済的な利害関係を最優先させるかたちで妥結されたものであり，歴史認識をめぐる問題の清算は度外視された。まず同条約の前文と条文を見ても日本の植民地支配に対する言及はなく，韓国に対する日本の謝罪の文言も入っていない。さらに，これまで両国間の交渉においてもっとも認識の差が著しかった「韓国併合」をめぐる評価について見ると，まず日本語で書かれた条文の第2条には「1910年8月22日以前に大日本帝国と大韓帝国との間で締結されたすべての条約及び協定は，もはや無効であることが確認される」とある。一方，韓国語のものを見ると「もはや」のところが「이미」（「とうに」「すでに」などとも解釈が可能）となっており，双方の条文には解釈上のズレが生じている。

　このズレは何によるものなのか。条文の最後には，

　　「1965年6月22日に東京で，ひとしく正文である日本語，韓国語及び英語により本書2通を作成した。解釈に相違がある場合には，英語の本文による。」

とある。つまり，英語で書かれた条文の"already null and void"という表現を日韓両国がそれぞれの言語で都合よく解釈することで「韓国併合」に対する共通認識を形成しないまま歴史認識をめぐる問題に蓋をしてしまったのである。その上で日本は，韓国政府に対して無償3億ドル，有償2億ドル，民間借

款3億ドル以上の資金供与を行った。これは当時の韓国の国家予算の数倍に当たる金額だったが，日本側は「過去の償いということではなしに，韓国の将来の経済および社会福祉に寄与するという趣旨」のもと（「対韓経済技術協力に関する予算措置について」『日韓国交正常化交渉の記録　総説7』）「独立祝賀金」という名目でこれらを韓国側に供与したため，日本の植民地支配に対する韓国政府への「賠償」という性格は極めて薄められた。にもかかわらず日韓両国の財産請求権は「完全かつ最終的に解決された」（「財産及び請求権に関する問題の解決並びに経済協力に関する日本国と大韓民国との間の協定」第2条）とされ，韓国国民への戦後補償の問題もまた蓋をされてしまう（吉澤 2011）。

　その他にも，日本の朝鮮支配に起因する領土問題や在日韓国・朝鮮人の法的地位をめぐる問題など，日韓間で解決されなければならなかったはずの多くの懸案が棚上げされたまま条約は締結された。その結果，それらはいまだ解決を見ないまま両国のあいだに横たわり続けているのである。

3．歴史認識をめぐる問題の清算に向けて

　こうした現状を打開して日韓両国が真の相互理解に進むためには何が必要か。まず日本側に求められるのは何よりも歴史認識をめぐる問題に真摯に向き合い，近代日本の軍国主義を相対化することであろう。今日においてもなお「日本の朝鮮支配は正しかった」「日本は韓国に良いことをした」といった日本の植民地支配を正当化する主張が一部の人々によって繰り返されているが，そうした主張は，なぜ日本が朝鮮を支配したかという問題の根本には触れず，支配の過程で生じた近代文物の流入や経済開発といった一側面のみを強調した主張だと言わざるを得ない。韓国政府への「独立祝賀金」としての経済支援もまた日本が韓国への戦後補償という問題に正面から向き合おうとしなかったことの表れである。戦後，日本がビルマ・フィリピン・インドネシア・南ベトナムなど東南アジア諸国と賠償協定を結んだのとは対照的である。さらに日本は韓国に対して公的な謝罪を行っていない。「政府見解」や「首相談話」などを通して「遺憾」「おわび」「反省」などの意はこれまでにも示されてきたが，例えば1965年に出された「政府見解」である「日韓共同コミュニケ」には「過去のある期間に両国民に不幸な関係があった」とあるように，日本の植民地支配

について極めて曖昧な表現が用いられている（山田他 1991, 第 24 章）。これに対しては「日本国が戦争を通じて中国国民に重大な損害を与えたことについての責任を痛感し，深く反省する」との文言が盛り込まれた「日中共同声明」との比較から日本政府の姿勢に疑問も投げかけられている（「「政府見解」に関する市民の意見」『季刊 三千里』1982 年冬号）。このように，これまで日本が韓国に示してきた態度は植民地支配の「謝罪」と呼ぶには多くの問題を抱えていると言わざるを得ない。歴史認識をめぐる問題には曖昧な対処策ではなく誠意ある対応を示していく必要があろう。そしてそうした誠意ある対応は，いまだ国交が結ばれていない朝鮮民主主義人民共和国との間でも今後進めていかなければならない課題である。

　一方，韓国側に求められるのは，国交正常化をめぐる韓国国民への説明責任と朴正煕軍事政権の相対化である。当時，日本の植民地支配への言及がない日韓基本条約の締結を「対日屈辱外交」だとして韓国国内では学生を中心に激しい反対運動が展開されたが，朴政権はこれを武力で弾圧して国交正常化を強行した。また日本からの多額の資金も韓国国民への戦後補償ではなく，そのほとんどが経済開発に用いられた（朝鮮史研究会 1995, 343-44 頁）。これにより韓国は「漢江の奇跡」と呼ばれる急速な経済発展を遂げたが，資金の用途についての十分な説明は国民になされないまま歳月が過ぎ，2009 年なってようやく財産請求権に関する情報が開示された状況である。さらに，日本の植民地支配を経験した韓国国民が日本に誠意ある対応を求めることは当然だが，この問題を「日本」と「韓国」という単純な二項対立でのみ論じることは，支配と被支配，戦争と暴力，抑圧と抵抗など，人類の歴史における普遍的な問題をも曖昧化してしまいかねない危険性を孕んでいる。誤解を恐れずに言えば，先述した親日派問題などは植民地期における支配と被支配の重層性・複雑性という視点を抜きにしては理解が難しかろう。また解放後の 1948 年に起こった済州島 4・3 事件（米軍政下の南朝鮮単独選挙に反対して済州島で起こった蜂起に対する韓国政府軍などによる弾圧事件）や，ベトナム戦争への韓国軍派遣と民間人殺害の問題など，韓国の軍事独裁政権下における戦争と暴力をどう考えるかという問題もまた，日本帝国主義の朝鮮植民地化とともに我々に重い課題を投げかけているのである。

むすびにかえて

　歴史認識をめぐる問題に日韓両国はこれまで正面から向き合ってこなかった。双方が曖昧なかたちで妥協を結んだ結果，戦後70年，日韓国交正常化50年を迎えた今日もなお問題が山積したままであり，日韓両国は解決に向けた努力もせず互いに自説を主張し合うばかりである。「アジア共同体」というものを考えるとき，その前提条件となるのはやはり相互間の信頼関係であろう。そうした信頼関係の構築のためにも我々は真摯な態度でできることからしていかなければならないのではないか。

　歴史とはさまざまな人々の歩みによって織りなされるものであり，主観的かつ独善的な眼差しからだけではその実像や本質を捉えることはできない。よく引用される言葉だが，ドイツの元大統領ヴァイツゼッカー（Richard Karl Freiherr von Weizsäcker）は「過去に目を閉ざすものは結局のところ現在にも盲目となります」と述べている（岩波ブックレット『荒れ野の40年──ヴァイツゼッカー大統領演説』）。この言葉から我々が改めて学ぶべきことは大きい。日韓さらにはアジアの未来のためにも我々は過去に蓋をせずに誠実に向き合わなければならない。そして，決して独りよがりになることなく，相手を知り，自らを知り，その上で，本音で語ることのできる日韓関係の構築に向けた模索が何よりも必要ではないかと筆者は考える。

（伊藤　俊介）

【参考文献】
今谷明（2011）『象徴天皇の源流──権威と権力を分離した日本的王制』新人物往来社。
海野福寿（1995）『韓国併合』（岩波新書388），岩波書店。
小川原宏幸（2012）「朝鮮の植民地化と韓国併合」趙景達編『近代日朝関係史』有志舎。
趙景達（1989）「近代朝鮮のナショナリズムと東アジア─初期開化派の「万国公法」観を中心に」『中国：社会と文化』No. 4, 中国社会文化学会。
趙景達（2012）『近代朝鮮と日本』（岩波新書1397），岩波書店。
朝鮮史研究会編（1995）『朝鮮の歴史【新版】』三省堂。
松田利彦（2010）「日本の韓国併合」『岩波講座東アジア近現代通史』第2巻，岩波書店。

森山茂徳（1987）『近代日韓関係史研究』東京大学出版会。
山田昭次他（1991）『近現代史の中の日本と朝鮮』東京書籍。
山辺健太郎（1965）『日韓併合小史』（岩波新書 D128），岩波書店。
吉澤文寿（2011）「日韓国交正常化」『岩波講座東アジア近現代通史』第 8 巻，岩波書店。
吉野誠（2002）『明治維新と征韓論―吉田松陰から西郷隆盛へ』明石書店。
李光麟（1982）『韓国史講座Ⅴ近代編』一潮閣（ソウル）。
歴史科学協議会編（2008）『天皇・天皇制をよむ』東京大学出版会。

第 7 章
現代北朝鮮問題の理解と東北アジア共同体

はじめに

　朝鮮民主主義人民共和国（以下，北朝鮮とする）は，日本の隣国であり，日本の旧植民地であり，相互の本土間での最短距離は520キロほどしかない，距離的には極めて近い国である。にもかかわらず，国際政治上の問題をはじめとするさまざまな理由からいまだに「遠い」。日本と北朝鮮は国交を有しておらず人的交流も少ない。そのせいか，日本で語られる北朝鮮と言えば，日本人拉致問題や核・ミサイル開発，「独裁」体制などが主要なものではないだろうか。大韓民国（以下，韓国）については，日本の人々は政治や経済，国際関係はもとより，「韓流」と呼ばれる大衆文化や韓国料理，スポーツなど多くの分野にわたって「知って」いるにもかかわらず，である。

　北朝鮮をめぐる前述したような問題の解決は，東北アジアにおける経済をはじめとする各種交流・協力を強化するうえで，必須である。マスメディアでも多くの識者がこれらの問題について語っている。しかし，日本で北朝鮮について「権威」とされる人々が，実は一度も北朝鮮に行ったことがないというのは珍しいことではない。米国政治や経済の専門家が米国に行ったことがないと言えば，その専門家はよほどの反証をしない限り「偽物」の烙印を押されるだろう。しかし，北朝鮮専門家はそうではない[1]。

　筆者は2005年以来ほぼ毎年，数回の北朝鮮訪問を通じて，限定的ではあるが学術交流や対話を試みてきた。学問の自由が極めて制約されている北朝鮮との学術交流自体はそれほど成功したとは言えないが，北朝鮮の人々が何を考え，日本に，世界に対して何を思っているのかは，他の人たちよりは少し多く

知っていると思っている。

　日朝間の問題は大きい。両国間で解決できる二国間問題だけでも複雑で解決が難しい上に，米国との関係が重要となる朝鮮半島の核問題をはじめとする安全保障上の問題も存在する。筆者は問題が大きければ大きいほど，その解決のためには，当事者である日本人と朝鮮人の間に相互理解と尊敬の念がなければならないと考える。国家の運命をかけた外交交渉であっても，いやそのような交渉であるからこそ，侃々諤々と交渉している当事者の間にある，人間としての相互理解と信頼，尊敬が最終的に問題解決の糸口になると筆者は信じている。等身大の北朝鮮を知り，彼らの論理で物事を考えてみることができる人は，北朝鮮の行動に賛成はできなくても，一定の合理性を持ったものとして認識できるようになる。そのような認識から自らの属する社会を説得することができるし，北朝鮮との間の，あるいは国際間の議論の落としどころを見つけることができる。相手の国がどんなに弱くても，それをバカにして[2]物事を語る人は，国を危機に陥れる危険な人である。

　本章は，北朝鮮について一般的に語られていることとは違う，北朝鮮の等身大の像に対する理解を深めるために必要であろうと考えられる歴史や物事について「この問題は，北朝鮮の人々だったらどう解説するだろうか」と北朝鮮の人々の考え方や立場にも一定の考慮を行いつつ紹介と解説を行うことを目標とする。

第 1 節　「北朝鮮」とは何か，その起源と日本

　北朝鮮の人々と交流したり，北朝鮮の問題を考えたりするときに，日本に住む人々がまず認識しないといけないのは，1910 年から 45 年まで，現在の北朝鮮と韓国を含む朝鮮半島は植民地として大日本帝国の一部であった，という事実である。北朝鮮がなぜ頑なに「国家」「主権」にこだわり，北朝鮮の人々は自らの生活が貧しくても国に対して相対的に文句を言わないのか，言い換えれば自らの人権よりも「国権」を優先する発想を許容するのかは，北朝鮮の体制の特徴であるが，それとともに近代化の荒波の中で彼らが受けた「苦難」ある

いは「トラウマ」に対して知ることなしには，理解することが難しい。

1．日清，日露戦争と日本の植民地化

　江戸時代には，日朝両国は欧米諸国に対して鎖国をしていたが，両国間には友好的な関係が存在した。それが変化したのは1868年，明治政府が成立し，日本が欧米諸国との国交を前提として，欧米の近代的秩序のもとでの国交を朝鮮に対して求めた時であった（いわゆる「書契問題」）。朝鮮は清の冊封国として，日本の国書に記されたいくつかの用語に難色を示し，日本との国交を結ぶことを拒絶した。このため，日朝の国交は，1870年の日清の国交（特異な平等条約）よりも後の1876年「日朝修好条規」によって実現した（不平等条約）。欧米の秩序を前提とする近代秩序への対応をめぐり，日朝間には大きな隔たりがあった。

　朝鮮を冊封国としておきたい清の意向も影響し，朝鮮の国内勢力は親清派，親日派，親露派などに分かれ，1882年の壬午事変，84年の甲申政変などがあり，日本も清も軍隊を朝鮮に派遣するようになる。これは，日清間で85年4月天津条約が結ばれるまで続いた。

　日本による朝鮮半島の植民地化への動きは，1894年に顕在化する。同年の甲午農民戦争と朝鮮政府の清への援軍要請，清と日本の朝鮮に対する出兵，同年7月19日の日本の清との開戦方針決定，同月23日の日本軍による朝鮮王宮の占領（「7月23日戦争」）と王，高宗の確保，同月25日の日清の海戦，翌8月1日の清に対する宣戦布告，同月26日の大日本大朝鮮両国盟約の締結（日清戦争の目的は「朝鮮の独立のためのもの」）と朝鮮軍の参戦，その後の主に朝鮮半島と周辺海域（成歓，平壌，黄海海戦，鴨緑江）や清の遼東半島や山東半島（旅順口，威海衛，牛荘）での戦闘が行われ，最終的に翌95年4月17日に「下関条約」（同年5月8日発効）によって清・朝間の宗藩（宗主・藩属）関係解消，清から日本への領土割譲（遼東半島・台湾・澎湖列島）[3]と賠償金支払い（7年年賦で2億両（約3.1億円）），日本への最恵国待遇の提供が決まった。遼東半島の領土割譲は，ロシア，ドイツ，フランスによるいわゆる三国干渉により，清と返還条約を結び，有償で返還することとなった。この時，日本はまだ欧州列強と互角に戦う力はなく，その悔しさは「臥薪嘗胆」と表現

され，特にロシアに対する日本人の反発が強かった（そしてそれは，日露戦争へとつながっていく）。同年5月29日には，台湾北部に日本軍が入り，翌6月17日に台北で台湾総督府が業務を開始し，同年11月18日に「全島平定」が報告されている。日清戦争の結果，日本は植民地として台湾を獲得し，朝鮮への干渉を強化した。

1895年10月8日には乙未事変（いわゆる「閔妃暗殺」）があった。親露派が力をつけ，96年2月11日には，王である高宗がロシア公使館に避難して執務を行う「露館播遷／俄館播遷」（〜97年2月20日）が発生，この間ロシアは朝鮮に多くの権益を得ることになり，朝鮮をめぐって日ロの利害が対立することとなった。1900〜01年の清における「義和団の乱」の際，ロシアは満州（現在の中国東北部）に派兵し，その後も占領を続けた。これに対抗するため，日本は1902年に英国との同盟（日英同盟）を結び，1904年2月8日には日露戦争が始まった（〜05年9月5日）。同月23日に日本は大韓帝国（以下，この段では「韓国」とするが，大韓民国とは異なる）と「日韓議定書」を締結，戦争遂行のための臨検収用権や日本の韓国施政＝内政への忠告権などを認めさせた。この結果，韓国は日本軍に占領された。同年8月22日には日本政府は自らの推薦者を韓国政府の財政・外交の顧問に任命する内容の「第一次日韓協約」を韓国と締結した。日露戦争のポーツマス講和条約では，ロシアに対して韓国における日本の権益を認めさせた。日露戦争終戦後の翌05年11月17日には日本は韓国と「第二次日韓協約」（日韓保護条約，乙巳五條約などともいう）を締結し，韓国の外交権の大半は日本に属するものと規定され，韓国は日本の保護国となり，事実上の支配下に置かれた。韓国皇帝高宗は1907年3月のハーグ平和会議に，日本の干渉を排除し韓国の外交権保護を要請する密使を送った（ハーグ密使事件）が成功せず，同年7月，日本はハーグ平和会議に密使を送った高宗を退位させることを決定し，高宗を退位させた。同月，日本は同月24日に第三次日韓協約を結んで韓国軍を解散させ，韓国の内政まで掌握した。その後，日本は1910年8月22日に韓国と日韓併合条約を結んで朝鮮半島を併合し（韓国併合），1919年まで武断統治を施行，武力で韓国を統制し，反対者を処断した。日本の植民地としての名称は，大韓帝国から朝鮮へと変更された。

朝鮮半島が日本の植民地になったのは突然のことではなく，日本はほぼ30年の時間をかけて，少しずつ朝鮮半島に対する支配力を強めていった。その中で，朝鮮人でありながらさまざまな思惑から，日本や清，ロシアを利用しようとしたり，結局それらの国に利用されたりした人も多く，結果的に朝鮮の人々は，自らの王朝を奪われ，国家を奪われ，大日本帝国の植民地で，日本の臣民として生きていくことを強いられることになった[4]。現在の北朝鮮のある意味頑ななまでの国家や主権へのこだわりは，第一義的には政権の正統性をそこに見つけることが目的であろうが，それが国民に受け入れられやすい素地があるのは，自らの民族の「負の歴史」を繰り返さないようにしようとする土台がある，と理解することもできよう（日本の植民地支配における差別については，水野（2004）などを参照）。また，北朝鮮では，現政権の創始者である金日成が抗日武装闘争の出身者であり，朝鮮民主主義人民共和国の成立時に親日派を排除して国を作ったことになっているので，あまり問題にならないが，韓国では植民地に日本に協力したとされる「親日派」が，大韓民国の成立後も政財官軍の要職に就くケースが多く[5]，その動向は大きな社会的関心を呼んでいる。

2．日本の旧植民地としての朝鮮半島

日本の35年にわたる植民地支配は，大別して(1)1910年代の武断政治と(2)1919年3月に勃発した「3・1独立運動」後の1920〜30年代の文化政治，(3)1940年代の戦時下の軍政時代に分けることができる。

1910年代の武断政治の時期に行われた事業として「土地調査事業」があげられる。これは，植民地の安定的な税収を確保するため，近代的な土地所有関係を確立しようとするものであった。1918年11月に全事業が終了し，課税地は2866万町歩から4375万町歩へと52％増加した。しかし，土地所有関係に流動的要素があり，また調査は申告制で，小作人が土地を耕す伝統的な権利などが十分保証されず，納税を行う地主に土地に関するすべての権利を認める結果になったため，事実上の農民的土地所有を否定されたり[6]，有力者に土地を収奪されたり，国有地となってしまうケースが多発し，農民が耕す土地を失い，流民化する例が多く生じた。

武断政治の時代，憲兵隊司令官が憲兵を指揮して，治安維持のみならず，戸

籍管理や農政まで取り扱う軍政が実施された。日本国内（内地）と植民地（外地）は異なった法域とされ，朝鮮人は教育，官吏任用などで差別され，自治は認めらなかった。植民地化以前に存在した抗日組織は満州やロシア沿海地方に移って抵抗を続けた。

　1919年に世界的な民族自決の気運の高まり[7]をうけ，「3・1独立運動」が起こった。学生や教会などの中から起こった独立を求める動きは，3月1日にソウルで独立宣言の発表へと盛り上がったが，原敬内閣は軍隊を派遣してこの独立運動を鎮圧した。この事件は，本格的かつ全国的な独立運動の最初の動きとして日本政府に衝撃を与え，日本政府はそれまでの武断政治を改め，1920年代は文化政治といわれる路線に転換した。憲兵が廃止されて警察に切り替え，総督府の官吏に朝鮮人が任用されるなどの転換が図られた。後には道知事にも，朝鮮人が登用されるようになった。とはいえ，給与などでの日本人と朝鮮人の差は日本統治の最後まで存在した。1919年4月には上海に結集していた朝鮮人独立運動家たちが「大韓民国臨時政府」を設立した。大韓民国臨時政府は，最後までどの国にも承認されなかった単なる運動体であるが，韓国は自国をこの臨時政府の系譜に連なるとしている（韓国憲法の前文に書いてある）。

　朝鮮人は特に1930年代末から，日本が行った戦争に協力させられるようになった。兵士としては，陸軍士官学校や陸軍幼年学校，満州国陸軍軍官学校を経て軍人になる以外に，1938年に陸軍特別志願兵制度，1943年に海軍特別志願兵制度が導入され，44年には徴兵制度が実施され，最終的に11万人を超える朝鮮人兵士が（軍属を入れるとその倍以上）日本軍で軍務についた。国家総動員体制下の産業現場では多くの朝鮮人労働者が自主的な就職，官斡旋，1944年9月〜翌45年3月までの7カ月間については，国民徴用令による戦時徴用の形で労働者を朝鮮半島から集めた。戦時徴用以外は自由意思での就職ということになっているが，官斡旋については事実上の割り当てであったことも多く，朝鮮人から見れば，半強制的な労働力の動員であった[8]。また，従軍慰安婦の問題もあり，日韓，日朝間でその性質についての大きな認識の相違がある[9]。

　日本の植民地時代には，経済インフラに相当の投資が行われ，朝鮮半島も本格的な近代化を迎えることになる。近代化や資本主義経済の発達に注目して言

えば，日本政府や日本人が朝鮮で行ったことは「投資」であるが，同時にそれが主に朝鮮の人々の利益のために企図されたものではなく，あくまで日本の近代化や成長，利益追求，列強としての地位確保のためのものであったことも認識する必要がある。朝鮮の人々が「国なき民」に甘んじなければいけなかったことで失ったものは多く，そのトラウマが南北を問わず，日本（およびその協力者である親日派）に対する極めて厳しい見方や反応につながっていることは否めない。

　1965年6月22日に締結された日韓基本条約では，付属協定の一つである「日韓請求権並びに経済協力協定」で，双方の請求権問題が完全かつ最終的に解決済みであることを確認した。その結果，日本は韓国に対して賠償ではなく，政府から合計5億米ドル（無償3億米ドル，有償2億米ドル）及び民間融資3億米ドルの経済協力支援を行った。当時の韓国の国家予算は3.5億ドル程度であったので，国家予算の2年分以上に相当する巨額の経済協力となった。

　2002年の「日朝平壌宣言」によれば，来る日朝国交正常化では，「経済協力問題」すなわち過去の植民地支配に関する日本からの賠償を受ける権利と，日本政府や日本人が植民地期に保有していたが放棄せざるを得なかった財産に対する請求権をお互いに放棄し，それを経済協力という形で解決することが予定された。

3．日本の植民地としての敗戦と冷戦の産物としての朝鮮半島分断

　1945年8月15日，天皇の玉音放送により，日本のポツダム宣言の受諾と，連合国への降伏が発表された。ポツダム宣言の8条には，「「カイロ」宣言ノ条項ハ履行セラルヘク又日本国ノ主権ハ本州，北海道，九州及四国並ニ吾等ノ決定スル諸小島ニ局限セラルヘシ」とあり，カイロ宣言には「前記三大国ハ朝鮮ノ人民ノ奴隷状態ニ留意シ軈テ朝鮮ヲ自由且独立ノモノタラシムルノ決意ヲ有ス」とあるため，連合国の間で朝鮮半島は将来的に独立するものとして考えられていた。同じ日に，政府樹立までの過渡的準備機関として，建国準備委員会が設置された。米軍上陸前日の同年9月7日にはソウルで朝鮮人民共和国樹立宣言が行われた。米軍は同日付の合衆国太平洋陸軍最高司令官マッカーサー布告第1号で朝鮮を敵国として軍政下に置くことを宣言した。米軍政下では朝鮮

人民共和国は認められなかった。解放された民族ではなく,敗戦国民として扱われたことは,朝鮮の人々の気持ちを逆なでし,独立への道筋に少なからぬ影響を与えた。

ソ連軍はすでに同年8月12日には朝鮮半島北東部の羅津に上陸しており,同月24日には38度線に到達した。ソ連占領下では,同月25日に朝鮮民族咸南執行委員会[10]に日本の行政機構の権限が移譲された。同月27日には平安南道人民政治委員会が成立した[11]。以降,ソ連占領下では人民政治委員会,人民委員会を主体として政権が樹立されていく。米軍は同年9月8日に仁川に上陸し,朝鮮は38度線以北はソ連に,以南は米国によって占領された（以下,本節では米軍政下の地域を南朝鮮,ソ連軍政下の地域を北朝鮮とする）。ソ連は同月20日のソ連軍最高総司令部の北朝鮮占領方針指令で,朝鮮人を敵国人とはみなさず,「北朝鮮に反日的な民主主義政党・組織の広範なブロック（連合）を基礎としたブルジョア民主主義政権を確立すること」を目的とした。朝鮮民主主義人民共和国建国時に首相となる金日成は,同月19日に元山に帰国した。

朝鮮の独立について,1945年10月20日,ビンセント米国務省極東局長は講演で朝鮮の即時自主独立は困難として,米英ソ中の4カ国による信託統治を提唱した。同年12月16日～27日に開かれたモスクワ3国外相会議では,この問題が議論され,同月27日付のコミュニケ＝モスクワ協定では,米ソ共同委員会を構成し,臨時朝鮮政府を設立,5年の信託統治のうえ独立することが合意されている。

これに対し,左派勢力は賛成,朝鮮共産党は当初反対したものの翌46年1月に賛成し,保守派や右派,親日勢力は反対が多かった[12]。これらの勢力は時には協力し,特には対立しながら活動していった[13]。米ソ共同委員会は,46年1月16日～25日に予備会談を,同年3月20日～5月6日まで第一次米ソ共同委員会を持ったが,臨時政府樹立のための協議対象として,ソ連はモスクワ協定に反対した政治団体・個人を排除することを主張したのに対して,米国は信託統治問題に対する見解に関係なく協議参加は可能であるとの立場を示した。同年5月6日に協議は決裂し,次の日程を定めることなく,会議は休会となった。後に大韓民国の初代大統領となる李承晩を中心とした反共右派勢

力は，南朝鮮だけの単独政府樹立を主張していた[14]。この後，中道勢力を中心に，信託統治問題は棚上げにして，南北統一の臨時政府樹立をめざす「左右合作運動」が展開されたが奏功しなかった。

　翌47年5月21日に第二次米ソ共同委員会が持たれたが，同年7月10日に事実上決裂し，米国は南朝鮮に単独政権を樹立することを決意し，同年9月17日に第2回国連総会に朝鮮問題を提出することを発表し，米ソの決裂が確定した。国連は，朝鮮独立問題を総会議題に含める決定をし，第1委員会に審議を付託した。同年11月14日の総会決議112（II）で，臨時朝鮮委員会（UNTCOK）[15]を設置し，翌48年3月31日までに政府樹立のための代議員選挙実施し，政府樹立後，90日以内に占領軍は撤退することが決議された。

　UNTCOK代表団は，北朝鮮への立ち入りが拒否され，カナダ，オーストラリアなどの反対にもかかわらず，米国は南朝鮮での単独選挙を企図し，UNTCOKに「立ち入り可能な限りの地域」＝南朝鮮での選挙実施，監視を求める国連中間委員会（総会閉会中の決議機関）決議が48年2月26日に採択された。UNTCOKは翌3月12日に南朝鮮での単独選挙とその監視を行う決定を行った。これに対して，南朝鮮では「2月ゼネスト」（3月はじめまでに30万人参加。警察との衝突で100余名死亡），「済州島4・3抗争」（島民の8分の1にあたる死者3万余名），「南北協商」（同年4月19日〜23日に「全朝鮮諸政党社会団体代表者連席会議（南北連席会議）」が開かれたが，南北の考えの違いから成功せず）などの分断反対闘争が展開されたが，1948年5月10日に南朝鮮での単独選挙が行われ，同月31日から国会が開かれ，翌6月10日に「国会法」，同年7月12日に「大韓民国憲法」が制定された。翌8月15日に大韓民国が成立した。

　一方，北朝鮮では1946年2月8日に北朝鮮臨時人民委員会が成立し，金日成が委員長となった（幹部はほぼ全員が共産党系）。米国占領地域では同月14日に南朝鮮代表民主議院が創設された（28名の最高政務委員中，24名は右派，4名左派）。翌3月5日に北朝鮮臨時人民委員会は「北朝鮮土地改革にかんする法令」を発表し，ソ連軍政の影響力の下，非常に短期間のうちに土地の分配と地主の追放が完了した[16]。同月23日には北朝鮮臨時人民委員会が「20カ条政綱」を発表し，大企業所，運輸機関，銀行，鉱山，山林を国有化し，灌

漑施設を国家の管理下に置き，8時間労働を実施するなどその後の社会主義体制への移行につながる措置をとった。翌47年2月22日には北朝鮮人民委員会が成立した。48年7月9日に第5回北朝鮮人民会議が開かれ，「憲法実施について」が採択され，翌8月25日には北朝鮮で最高人民会議選挙が行われ（南では同月21日～26日南朝鮮人民代表者大会が開かれ代議員決定），翌9月8日の最高人民会議第1期第1回会議で憲法が制定され，翌9日に，朝鮮民主主義人民共和国が成立した（南北の共産主義者たちの連合政府）。

4．分断国家としての朝鮮民主主義人民共和国と大韓民国
──朝鮮戦争を戦い，現在も続く体制競争

　大韓民国と朝鮮民主主義人民共和国がそれぞれ成立した後，国連では1948年9月24日に総会本会議が，第1委員会に朝鮮問題の審議を付託した。米豪中は共同決議案（UNTCOKの選挙成功の報告承認，新しい朝鮮委員会設置，統一を援助，総会は大韓民国を正当とすべき）を，ソ連は（UNTCOK監視下での南朝鮮選挙は不当で，モスクワ協定で処理すべき。朝鮮民主主義人民共和国が正当）との決議案を提出した。同年12月8日に共同決議案が採択，ソ連案が否決され，同月12日に総会決議195（Ⅲ）として採択された。その結果，韓国は国連から，未だに統一されていないこと，韓国が朝鮮半島の一部のみを実効支配している前提で，「朝鮮における唯一政府」として認定されたが，1991年9月17日に南北が国連に同時加盟するまで，国連の加盟国ではなかった。

　米ソに代表される東西陣営の対立が先鋭化する中，1949年3月17日には，朝ソ経済文化協力協定が締結され，2億1200万ルーブルの借款に合意，あわせて軍事秘密協定が，翌18日には中国共産党軍と軍事秘密協定が結ばれた。同年10月1日に中華人民共和国が成立し，同月6日に中朝は国交樹立した。一方，1948年12月10日に米韓経済援助協定が締結され，無償の長期的援助が約束された。これらの援助は，食料品・原綿などの消費財中心で，韓国ではこれらを加工する産業である「三白産業」（製粉・製糖・紡績）が勃興し，現在の財閥系企業の多くがここから恩恵を得た。米国のアチソン国務長官が1950年1月12日の演説で，アメリカの防衛線はアリューシャン列島から日本

を通ってフィリピンにいたる線である，と演説するなど，米国の対韓政策は動揺を見せたが，同月26日には米韓相互防衛援助協定が締結された。米国国務省ダレス顧問は同年6月19日，38線視察後，戦争への援助を約束した。

北朝鮮は1948年8月にソ連に武力統一の意思表示をしていたが，ソ連はそれを拒否していた。1950年4月に金日成と朴憲永が訪ソし，スターリンと会談，スターリンは毛沢東の承諾を条件に開戦を認めた。金日成と朴憲永は翌5月に訪中し，毛沢東は開戦を支持した。同年6月25日，北朝鮮軍が侵攻を開始し，同月28日にはソウルを占領し，翌月20日には，大田をも占領した。韓国政府は同年8月18日に釜山を臨時首都としたが，9月はじめには慶尚南北道の一部を残して北朝鮮軍が占領した。

米国は開戦当日の6月25日，国連安全保障理事会開催を要求した。安保理は，ソ連が欠席のまま，北朝鮮の行為を「平和の破壊」と断定し，北緯38度線までの撤退を要求する停戦決議を採択した。当時の米国のトルーマン大統領は，同月27日，米空海軍出動を，同月30日日本を占領していた地上軍の出動を命令した。安保理は同年7月7日，国連軍の結成を決議し[17]，同月14日には韓国軍の指揮権を国連軍司令官（マッカーサー）に委譲し，同月25日に東京に司令部が設置された。

同年9月15日に国連軍は仁川上陸作戦を行い，同月26日にはソウルを，同年10月7日には38度線を越え，同月20日には平壌を占領した。中国は，同年10月1日，国連軍が38度線を突破すれば軍事介入すると警告（10.1）したが，国連軍は同月24日，中朝国境の鴨緑江沿岸まで進撃した。これを受けて，同月19日から朝鮮に展開していた中国人民志願軍は翌25日に朝鮮戦争に参戦し，翌51年1月4日には，ソウルを再奪回した。その後国連軍は，攻勢をかけ，同年3月14日にはソウルを取り戻し，同月24日には38度線を越え，同月6月にはさらに北方の鉄原などを占領したが，以後，38度線付近で戦局は一進一退の状況であった。ソ連は同年6月23日に国連に休戦を提起したが，米国は司令官のマッカーサーが中国東北に原爆投下を主張するなど強硬策を主張，マッカーサーは翌51年4月，国連軍総司令官を解任された。休戦会談は，51年7月に始まり，軍事境界線の設定，監視機関の構成，捕虜交換などを討議したが，李承晩大統領は北進統一を主張し，強硬に反対した。米国

は，米韓相互安全保障条約の締結，長期経済援助，韓国軍の増強などを条件に，李承晩大統領を説得し，1953年7月27日，板門店で韓国の署名のないまま，国連軍，北朝鮮軍，中国人民志願軍の間で休戦協定が締結された。

この戦争の結果，死者は400万名を超え，南北分断は固定化し，軍事境界線は要塞化した。また，この戦争は米国を中心とする西側陣営と，ソ連を中心とする東側陣営の代理戦争の様相を呈し，東西冷戦が激化の契機となった。このことは，日本が西側に止まることを条件としたより有利な対日講和条約，日米安全保障条約，日本の再軍備（警察予備隊→保安隊→自衛隊）の契機となった。また，朝鮮戦争時に日本が国連軍（米軍）の兵站基地となり，軍用物資の調達が増えたため（朝鮮特需），敗戦後に低迷していた日本経済の大きな刺激となり，高度成長へとつながっていった。

その後，北朝鮮と韓国は1990～91年の冷戦終結まで東側陣営と西側陣営に分かれて対立し，200万近い兵力が軍事境界線の両側に布陣した。また，双方が自分たちがより正当な政府であることを競いあった（体制競争）。1960年代までは北朝鮮が優勢であったが，60年代から韓国の高度成長が始まり，70年代には韓国の方が経済的に優勢となっていった。1986年のアジア競技大会の成功，87年の民主化（6月29日「国民の大団結と偉大な国家への前進のための特別宣言」），88年のソウル・オリンピックの成功などを契機に韓国の優位性が強調されるようになり，1990～91年にかけてのソ連・東欧の社会主義政権の崩壊（および1989～91年のソ連・東欧諸国の韓国との国交樹立）と92年の中韓国交正常化で北朝鮮を支援する勢力がなくなると，北朝鮮は極めて厳しい経済状況に陥ることになった。

第2節　なぜ北朝鮮は核を持とうとするのか
　　　　——北朝鮮の政治，国際関係

本節では，なぜ北朝鮮が核を持とうとするのか，その背景となる事項について説明する。

1．冷戦と大国関係に翻弄される北朝鮮──外国への依存を減らす努力

　北朝鮮は，1954～56年にかけて，「戦後復興3カ年計画」という長期経済計画を行った。この計画では重工業をまず優先し，同時に農業と軽工業の発展を図り，農業部門については個人農経営から農民を協同組合に加入させる社会主義的集団化を進めることとした。外国への依存を減らすため輸入代替，国産の原料，燃料，国内資金による投資を重視する「自立的民族経済」建設を進めるとともに，ソ連・東欧の社会主義諸国や中国から多くの支援を受けて戦後の復興建設を行った。これは1960年頃まで続いた[18]。この時期は，1957～61年の5カ年計画の時期にも重なる。1960年代は中ソ対立やキューバ危機，ベトナム戦争，中国の文化大革命など，国際情勢に翻弄される時期であり，1966年10月の朝鮮労働党第二回党代表者会で「国防建設と経済建設の並進」を継続し，1961～67年の7カ年計画の3年延長を決定した。このように，中ソ両国とでさえ複雑な関係と，軍事的緊張の高まりから，背に腹は替えられないということで，軍事と直結する重化学工業に対する投資を増やさざるを得なかった。

　1971年には6カ年計画が開始され，75年9月に繰り上げ達成された。1970年代はソ連や中国との関係が正常化し，西側諸国との貿易関係も増加したが，第一次石油ショックのせいで，北朝鮮が決済の原資としようとしていた亜鉛やタングステンといった一次産品価格が下落し，債務を償還できない累積債務問題が西欧，北欧諸国および日本との間で発生した。78～84年は第二次7カ年計画の時期であるが，この後期から経済建設の実数が発表されなくなっていき，85年と86年には長期計画は実施されなかった。87～93年が第三次7カ年計画の時期であるが，後述するように，計画目標を達成できずに終了した。

2．冷戦の終結と北朝鮮──頼る国の喪失と米国の一極覇権

　1988年3月の「ソ連・ユーゴ共同宣言」（新ベオグラード宣言）では，各国それぞれの社会主義の道を認めた。これを契機に，ポーランド，ハンガリーなどで民主化の動きが加速し，「東欧革命」と呼ばれる一連の変化が起こっていった。89年5月には，ハンガリーがオーストリアとの国境を開放し，同年8月初め頃にはハンガリー・オーストリア国境地帯には，越境を求める東ドイツ市民で溢れるようになった。8月19日に，ハンガリーの民主派勢力の計ら

いで1000名ほどの東ドイツ市民がオーストリアへと越境した。その後，多数の東ドイツ市民が西ドイツへの脱出を試みて，大挙してハンガリー，チェコ・スロバキアに押しかけた。ベルリンの壁の持つ意味は相対的に低下し，11月9日には，東ドイツ政府が突如市民の旅行の自由化を発表し，ベルリンの壁崩壊がもたらされた。

ベルリンの壁崩壊によって，東ドイツは自壊し，90年10月3日には，旧東ドイツの4州が西ドイツに加入する形での吸収合併が行われ，東西ドイツは「再統一」した。翌91年8月19日には，ソ連で守旧派の党官僚によるクーデター（「ソ連8月クーデター」）が失敗し，ソ連邦とソ連共産党の崩壊を決定的なものにした。ゴルバチョフは直ちにソ連共産党の解体を指示した。同年12月8日にはベラルーシのベロヴェーシでソ連の消滅と独立国家共同体（CIS）の創立が宣言（ベロヴェーシ合意）され，さらに12月25日にはゴルバチョフはソ連大統領辞任を決意し，辞任と同時にクレムリンに掲げられていた赤旗も降ろされ，ソ連崩壊を象徴する出来事となった。

この時期，朝鮮半島との関係では，「東欧革命」で先行していた東欧諸国が次々と韓国と国交を正常化していった。1989年2月にはハンガリーが韓国と国交を正常化し，同年11月には韓国とポーランドが，1990年2月にはチェコ・スロバキアが，3月にはモンゴルが，そして10月にはソ連が韓国と国交正常化している。これに対して，北朝鮮はこれを「兄弟国の裏切り」として非難したが，その流れを止めることはできなかった。また，ソ連・東欧の崩壊にともなう冷戦終結への流れは，東北アジアにも大きな影響を与え，1992年8月には中国と韓国が国交正常化を行っている。

北朝鮮にとって，これまで常に円滑な関係とは言えなかったが，旧東側の一員として，自国を支持し，韓国との関係を持たなかった国々はなくなってしまった。旧東側の一員として旧ソ連の核の傘を提供されていたが，それもなくなった。石油やコークス，食料といった戦略的物資を有利な条件で提供してくれていた社会主義国際市場もなくなった。北朝鮮は東西冷戦の終結によって，政治的にも，軍事的にも，経済的にもその基盤を失い，米国との対立関係を抱えたまま，米国の一極覇権にたち向かわざるを得ない，極めて困難な状況に直面した。

3．未曾有の経済危機と体制崩壊の可能性

　1992年4月に北朝鮮は20年ぶりに憲法を改正した。この1992年憲法では，資本主義国との対決姿勢を緩和し，資本主義諸国を含む世界のすべての国・地域との経済協力を推進する規定がおかれた。米国や日本，西欧の国々との関係改善を見越したものであったが，米国にはそのようなメッセージは伝わらなかった。1994年4月28日の外交部声明は，停戦協定を平和協定に転換し，朝鮮半島に「新たな平和保障体系」を構築することを主張した。また，同年6月には南北間で首脳会談の準備協議が開かれ，南北首脳会談を7月に開催することが合意された。しかし，同年7月8日には，国家主席であった金日成が死去した。これにより，南北首脳会談は一時延期となり，その後の弔問問題等で南北間のさや当てが続く中，北朝鮮は南北首脳会談に対する意欲を失っていった。金日成の死亡は北朝鮮に衝撃をもたらしたが，後継者は1974年にすでに金正日に決定しており，国家体制の崩壊は起きなかった。

　1995～97年に水害や干ばつに襲われ，それ以前のソ連・東欧，中国からの支援を得られなくなっていたこともあり，北朝鮮は餓死者を出すほどの経済危機に陥った。98年からは経済が上向きになったが，未だに80年代後半の水準に達していない経済指標が多く，経済の立て直しが急務となっている。

4．頼る国のいなくなった北朝鮮と核兵器

　北朝鮮は，1986年に平壌の北方90キロほどのところにある寧辺（ニヨンビョン）で5メガワット出力の原子炉を稼働させた。前年の85年に核不拡散条約（NPT）に加入していたが，平和的な原子力活動に係るすべての核物質を対象とした（フルスコープ）保障措置協定を締結したのは6年後の92年で，核開発疑惑が高まった。93年3月には北朝鮮がNPTからの脱退を表明した。94年7月の金日成の死後，10月21日には核問題に関する「米朝基本合意書」が署名された。核開発の凍結と引き換えに軽水炉を供与する朝鮮半島エネルギー開発機構（KEDO）プロジェクトが開始されることになり，最初の軽水炉の建設は2002年4月に開始されたが，同年10月に北朝鮮が核開発を再開しているとの疑惑から，米国の代表団が北朝鮮を訪問し説明を求め，米国側は北朝鮮が核開発を認めたと判断した（米朝間に事実に争いがある）。そのため，

KEDOによる原子炉完成までのつなぎの重油提供が同年12月に停止され，翌03年1月10日，北朝鮮は再度NPTからの脱退を宣言した。同年8月27日〜29日に第1回の六カ国協議が行われ，北朝鮮の他，米国，中国，ロシア，日本，韓国が参加した。2004年2月25日〜28日に第2回，同年6月23日〜25日に第3回，2005年7月26日〜8月7日と同年9月13日〜19日に第4回が行われ，9月19日に初めての共同声明が発表され，北朝鮮は核兵器の放棄に合意した（9・19合意）。しかし，北朝鮮は2006年10月9日に第1回目の核実験を行う。その後，同年11月9日〜11日と12月18日〜22日に第5回，2007年2月8日〜13日に第6回の六カ国協議が行われたが，具体的な行動に移れないまま再開されていない。

　北朝鮮は，2009年5月に2回目の，13年2月に3回目の，16年1月に4回目の，同年9月に5回目の，2017年9月に6回目の核実験を行い，そのたびに国連安保理による制裁決議を受けているが，核兵器を放棄する明確な姿勢を示してはいない。13年3月末には，「経済建設と核武力開発の並進路線」という核抑止力を前提として，経済建設により多くの資金を回す政策を発表し，北朝鮮の政策は核兵器抜きでは考えられないようになっている。北朝鮮にとって，核兵器は米国からの攻撃を抑止するために不可欠の要素となっており，自分たちに対する脅威がなくならない限り，核を放棄することができない，という主張を行っている。

第3節　北朝鮮はどうすれば変われるのか
　　　　──経済社会の変化から見た示唆

1．冷戦崩壊以後の北朝鮮経済の変化

　北朝鮮において，食品の入手経路は私営経済の国有化，協同化が完成した1960年代以降，国家供給網による供給（配給），農民市場における購入，個人間取引を通じた交換ないし購入であった。1990年代の旧ソ連・東欧の崩壊にともなう経済難で，国家による供給が困難になるなか，本来農民が生産した農畜産物しか取り扱えないはずの農民市場が工業製品も販売する闇市場と化し

た。

　その後，2002年に行われた「経済管理改善措置」の一環で，2003年から農民市場が総合市場（その後，地域市場に改称）として工業製品も販売できるよう改組され，地方政府（市，直轄市の区域，郡等）によって市場が設置され，「市場使用料」を納めて個人または国営企業，協同団体等が商品の販売を行うようになった。地域市場においては，価格は国家が制定した範囲内で需要者と供給者との間での合意によって価格を定めることが許されるようになり，商品経済が限定的ながら公認されるようになった。その後，2009年11月の貨幣交換の際には一時市場が閉鎖されるなどしたが，国家による供給力に不足があり，住民生活に多大な影響があることがわかると，再び市場の運営が許容されるようになった。

　金正日，金正恩両政権において，地域市場における取引はあくまで国営商業網を補完する存在であって，それ自体は消滅することが望ましいというのが公式の見解である。しかし，実際には国営企業が余剰生産物を地域市場や自らが設置する直売店，合意価格（≒市場価格）で販売する国営商店で販売したり，市場で不足する原資材等を購入したり，国家が制定した範囲で価格を決定することになっているとはいっても，実際には市場での価格が取引の標準となることがあったりと，地域市場に大きな影響を与えているのが現状である。また，筆者が北朝鮮の人々と接して感じるのは，地域市場を社会主義計画経済の「鬼っ子」であると考えてきたエリートたちも，生活のなかで地域市場の必要性について否定することが減り，むしろ市場での取引価格を基準として，他の商店の価格について高い，安いと感じるようになってくるほど，住民の経済生活において，市場は一定の役割を担っているということである。

2．金正恩時代の北朝鮮——社会主義経済強国，社会主義文明国建設

　金正恩時代の北朝鮮では，「人民生活の向上」が国家の重要な政策目標となっており，特に科学技術の振興を通じて，産業のキャッチアップに努めようとしている。スローガンとしては，「社会主義文明国」建設という，世界のどこに出しても恥ずかしくないレベルのものを作っていくことが強調されている。

北朝鮮の人々は，住民は実質的にほぼ無料である教育や医療（ただし医薬品は自弁のことが多い），住宅分配，一定程度までは非常に安価な電気料金，安い公共交通料金などの社会主義的恵沢などを受けながらも，不足する部分については自らの努力で何とかするしかなく，そのためには副収入も含め，経済的な力量が無視できないということを生活の中から感じ取っている。

　北朝鮮の人々と交流すると，「生活力」という言葉を多く耳にする。1990年代の「苦難の行軍」を乗り越えてきた北朝鮮の住民は，国家が何もしてくれないとしても，自分たちの力で何とか乗り越えてきたという一種の自負心を感じているようである。ただし，このような心情は国家を全否定するものではなく，国家に国民生活を支える力量が足りないことを前提に，その部分は自分たちで何とかするという意味である。

　地域市場や非公式部門に従事する人の中には，国家による統制を嫌い，利益の最大化のためにさまざまな「対策」を講じている人々も少なからず存在すると考えられるが，現状ではそのような人々はまだ「周辺」であり，朝鮮労働党の指導の下，国家が再び力を持ち，住民生活にもさまざまな支援，恵沢を与えてくれることを期待している（が，手放しでそれを待っているわけではなく，あくまで「一時的」な措置とはいえ，自分たちの生活は自分たちの手でしっかりと守る）人たちは案外多いのではないかと感じる。

3．自立的民族経済建設路線と社会主義計画経済，集団主義
──残存するイデオロギーを乗り越えられるか

　北朝鮮では，2016年5月に35年半ぶりに指導政党である朝鮮労働党の第7回大会を開催した。長い間大会を開くことができなかったのは，経済が悪かったからであるが，現在では悪い経済を公に認めてしまい，経済建設目標にも実数がなくなっている。数値目標を公表できないほど現実は悪いが，それを公表することにより，非常時を平時へと転換してしまった。核兵器開発の進展により，対内的には核抑止力により，米国の攻撃を受けない存在にまで成長させたという別の「実績」による自信感に裏付けされているとも言えよう。

　大会では，今年初めからすでに実施されている2016〜20年の「国家経済発展5カ年戦略」実行が「発表」され，内容は電力，石炭，金属，鉄道運輸部

門，基礎工業部門等が中心となっている。重化学工業の復活が北朝鮮経済の復活と認識されていることが明らかになった。国民生活の向上のためには，農業や軽工業の成長が重要であるが，軍需工業を維持する必要も含めて，自国で何でも作ってしまおうという「自立的民族経済」建設路線は放棄されていないように思える。

4．東北アジア共同体のメンバーとしての北朝鮮

今後の北朝鮮は，厳しい国際政治的環境の中で，自らの生産力を解放しつつ，経済の実情に見合った「社会主義」の再定義を行う必要に迫られている。今のところ，社会主義とは生産手段の社会的所有，集団主義（党の指導の確保と個人主義の否定），計画経済をその要素としているが，小規模企業の私有化や国営企業の実質的な協同団体化など，それを超えた措置がとられる可能性も否定できない。

米国との対立や南北関係など，国際政治的問題が解決され，東北アジア地域における安全保障メカニズムの構築がなされれば，現存の政治体制の下での実質的な経済政策の転換，すなわち軍事建設から民生重視への転換を行うことになるだろう。そうすれば，国防産業重視から一気に外貨を稼ぐ産業の育成へと進む可能性があり，これを円滑に行うためには，東北アジア各国との協力が必要となる。

多くの人々が北朝鮮を現状では東北アジアの地域協力の一員というよりは，東北アジアの「攪乱要因」とみているだろう。しかし，北朝鮮が自らの体制の生存に自信を持つようになり，これ以上核やミサイルを開発せず，既存の核兵器も順次廃棄していく流れに乗れば，北朝鮮に対する認識が大きく変わる可能性がある。韓国と中国の間の陸地，日本海と中国を結ぶルートとして北朝鮮は現在利用不可能であるが，状況が変われば中韓間が鉄道や道路で結ばれる日も夢ではない（日本の植民地時代以前は列車が走っていた）。

21世紀の中頃，あるいは後半までを俯瞰すれば，このような変化が実際に起こる可能性があり，その時には東北アジアに対する認識が大きく変化するものと思われる。

おわりに

　本章では，北朝鮮について理解するために，必要だと思われる日本による朝鮮半島の植民地化の初期から，日本の植民地時代，日本の敗戦以降に南北が分断して独立した歴史，朝鮮戦争，その後の体制競争とそれへの「敗北」，体制の危機と核問題について，ざっと一通り見てきた。

　北朝鮮がなぜ核開発をするのか，その直接的な理由は体制を守るためにつきるが，そこに住んでいる人々が積極的にではなくてもそれを受け入れているという事実は重い。それは北朝鮮の体制がプロパガンダを行っているせいでもあるが，「自分の国」が失われることへの恐怖があることは少し想像力のある人であれば，容易に理解できるだろう。日本は北朝鮮の人々の（あるいは韓国の人々も含めて）「自分の国」へのあこがれや執着―あるいはそれを失った悲しみや苦労―と直接的に関連している国であり，その意味で朝鮮半島のさまざまな事象についての当事者でもある。

　東北アジアにおける地域協力を語るとき，日本が過去に行った侵略の歴史を理解し，それが地域の人々にどのような影響を与えてきたのかを理解することは，日本がこの地域での協力を円滑に進めていく上で不可欠の知識である。第二次世界大戦後に生まれた世代がほとんどを占める日本で，日本の侵略の歴史は少しずつ忘れられていっているが，朝鮮半島や中国ではその歴史を今でも繰り返し教えている。歴史を知らないことは，朝鮮半島や中国の人々の言うことを理解する上で必要な知識に欠けるということであり，それでは歴史認識についての建設的な論争さえできない。

　本章の記述が，東北アジアのことをこの地域の人々と一緒に議論し，新しい東北アジアを作っていくことを希望するみなさんの助けになっただろうか。筆者はこれまで，北朝鮮や韓国，中国，ロシアを頻繁に訪れ，現地の人々と議論を重ねてきたが，みなさんもそういう機会があれば，ぜひ体験して欲しい。多くの人が東北アジアとのふれあいを持ち，東北アジアを自分の人生の一部としていく，筆者にとってそれ以上うれしいことはない。今後は，東北アジアの未

来を作っていく，建設的な議論が盛んになり，みなさんがその主人公として活躍できる時代が来るであろう。今はまだその「像」が見えないかも知れないが，世の中変わるときは速い。その日のための準備をみなさんと共に行っていきたいと思う

(三村 光弘)

【追記】
　本章は，拙著『現代朝鮮経済―挫折と再生への歩み』（日本評論社，2017年）の「第1章 北朝鮮経済を理解するために」内容の一部を大幅に加筆・修正したものである。

【注】
1　北朝鮮は自国に批判的な人の入国を認めないし，日本政府は北朝鮮への渡航に自粛を呼びかけている。公務員やマスコミ勤務など，職業上の理由で北朝鮮を訪問できない人も多い。したがって北朝鮮に行ったことのないことをすべて本人の責めに帰すのは酷である。また，北朝鮮に全く，あるいは最近行ったことがなくとも，丁寧に資料を収集して，筆者のそれよりもすぐれた論攷を発表している研究者も多い（たとえば，鐸木（2014），中川編（2009），木村（2016）など）。筆者が指摘したいのは，北朝鮮に一度も行ったことがなくても専門家としての資質を誰も疑わない，日本社会の北朝鮮観そのものである。
2　北朝鮮はさまざまな面から比較して，日本よりもずっと弱い。北朝鮮の人々もそれはよく知っており，日本を恐れている。しかし北朝鮮は核武装を行っている国である。その危険性は無視してはならない。
3　遼東半島の割譲は，当時の列強が戦勝した場合の一般的な実績からみても過大な要求であったが，日本政府は勝利に酔いしれる国民世論に配慮してこのような要求を引っ込めることはしなかった。
4　日本の中にも植民地支配に反対する人が皆無ではなかった。たとえば柳宗悦（2014）は植民地支配の目的を端的に指摘しているし，石川啄木は植民地となった朝鮮の人々に寄せる心情を詠っている。その他に，石橋湛山など多くの人々が便益を上回る費用がかかるとして，反対の意見を述べた。しかし，反対の声は結局かき消され，武力で抵抗を排しながら植民地統治は開始された。
5　たとえば，第5～9代大統領を務めた朴正煕氏は，満州国陸軍軍官学校に志願入隊し，卒業後は成績優秀者として選抜され，日本の陸軍士官学校（第57期生）に留学した。帰国後は満州軍第8団（連隊）副官として現在の内モンゴル自治区で日本の敗戦を迎えた。その後，大韓民国臨時政府に参加し，南北の分断が決定的になったときには，韓国を支持した。また，韓国軍の軍人としての実質的なトップである陸軍参謀総長も，1948年12月15日に就任した第1代から69年8月31日に退任した第18代まで（その後は韓国の陸軍士官学校出身者）全員が，日本の陸軍士官学校，満州国の陸軍軍官学校の出身者か日本軍，満州国軍で軍務についた人物であった。日本の植民地となった朝鮮で（あるいは日本の影響下にあった満州で），朝鮮人が社会的に重要な地位に就けば，直接，間接的に日本に協力することになった時代なので，これを積極的な対日協力とは呼べないにせよ，在野で日本の植民地支配に反対してきた人々から見れば，親日派と呼ばれるのも仕方がない。
6　これは日本の地租改正でも，特に入会地の所有をどのようにするかについて，大きな問題となった。村所有，あるいは村が何らかの権利を有しているという証明責任は村に課せられ，証明できない場合は官有地となった。たとえば，田中学（1997），34-36頁などを参照。

7　1917年11月8日に，ソビエト政権の第2回全ロシア・ソビエト大会で発表された第一次世界大戦の即時講和を訴える布告のなかに，「民族自決」が入っていた。また，19年11月のパリ講和会議で，米国全権代表となったウィルソンが提唱した十四カ条の平和原則にも植民地問題の公正解決すなわち制限的な「民族自決」を認める条項が入っていた。3・1独立運動はこのような世界的な流れにも関連した動きである。
8　朝鮮人の労働力動員に関しては，外村（2012）が詳しい。また，法務研修所（1955）（www.sumquick.com/tonomura/data/120312.../tyousendouin_gyousei_01.pdf，2016年12月20日アクセス）も参照されたい。
9　従軍慰安婦がたとえ自由営業の売春婦だったとしても，この時代の売春婦の多くが日本本土でさえ親や家族のための「年季奉公」で人身売買に等しい取り扱いをされていたことを考えると，その「自由意思」が現在私たちが考える自由意思であるのかどうかも疑う必要がある。実際に従事していた女性やその家族にとっては，日本の戦争遂行のために身を挺したという記憶が残り，そのような形での労力動員に対する恨み，つらみがあるのは当然のことであろう。
10　建国準備委員会咸鏡南道支部，咸鏡南道共産主義者協議会の協同戦線組織であった。共産主義者が優勢の組織であったといわれる。
11　建国準備委員会平安南道支部と朝鮮共産党平安南道委員会が15名ずつのメンバーで共同で設置した体裁をとっている。
12　この時期，南朝鮮には，有力な独立運動家，政治家として呂運亨（中道左派），金九（大韓民国臨時政府），李承晩（大韓民国臨時政府，反共主義，南朝鮮の単独独立主張），宋鎮禹（元東亜日報社長，民族主義右派），安在鴻（元朝鮮日報主筆，民族主義左派），金奎植（大韓民国臨時政府，民族主義右派），許憲（共産主義者，朝鮮共産党→南朝鮮労働党），朴憲永（共産主義者，朝鮮共産党→南朝鮮労働党）がいた。
13　政敵を暗殺するようなことも少なくなかった。代表的な人物では宋鎮禹（1945年12月30日没），呂運亨（47年7月19日没），金九（49年6月26日没）らが犠牲となっている。
14　当初は米軍も統一した独立が望ましいとし，李承晩の考えを斥けていたが，ソ連との関係が悪化する中で，それもやむなしの考えへと変化していった。
15　国連臨時朝鮮委員会（UNTCOK：United Nations Temporary Commission on Korea）は，オーストラリア，カナダ，中国，エルサルバドル，フランス，インド，フィリピン，シリアの8カ国（ウクライナは参加せず）で構成された。
16　詳細については，木村（1998），桜井編（1990）を参照。
17　日本を占領していた連合国軍の最高司令官マッカーサーは翌7月8日に日本に対して警察予備隊の結成を指令しており，朝鮮戦争は日本の再軍備のきっかけとなった。また日本も連合国軍の実質的な命令により戦闘地域に機雷除去を任務とする日本特別掃海隊を派遣するなど，事実上朝鮮戦争に参戦した。
18　中川（2011），72-77頁。

【参考文献】
アンドレイ・ランコフ／李鍾元解説／山岡由美訳（2015）『北朝鮮の核心―そのロジックと国際社会の課題』みすず書房．
伊藤亜人・大村益夫ほか（2014）『韓国朝鮮を知る事典』平凡社．
伊藤亜人（2017）『北朝鮮人民の生活―脱北者の手記から読み解く実相』弘文堂．
鐸木昌之（2014）『北朝鮮首領制の形成と変容―金日成，金正日から金正恩へ』明石書店．
環日本海経済研究所（2016）『北東アジア経済データブック2016』環日本海経済研究所．
木村光彦（1998）「1946年北朝鮮土地改革の意義」『国民経済雑誌』178（2），神戸大学経済経営学会

（http://ci.nii.ac.jp/naid/110000444935, 2016年12月20日アクセス）．
木村光彦（2016）『北朝鮮経済史』知泉書館．
小牧輝夫・環日本海経済研究所編（2010）『経済から見た北朝鮮―北東アジア経済協力の視点から』明石書店．
桜井浩編（1990）『解放と革命 朝鮮民主主義人民共和国の成立過程』アジア経済研究所（http://www.ide.go.jp/Japanese/Publish/Books/Sousho/390.html, 2016年12月20日アクセス）．
下斗米伸夫（2006）『モスクワと金日成―冷戦の中の北朝鮮 1945-1961 年』岩波書店．
田中学（1997）「日本の地租改正と土地所有権の確定」水野広祐, 重冨真一編『東南アジアの経済開発と土地制度』アジア経済研究所．
外村大（2012）『朝鮮人強制連行』岩波書店（岩波文庫）．
中川雅彦編（2009）『朝鮮社会主義経済の現在』アジア経済研究所．
中川雅彦編（2011）『朝鮮社会主義経済の理想と現実』アジア経済研究所．
日本貿易振興会（2015）『2015 年度 最近の北朝鮮経済に関する調査』日本貿易振興会（https://www.jetro.go.jp/ext_images/_Reports/01/10da6a7670e57aab/20150149.pdf, 2016年12月20日アクセス）．
長谷川昭（2014）『知られざる北朝鮮 THE REAL NORTH KOREA』リーブル出版．（写真集．すでに絶版なので，図書館で探して下さい．）
原田敬一（2007）『日清・日露戦争―シリーズ日本近現代史〈3〉』岩波書店（岩波新書）．
平岩俊司（2017）『北朝鮮はいま，何を考えているのか』NHK出版（NHK出版新書 537）．
三村光弘（2017）『現代朝鮮経済―挫折と再生への歩み』日本評論社．
水野直樹（2004）『生活の中の植民地主義』人文書院．
柳宗悦（2014）『朝鮮とその芸術』グーテンベルク 21（Kindle版）．
カイロ宣言（http://www.ndl.go.jp/constitution/shiryo/01/002_46/002_46tx.html, 2016年12月20日アクセス）．
ポツダム宣言（http://www.ndl.go.jp/constitution/etc/j06.html, 2016年12月20日アクセス）．
日本の降伏文書（http://www.ndl.go.jp/constitution/etc/j05.html, 2016年12月20日アクセス）．

第 8 章
日中韓をめぐる東北アジアの貿易構造

はじめに

　あなたは，中国や韓国に対して，どのような想いを抱いているだろうか。いま，立ちどまってすこし考えてみてほしい。中国や韓国に行ったとき，そこで暮らしを営んでいる人たちは，どんな息づかいであったか。思い浮かべることはできるだろうか。あるいは，となりにいる留学生の友だちとの交流では，どのような気持ちをもって，同じ時間を過ごしているだろうか。

　日中韓の関係を取り上げると，どうしてもメディアから流れる問題ばかりが心にのこる。例えば，日本と韓国における問題では，竹島／独島領有権問題，従軍慰安婦問題，歴史教科書問題，靖国神社参拝問題などがある。世界のそれぞれの国のあいだには同じような問題があり，わたしたちが考えなければならない課題は多い。

　2016年11月の内閣府「外交に関する世論調査」[1]によると，中国に対して親近感をもっている日本の人たちは16.8％，韓国に対して親近感をもっている日本の人たちは38.1％，となっている。また，いまの日本と中国との関係については12.5％の日本の人たちが，いまの日本と韓国との関係については29.2％の日本の人たちが，良好だと思っているようである。日本において，米国に対する親近感が84.1％で，米国との関係を良好だと思っている人たちが87.1％であることと比べると，中国や韓国に対する印象は，良いものとは言い難い。

　それでも，いま，この3カ国を仕事や旅行で行き来する人たちが驚くほどに増え，経済をはじめとする様々な分野での交流の輪が大きく広がっている。日韓交流おまつりなど，街行く人たちが足をとめて参加できたり，市民のあいだ

で互いの友好を深める催しが定期的かつ継続的に開かれていたりもする。東京，上海，ソウルでは，いろいろな言語がとびかうようになった。かつて，戦争をめぐってぶつかり合っていた地域が，まがりなりにも交流の場へと変貌したことは，やはり意義がある。

日中韓の結びつきは，どこまで展望できるのであろうか。本章では，世界における日中韓の位置づけをふまえながら，日中韓をめぐる貿易のつながりについて考察していく。

第1節　日中韓の豊かさ

アジアは発展した。それも奇跡だと言われた経済成長であった。日本も，韓国も，そして中国も，戦後すぐの暮らしの様子と比べると，いまは見違えるほどになった。もちろん，戦後の数十年は，著者が過ごした時代ではなかったが，伝え聞く東京やソウルの変貌ぶりは，語り手の興奮とともに，目の前の情景が思い浮かぶほどである。

経済力をはかる，一つの指標のGDP（名目）[2]では，いまや中国が世界第2位，日本が世界第3位，韓国が世界第11位である。とはいえ，1人当たりGDP（名目）を確認してみると，中国8141ドル，日本3万2479ドル，韓国2万7222ドルとなっており，中国は日本や韓国と比べて圧倒的に低くなってしまっている。また，それぞれの国のなかでも，都市と地方では極めて大きい格差がみられる。中国では，沿海部と内陸部で街の活気が，がらりと変わる。さらに都市のなかでも，地方のなかでも，格差の広がりは同様である。例えば，韓国のソウルでは，多くの貧困層が住むチョッパン（狭く旧い住宅が密集している地域）は無くならず，高級住宅街とは隣り合わせで路上生活者が増えている実感もある。日本では，高層階のビルのオフィスで仕事があふれて人が足りずに夜おそくまで電気がついている一方で，ホームレスのための炊き出しがどこかでいつも行われている。日本や韓国では，少子高齢化が進み，一人世帯も増え，非正規雇用で人との関係を断ち切られたがゆえの事件などが後を絶たない。一人ひとりに，「豊かさ」はまだ行き渡っていないようだ。

それでも，経済の勢いはあるとされる。米フォーチュン誌の「Fortune Global 500」で示されている売上高ランキング500社において，1995年にランクインしたアジアの企業（日本をのぞく）は14社であったが，2015年にランクインしたアジアの企業は136社となり急増したのである[3]。2016年のRevenue（収益）ランキングでは，トップ10に国家電網，中国石油天然気集団，中国石油化工，トヨタが入り，トップ20にサムスン電子，中国工商銀行がつづく。だが，これはすなわち一部の人たちや限られた企業，特定の産業によって，富が生み出されている状態ではないだろうか。それぞれの国における経済社会の背景は，多様である。

いま，日本は，貿易収支が赤字で第一次所得収支が黒字，つまり海外での経済活動が盛んである。ゆえに産業の空洞化がいよいよ著しく，正規雇用の減少と非正規雇用の増加のコントラストがすさまじい。日本の高度経済成長が描かれたジャパン・アズ・ナンバー・ワンとバブル景気の思い出とともに，日本は「失われた20年」の只中にある。韓国は，「サムスン共和国」ともいわれて，「普段の国民生活において，いくつかの主要財閥が供与する物品やサービスを消費することなしに韓国での生活は一日たりとも成り立たない」[4]経済構造であると言及されている。いわば，生産過程から流通過程まで，経済成長して豊かであるはずの人びとの暮らしが，一つの企業で形容されてしまうのである。さらに，最近の朴槿恵問題は，民衆を抑圧してきた開発独裁の時代を想起させる。中国では，社会主義計画経済から社会主義市場経済へ，そして世界の工場から世界の市場へと急速な発展をしつつも，13億人が織り成す舞台は，「地形，気候，民族などの多様性に加えて，社会経済的な側面での多様性を考慮に入れると，中国は一つの国というより，一つの世界あるいは複数の世界の集合」[5]であると表現される。そのダイナミズムは計り知れない。

わたしたちだって，身近な環境で友人をつくるのが難しいのに，そのたどってきた道が国境を超えて違うのだから，日中韓での地域交流・地域協力に時間がかかるのは当然である。

それでも，日中韓の経済関係に焦点をあてれば，様々な結びつきがみえてくる。とりわけ，モノの貿易が共通する。日本も，中国も，韓国も，モノ輸出によって発展してきたと理解されている。このようなことから，アジアの経済を

専門とする研究者たちのあいだでは、アジアの発展を「キャッチアップ型工業化」や「組立型工業化」などの捉え方で分析を試み、いろいろな特徴を明らかにし論究している。

第2節　日中韓をめぐる生活の結びつき

　電車のなかでまわりを見わたせば、みんなスマートフォンを使っている。仕事でオフィスに行けば、パソコンを使わない日はない。家に帰れば、テレビをつけてみている。ふと考えると、食べるものや着るものと同じくらい、エレクトロニクス産業やIT産業のデジタル製品は、わたしたちの生活に欠かせないものとなっている。

　スマートフォンやパソコン、テレビなどの商品は、どの国で生産されているのであろうか。結論からいうと、その大半は、中国である。それでは、中国において、中国の企業がつくっているのであろうか。結論からいうと、中国に進出している外国の企業が、その大きな役割を担っている。とくに、ブランドやメーカーの下請け生産と受託製造が大きな潮流となっており、ASUS（エイスース）やFOXCONN（フォックスコン）などの台湾企業が、中国に工場をもって生産しているのである。すなわち、HP（ヒューレットパッカード）も、DELL（デル）も、Apple（アップル）も、日本のいろいろな企業も、完成品として組み立てていく場面では、これら台湾の企業にまかせていることがよくある。

　iPhoneを手に取って、裏を見てみよう。"Designed by Apple in California Assembled in China"と書いてあるだろう。この表記のとおり、設計・開発は米国、組立・生産は中国なのである。国際分業の流れを端的にあらわしている。さらに、スマートフォンの中身をのぞいてみると、第8-1図となる。たくさんの部品が必要なのだが、その中身は、高度で核心的な技術を必要とする素材や部品がたくさんあり、それは日本の企業（例えば、村田製作所）や韓国の企業（例えば、サムスン電子）のものとなる。

　つまり、モノの生産から消費まで、その設計、開発、製造、販売、サービス

第 8-1 図　スマートフォン向け主要電子部品のシェアについて

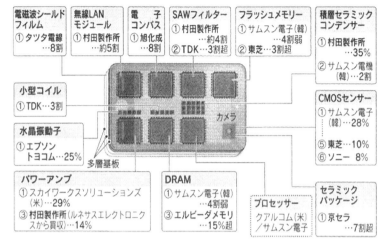

出所：『日本経済新聞』2011 年 9 月 24 日。

においては，それぞれの国でいろいろな企業が国際的な分業で深く関わり，その強みが活かされたプロセスとなっているのである。とりわけ，このようなIT 産業については，世界的にみても，中国を生産基地とした，日韓台における企業の連携が，重要な位置づけとなっている。

　もちろん，企業の海外展開の論理からすれば，利益が得られる国や地域を選んで最適地をさがす要因が働いており，そのぶん，効率的なコスト・カットを追い求めて，リストラや低賃金労働を生じさせてしまっている局面があることも指摘しておく必要がある。下請けの下請け，さらにその下請けといった工場の環境も，わたしたちは考えなければならない。

　大きな動向のなかで，全体を見渡してみよう。日本，中国，韓国における貿易の状況についてである。2015 年，世界最大の輸出国は中国（世界の総輸出額のうち 13.9％）で，世界最大の輸入国は米国（世界の総輸入額 13.4％）となっている[6]。簡単にいえば，中国で生産されたものが，上述のプロセスを経て，米国で消費されるということなのであろうか。

　日中韓の貿易をめぐっては，第 8-2 図のように，日本と韓国とのあいだでは日本が貿易黒字に，韓国と中国とのあいだでは韓国が貿易黒字に，中国と日本

第8-2図 日中韓をめぐる貿易の関係について（単位：億ドル）

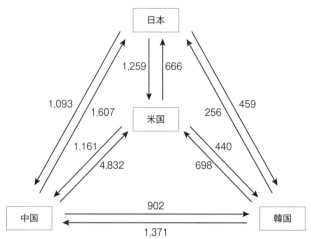

出所：韓国貿易協会（www.kita.net/），財務省（www.mof.go.jp/），商務省（https://ww.commerce.gov/）を参照，作成。

とのあいだでは中国が貿易黒字になっている。一見すると，それぞれの貿易赤字が上手く埋め合わせられており，相互に良い関係にあるようだ。確かに，日中韓それぞれの貿易において，互いの重要性（貿易相手国としての割合）は増している。日中韓の貿易の主な産業は，電気電子部門（半導体，スマートフォン，パソコンなど）や輸送機械（自動車，船舶など）に使われる原料・素材・部品・装置などの資本財・中間財であるということが統計から明らかであり，日本→韓国→中国という流れで付加価値が生みだされて貿易されているのである。そして，同図から，中国と米国とのあいだにみられる中国の貿易黒字がきわめて大きく，その完成品が米国に多く輸出されていると推察される。また，日米，韓米についても，日韓の輸出が攻勢となっていることがわかる。

では，こうした動向が，どのような意味合いをもつのか，以下で考察してみよう。

第3節　日中韓をめぐる貿易の構造（しくみ）

　東アジアの発展は，商品の生産と貿易に懸かっている。それは，輸出主導型工業化といわれる成長モデルであり，経済発展の初期段階から外国の資本（主として米国と日本）に頼り，狭い国内市場よりも広い世界市場をターゲットにして成長してきた型である。

　もちろん，東アジアのすべての国を括るわけではないが，韓国をはじめとする東アジアで急速に発展を遂げてきた国が，このように表現される。けれども，よく考えれば，それは，自立した経済構造をもたずに，世界経済の一部として，グローバルに循環する国際分業に強く組み込まれている状況を指してはいないだろうか。つまり，世界の動向に大きく左右されてしまう構造である。

　そもそも，ここに至る背景としては，戦後の冷戦体制にまでさかのぼる。戦後の世界を形づくってきた「米国をはじめとする資本主義（西側諸国）とソ連をはじめとする社会主義（東側諸国）」は，アジアに対してもその姿勢を求めたのである。戦争の影響で国内の市場が壊滅的な状態になっていた日本や韓国は，米国の支援を受けて米国の経済社会のシステムを採ることになった。中国は，ソ連のパートナーとなった。このような冷戦体制のもと，大国のあいだでは武力で直接に衝突しないかわりに，軍事での誇示が必要となった。局地的熱戦の場となった東北アジアをめぐって，日本や韓国には，軍事に関わる製造業（鉄鋼，造船，電気電子産業など）に必要な技術が米国から導入されることとなったのである。

　ゆえに，第8-3図で示されているように，東アジアで展開されてきた輸出主導型工業化は，「先進国企業を中心としたグローバルな生産・流通ネットワークに組み込まれることで成功してきた。先進国から資本・中間財を輸入し，国内労働力によって加工・組立などの工程を経た完成品・半製品が輸出される。そして，この輸出が新たな資本・中間財輸入の原資となり，継続的な再生産が実現可能となるのである。輸出のためには輸入が不可欠なので，東アジアの多くは多額の輸出をしながらも慢性的な経常収支赤字を抱えていた」[7]と考察で

第8-3図 世界とアジアの貿易関係について（製造業のおもな流れ）

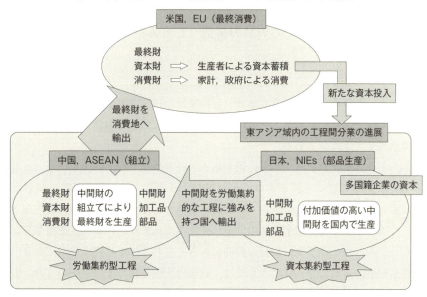

資料：経済産業省作成。
出所：経済産業省（http://www.meti.go.jp/）「通商白書2005」，第2-3-10図を一部加筆して作成。

きる。

　だが，1990年前後に起きたベルリンの壁の崩壊やソ連の崩壊などのいわゆる冷戦体制の解体は，資本主義による経済社会のシステムを全世界的に広めるきっかけになった。とりわけ，中国の大きな市場は，経済活動の面でいえば生産・貿易・投資・消費までいろいろな可能性をもっていた。だからこそ，いま，中国の市場に依存（シフト）する形で，貿易赤字が解消されている国もあるし，新たな動きも指摘されているのである。

　その新たな動きとは，東アジアにおける消費である。これまで，資本財と中間財における東アジア域内の貿易比率の大きさは，ある程度みられてきたと検証されてきた。それが，第8-4図のように，消費財においても，米国をぬいて東アジアでのシェアが上昇しているのである。つまり，東アジアで生産したものを東アジアで消費するという新たな構造は，本書で描かれているアジアの地域協力・地域統合に向けた構想に，大いなる意義を与えるだろう。

第 8-4 図　東アジアにおいて生産された消費財の輸出先の変化について

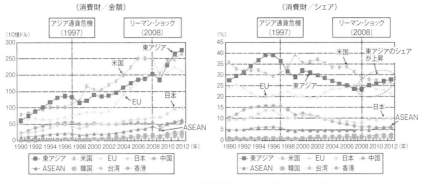

出所：経済産業省（http://www.meti.go.jp/）「通商白書 2014」第 II-3-1-7 図。

　また，日中韓においては，日中韓サミット（首脳会議）や日中韓自由貿易協定（FTA）交渉会合も開催されている。（2016年の開催は見送られたが）2015年の日中韓サミット（首脳会議）では，「北東アジアの平和と協力のための共同宣言」，「環境協力の強化に関する共同声明」，「経済・貿易に関する共同声明」，「貿易円滑化に係る税関協力に関する共同声明」，「農業協力に関する共同声明」，「教育協力に関する共同声明」が成果として出された。具体的な取り組みが示され，地域協力への推進には向かっているようだ。

　いま，世界は―貧困，移民，難民，紛争，宗教，人権，環境，安全保障，格差拡大などの問題が複雑化かつ多重化し―混迷きわまり，それぞれの国で様々な問題を抱えているが，日中韓をめぐっては，アジアとの共生への道を切り開いていくのかどうかが，いよいよ問われる時代になってきた。ここには，「アジア生活経済圏」を展望することができるのであろうか[8]。

　最後に，世界の地図（白地図）を広げてみよう。ここに地域協力・地域統合と呼ばれる枠組みを書き入れて作図してみてほしい。そう―日中韓のエリアが空白である。新たな時代を切り拓くのは，アジアにいるわたしたちかも知れない。

（大津 健登）

【注】

1 内閣府（http://www.cao.go.jp/）を参照。
2 IMF（http://www.imf.org/）を参照。
3 『日本経済新聞』2016年10月6日付。
4 鄭（2007），2頁。
5 加藤・上原編著（2004），5頁。
6 JETRO（https://www.jetro.go.jp/）を参照。
7 小林（2007），149頁。
8 涌井（2005）を参照。

【参考文献】

伊東光晴（1996）『君たちの生きる社会』筑摩書房。
井村喜代子（2000）『日本経済論［新版］―戦後復興，「経済大国」，90年代大不況―』有斐閣。
郭洋春（2011）『現代アジア経済論』法律文化社。
加藤弘之・上原一慶編著（2004）『中国経済論』ミネルヴァ書房。
川上桃子『圧縮された産業発展―台湾ノートパソコン企業の成長メカニズム』名古屋大学出版会。
小林尚朗（2007）「東アジアの開発政策と開発理論」平川均・石川幸一・小原篤次・小林尚朗編著『東アジアのグローバル化と地域統合―新・東アジア経済論Ⅲ―』ミネルヴァ書房。
佐野孝治（2013）「グローバリゼーションと韓国の輸出主導型成長モデル―グローバリゼーションに対する強靭性と脆弱性―」『歴史と経済』政治経済学・経済史学会，第219号。
佐野孝治（2014）「韓国の成長モデルと日韓経済関係の変化―日韓関係悪化の経済的背景―」『商学論叢』福島大学経済学会，第83巻第2号。
末廣昭（2000）『キャッチアップ型工業化論』名古屋大学出版会。
末廣昭（2014）『新興アジア経済論―キャッチアップを超えて』岩波書店。
鄭章淵（2007）『韓国財閥史の研究―分断体制資本主義と韓国財閥』日本経済評論社。
中尾茂夫（2013）『世界の経済―グローバリゼーション500年の歴史から何を学ぶか』文眞堂。
西川潤（2014）『新・世界経済入門』岩波書店。
服部民夫（2007）『東アジア経済の発展と日本―組立型工業化と貿易関係』東京大学出版会。
平川均・石川幸一・山本博史・矢野修一・小原篤次・小林尚朗編（2016）『新・アジア経済論―中国とアジア・コンセンサスの模索』文眞堂。
文京洙（2015）『新・韓国現代史』岩波書店。
吉岡英美（2010）『韓国の工業化と半導体産業：世界市場におけるサムスン電子の発展』有斐閣。
涌井秀行（2005）『東アジア経済論―外からの資本主義発展の道』大月書店。

第9章
中国東北部から見た東北アジアの地域経済連携

はじめに

　本章が分析の対象とするのは，日本，大韓民国（韓国），朝鮮民主主義人民共和国（北朝鮮），モンゴル，ロシア極東地域，中国東北部の6カ国・地域を含む「東北アジア」である。ここでいう中国東北部は遼寧省，吉林省，黒龍江省からなり，「東北三省」，「東北地区」とも呼ばれ，地理的に東北アジアの中心に位置し，ロシア極東地域，朝鮮半島と陸続きで隣接し，朝鮮半島の先には日本海を隔てて日本がある（第9-1図）。

　中国東北部の面積は日本の国土の約2倍に相当する78.8万km²で，2015年末の人口は1億947万人で，中国総人口の7.96％を占めている。2015年の中国東北部の地域内総生産（GRP）は5兆8101億元（9329億ドル）に達し，これは中国国内総生産（GDP）の8.59％に相当する[1]。

　かつての社会主義計画経済時代，中国東北部は国有企業を軸に中国の重工業発展の担い手であった。しかし改革開放時期以降，石油化学，石炭などの資源開発産業に大きく依存する東北部経済は，計画経済から市場経済への移行に適応できず，経済的停滞に直面していた。

　ところが21世紀に入り，中国東北部の状況は大きく変わった。中国政府が経済発展のサイクルを作り出せないでいた東北部の経済開発（いわゆる「東北振興」戦略）に本腰を入れ始めたのである。具体的には，抜本的な国有企業改革と経済的な対外開放を推進し，非効率の産業構造からの転換を図っている。また，中国東北部が東北アジア経済連携の「結節点」としても消費市場としても，周辺国との協力や連携に活路を見出そうとしている。

第9-1図　中国東北部の位置図

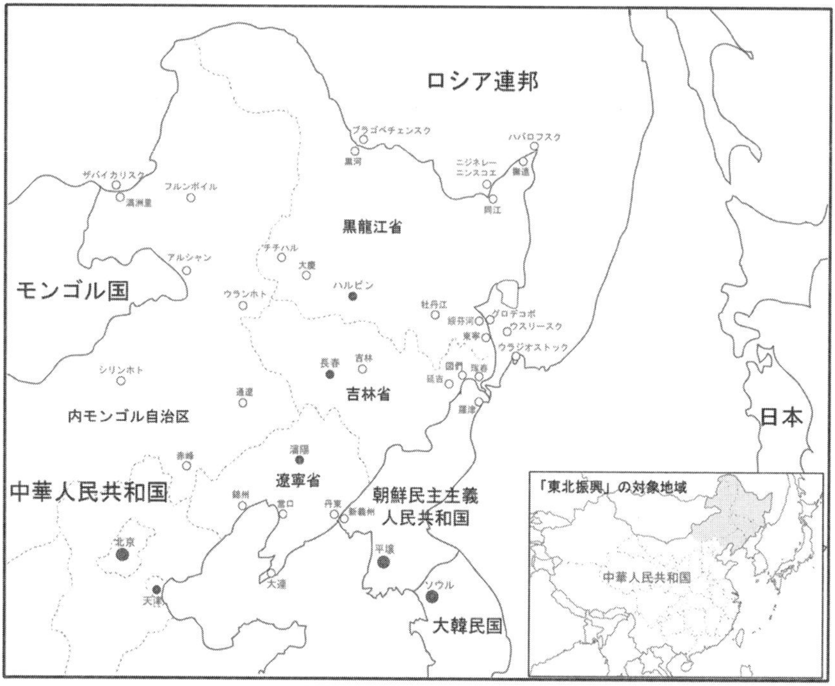

注：「東北振興」の対象地域には，遼寧省，吉林省，黒龍江省のほかに，内モンゴル自治区東部の5盟・市も含まれる。
出所：筆者作成。

　さらに中国の周辺外交の新たな展開として，2013年には習近平政権が「一帯一路」構想を提唱した。この構想は鉄道や道路，港湾などインフラ整備を行い，中国から中央アジアを経る「シルクロード経済ベルト」（一帯），東南アジアを通る「21世紀海上シルクロード」（一路）によって中国と中央アジア，欧州を結ぶという内容である。しかし実際には，潤沢な資金力を背景に，中国主導でアジアインフラ投資銀行（AIIB），BRICS銀行，シルクロード基金などの新たな国際協力枠組みを設立して，インフラ投資の加速を図ることで「一帯一路」の沿線諸国との経済連携を強化し，周辺国への影響力（安定的な資源確保，貿易の活発化など）を拡大していく国際展開戦略を象徴する言葉になっている。この「一帯一路」構想に沿って，中国東北部がエネルギー，物流，貿

易，観光などの分野において，「東北アジア国際経済交流の窓口」として地理的に近いロシア極東地域，韓国，北朝鮮，日本との経済協力を進めている。

本章では，上記の背景整理を踏まえて，中国東北部と東北アジアとの経済関係が深化している点に着目し，中国東北部の視点から，まず近年における東北部経済の特徴と対外貿易の現状を分析する。次いで，ロシア極東地域，韓国，北朝鮮，日本との経済連携についての進捗状況を考察する。最後に，中国東北部が東北アジア諸国とこれから向き合う上での課題と今後の方向性を探る。

第1節　変貌する中国東北部経済

1．中国東北部の経済構造

中国は1978年に従来の計画経済体制から政策を方向転換し，市場メカニズムを漸進的に導入してきた。それから30数年間，急激な勢いで経済成長を続けた結果，世界経済の牽引役としての中国の存在感が増しつつある。中国の経済規模は名目GDPの推移でみると，1980年には世界第11位に過ぎなかったが，2009年にはアメリカに次ぐ世界第2位の経済大国に躍進している。

本章で取り上げる中国東北部経済も2000年以降，中国経済全体の上昇傾向と同様に著しく成長した。具体的には，黒龍江省は2002〜2012年の11年連続で，遼寧省は2002〜2011年の10年連続で，吉林省は2003〜2012年の10年連続で2桁成長を記録した[2]。

一方，近年の中国経済が安定的な中成長の実現を目指す「新常態（ニューノーマル）」が定着するなか，2013〜2015年の東北部は中国の他地域に比べて成長鈍化が著しく，2015年の経済成長率は遼寧省が3.0％，吉林省が6.5％，黒龍江省が5.7％で，三省ともに全国平均値（6.9％）を下回り，全体として東北部は経済成長が鈍化傾向にある。

2015年の1人当たり名目GRPをみると，遼寧省が6万5521元（米ドル換算で1万520ドル），吉林省が5万1852元（同8327ドル），黒龍江省が3万9352元（同6318ドル）となっている。黒龍江省を除けば，遼寧省と吉林省が全国平均の4万9351元（同7925ドル）を上回っている。他方，2015年の

中国東北部のGRPにおける投資形成の寄与率は,遼寧省が44.0%,吉林省が70.7%,黒龍江省が64.7%だったが,吉林省と黒龍江省は全国平均(44.9%)を大幅に上回り,経済成長は投資に大きく依存していることが分かる。

東北部の経済構造は,中国全体と比較して特徴が2つある。その一つは,農業部門が重要な地位を占めている点である。2000年以降の産業別構成比をみると,中国全体の傾向として第一次産業の比率が徐々に低下しているが,東北部の吉林省と黒龍江省は依然高い比率を維持している(第9-1表)。

具体的には,2015年における中国東北部の食糧生産量は1億1974万トンに達し,これは全国総生産量の19.3%に相当する。このうち,黒龍江省が省・自

第9-1表 中国東北部の産業構成比の推移(2000~2015年,単位:%)

年		2000	2001	2002	2003	2004	2005	2006	2007
中国全体	一次	14.7	14.0	13.3	12.3	12.9	11.6	10.6	10.3
	二次	45.5	44.8	44.5	45.6	45.9	47.0	47.6	46.9
	三次	39.8	41.2	42.2	42.0	41.2	41.3	41.8	42.9
遼寧省	一次	10.8	10.8	10.8	10.3	12.0	11.0	10.6	10.3
	二次	50.2	48.5	47.8	48.3	45.9	49.4	51.1	53.1
	三次	39.0	40.7	41.4	41.4	42.1	39.6	38.3	36.6
吉林省	一次	21.4	20.2	19.9	19.3	19.0	17.3	15.7	14.8
	二次	42.9	43.3	43.6	45.3	46.6	43.7	44.8	46.8
	三次	35.7	36.5	36.5	35.4	34.4	39.0	39.5	38.3
黒龍江省	一次	12.2	12.8	13.0	12.4	12.5	12.4	11.9	13.0
	二次	55.0	52.3	50.7	51.4	52.4	53.9	54.4	52.3
	三次	32.9	34.8	36.3	36.2	35.2	33.7	33.7	34.7
年		2008	2009	2010	2011	2012	2013	2014	2015
中国全体	一次	10.3	9.8	9.5	9.4	9.4	9.3	9.1	8.8
	二次	46.9	45.9	46.4	46.4	45.3	44.0	43.1	40.9
	三次	42.8	44.3	44.1	44.2	45.3	46.7	47.8	50.2
遼寧省	一次	9.7	9.3	8.8	8.6	8.7	8.6	8.0	8.3
	二次	55.8	52.0	54.1	54.7	53.2	52.7	50.2	45.5
	三次	34.5	38.7	37.1	36.7	38.1	38.7	41.8	46.2
吉林省	一次	14.3	13.5	12.1	12.1	11.8	11.6	11.0	11.4
	二次	47.7	48.7	52.0	53.1	53.4	52.8	52.8	49.8
	三次	38.0	37.9	35.9	34.8	34.8	35.5	36.2	38.8
黒龍江省	一次	13.1	13.4	12.6	13.5	15.4	17.5	17.7	17.5
	二次	52.5	47.3	50.2	50.3	44.1	41.1	37.2	31.8
	三次	34.4	39.3	37.2	36.2	40.5	41.4	45.1	50.7

出所:中国国家統計局『中国統計年鑑』各年版より作成。

治区・直轄市別で全国首位の6324万トン，吉林省が同4位の3647万トン，遼寧省が同12位の2003万トンとなっている。とりわけ，東北部のもみ（米）生産量（3298万トン）は全国シェアの15.8％，トウモロコシの生産量（7753万トン）は同34.5％，豆類の生産量（513万トン）は同32.3％に相当し，東北部の対中国総人口シェア（7.96％）に比べれば，中国の食糧安全保障において東北部が最も重要な地域であると評価できる。

第二の特徴は，工業を中心とする第二次産業の比率が高い点である。近年，第三次産業の伸びによって相対的に低下してはいるものの，東北部の第二次産業の比率が依然として高い。特に遼寧省の第二次産業の比率は，2004年を除けば一貫して全国平均を上回っている。高度成長から転換期へと変化した中国経済の産業構造の中で，次の経済成長の主役と期待される第三次産業は，2013年に初めて第二次産業を抜いて最大シェアを占めた。他方，第三次産業のシェアを伸ばせないのが中国東北部の現状である。特に遼寧省，吉林省においては，2015年の第三次産業のシェアがそれぞれ46.2％，38.8％と，全国平均の50.2％より低い状況である。これは第二次産業の伸びが大きかった一方，中国の全国平均に比べ東北部の第三次産業の伸びが相対的に低かったことを示している。

2．中国東北部の対外貿易の特徴

中国東北部の対外経済関係をみると，急速な経済成長と共に2000年以降の対外貿易は2014年までに大幅に増加した。2014年の中国東北部の輸出額は819億ドルで，このうち遼寧省が588億ドル，吉林省が58億ドル，黒龍江省が173億ドルだった。そして，東北部の輸入額は974億ドルで，このうち遼寧省が552億ドル，吉林省が206億ドル，黒龍江省が216億ドルで，吉林省と黒龍江省はともに輸出入の最高額を記録した（第9-2図）。

一方，2014年の東北部の輸出，輸入の全国シェアはそれぞれ3.5％，5.0％だった。これは東北部のGDPシェアと比べて約半分程度であり，経済規模の割にかなり少ないことが分かる。特に低いのは，内陸2省の吉林省と黒龍江省である。

2015年の東北部の貿易動向を見てみると，輸出額は遼寧省が前年比7.8％減

第 9-2 図　中国東北部の貿易額の推移（2000～2015 年）

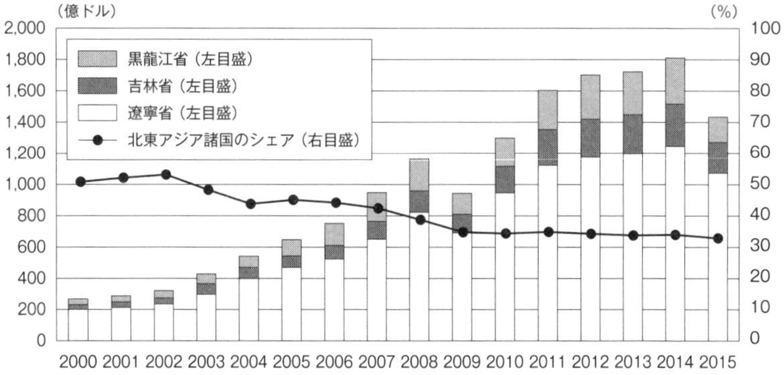

注：東北アジア諸国とは，日本，韓国，北朝鮮，モンゴル，ロシアを指す。
出所：韓国貿易協会（KITA）のデータベースより作成。

の512億ドル，吉林省が同13.7%減の54億ドル，黒龍江省が同47.8%減の64億ドルであった。他方，輸入額は遼寧省が前年比18.8%減の562億ドル，吉林省が同30.3%減の145億ドル，黒龍江省が同42.7%減の99億ドルであった。輸出入のいずれも大幅な落ち込みとなり，東北部対外貿易の減速が中国全体と同様，鮮明になっている。さらに留意すべきことは，東北部の対外貿易の大半が海岸線をもつ遼寧省によるものだという点である。内陸2省の吉林省と黒龍江省を大きく引き離し，「遼寧省の独走現象」が続いている。

　第9-2表は2014年における中国東北部の主要貿易相手国・地域の構成比を示している。国・地域別に輸出先をみると，遼寧省では日本（16.97%），吉林省では北朝鮮（12.09%），黒龍江省ではロシア（58.35%）が最も大きいシェアを占めており，これらの国はすべて中国にとっての東北アジア周辺国である。そして，遼寧省では日本に次ぐのが米国（11.04%）と韓国（10.42%），吉林省では北朝鮮に次ぐのが日本（10.56%）とロシア（8.66%），黒龍江省ではロシアに次ぐのが韓国（3.58%）と米国（3.26%）だった。全体として，東北部の輸出は東北アジア諸国と米国にかなり集中している。

　一方，東北部の輸入国のシェアをみると，遼寧省，吉林省ともドイツからの輸入が最も多く，それぞれ9.85%，47.69%を占めた。黒龍江省ではロシアの割合が最も多く8割強を占めている。遼寧省ではドイツに次ぐのが日

第9-2表　中国東北部の主要貿易相手国・地域（2014年）

		遼寧省			吉林省			黒龍江省	
	順位	国・地域	シェア (%)	順位	国・地域	シェア (%)	順位	国・地域	シェア (%)
輸出	1	日本	16.97	1	北朝鮮	12.09	1	ロシア	58.35
	2	米国	11.04	2	日本	10.56	2	韓国	3.58
	3	韓国	10.42	3	ロシア	8.66	3	米国	3.26
	4	シンガポール	5.43	4	米国	7.78	4	インド	2.41
	5	香港	5.06	5	韓国	7.74	5	オーストラリア	2.07
	9	北朝鮮	2.88	6	イラン	4.08	7	日本	1.85
	13	ロシア	2.19	7	ドイツ	4.07	13	モンゴル	0.85
	57	モンゴル	0.12	69	モンゴル	0.05	53	北朝鮮	0.13
	順位	国・地域	シェア (%)	順位	国・地域	シェア (%)	順位	国・地域	シェア (%)
輸入	1	ドイツ	9.85	1	ドイツ	47.69	1	ロシア	81.71
	2	日本	8.46	2	日本	11.04	2	モンゴル	3.67
	3	韓国	7.29	3	スロバキア	7.14	3	米国	3.42
	4	米国	6.87	4	ハンガリー	4.66	4	ドイツ	1.98
	5	ブラジル	6.30	5	ベルギー	2.95	5	フランス	1.07
	12	ロシア	2.78	8	北朝鮮	2.08	7	日本	0.98
	16	北朝鮮	1.65	10	韓国	1.71	12	韓国	0.40
	66	モンゴル	0.02	18	ロシア	0.70	30	北朝鮮	0.04

出所：朱永浩 (2015)「中国東北部経済と北東アジア地域との連携」『東亜』No. 575, 霞山会, 54頁。

本（8.46％），韓国（7.29％）の順である。吉林省ではドイツを筆頭に日本（11.04％），スロバキア（7.14％）と続く。黒龍江省ではロシアに次ぐのがモンゴル（3.67％），米国（3.42％）である。このように東北部の輸入は，総じて東北アジア諸国およびドイツに偏重する構造となっている。

3．国境に向かう東北部の交通インフラ整備

　中国東北部の交通輸送網は鉄道，道路，水路（河川・海運），空路により構成されるが，中でも鉄道と道路が最も重要な役割を果たしている。その交通大動脈は，鉄道・道路ともに「ハルビン～長春～瀋陽～大連」と縦貫する「哈大線」となっている。2000年以降の経済成長に伴って，東北部の貨物輸送量はトンベース，トンキロベースともに大きく増加を続けている。輸送モード別の特徴は，中国全国平均と比べて鉄道の占める割合が高くなっている点であり，内陸2省の吉林省，黒龍江省は特にその傾向が強い。

　東北部は中国の中で比較的鉄道インフラが整備されていた地域であり，その鉄道網はハルビン，長春，瀋陽，大連，錦州，チチハル，ジャムス，牡丹江などの交通ハブ都市を中心に，哈大線を含む幹線・支線が90本近くある。

　2015年末時点で，中国東北部の鉄道延長は1万7060kmに達し，全国シェ

アは 14.1％となっている。100km²当たりの鉄道延長は 2.16km で，全国平均（1.26km）の 1.7 倍である。そして東北部の道路延長は全国の 8.3％に相当する 38 万 924km となっており，全国シェアは面積比・人口比からすると平均的な水準である。供用中の高速道路の整備水準を見ても，全国平均と同程度である[3]。

一方，東北部の港湾に関しては，遼寧省だけが海岸線をもっている。主要な港湾としては大連港と営口港，丹東港がある。このうち遼東半島の南端に位置する大連港は東北部最大の貿易港となっている。現状では，大連港から遼寧省内の周辺地域へ陸送する高速道路網には特段の問題はない。しかし，内陸 2 省の吉林省，黒龍江省においては石炭，食糧などの一大供給地という産業構造上の理由から，輸送量が多い秋・冬季を中心に鉄道輸送が混雑する。この時季は大連港までの鉄道輸送力が相対的に不足し，ほかの貨物の輸送スケジュールにも影響する場合がある。そのため，国家施策として高速鉄道（旅客専用輸送線路）の建設，高速道路や配送ターミナルの整備などが講じられている。

鉄道整備の例をみると，「長春〜吉林旅客専用鉄道」（延長 111km）が 2011 年 1 月，「ハルビン〜大連旅客専用鉄道」（904km）が 2012 年 12 月に開業したほか，「東北東部鉄道（牡丹江〜中朝国境〜丹東〜大連）」（1380km）が 2012 年 9 月，「瀋陽〜丹東旅客専用鉄道」（224km）が 2015 年 9 月，「牡丹江〜綏芬河鉄道」（138km）が 2015 年 12 月に開通し，東北部の高速鉄道の整備は驚異的なペースで進んでいると確認できる。

ここで特筆したいのは，東北部の交通ハブ都市の中で，丹東，延辺朝鮮族自治区，綏芬河は，中ロ・中朝貿易および物流の動向を左右する重要な存在である。とりわけ内陸の吉林省，黒龍江省にとって，ロシア極東地域（または北朝鮮）の港湾経由で日本海へ出る物流ルートの確保，東北アジア諸国との交通インフラの連携は，対外経済開放を拡大するための最重要課題である[4]。

さらに，2011 年には，高まる国際物流効率化の必要性を視野に，輸送モード間の連携に基づく国内・国際物流ルート構築のための「東北部物流結節点都市」が中国政府によって指定された。指定地域としては，今後の東北アジア経済交流の動向を左右する丹東市（遼寧省），延辺朝鮮族自治区（吉林省），綏芬河市（黒龍江省）などの国境都市が選ばれたのである。中国東北部の対外開放

拡大のために，東北アジア諸国との交通インフラの連携を図ろうとする意図があるものとみられる。

第2節　中国東北部と東北アジアの経済関係

　前節で分析したように，2000～2014年における中国東北部の対外貿易は，輸出・輸入ともに大きな伸びを示し，東北アジア諸国との経済的な結び付きを強めている。そこで本節では，中国東北部にとって経済的に重要な相手国であるロシア（極東地域），韓国，北朝鮮，日本を各二国間関係の視点から考察を加え，それぞれの特徴を明らかにすることにしたい。

1．中国東北部とロシア極東地域の経済的接近

　近隣諸国の中で，中国にとって最も重要な二国間関係は，4314kmに及ぶ国境を接するロシアとの関係である。冷戦体制崩壊前の1980年代から中ソ（中ロ）関係の改善が進み，1990年に中ソの軍事衝突を回避するための「国境地域兵力削減および信頼醸成協定」が締結された。その後，1991年に「中ロ東部国境協定」，1994年に「中ロ西部国境協定」が調印された。2001年には「中ロ善隣友好協力条約」が締結され，2004年には歴史的に両国間関係の懸案事項であった国境線の画定問題について決着がつけられた。両国が対立した大ウスリー島（中国名・黒瞎子島）の帰属問題については，2005年に追加協定の批准文書が交換され，国境の標識設置などの具体的な作業も2008年に完了した。これにより中ロ経済連携を進める環境が整ったといえる。

　二国間貿易は2000年以降のロシア経済成長に伴い，世界金融危機，クリミア問題による対ロシア経済制裁の影響を強く受けた2008～2009年，2015年を除くと，増大傾向にある。中国にとってはロシアが第9位の貿易相手国となっており，ロシアにとって中国は最大の貿易相手国である。従来，中ロ両国は政治面での関係の進展に比べ，経済分野の協力での遅れが指摘されていたが，両国は貿易関係を着実に深化させているといえる。

　その中で，中国東北部の対ロ輸出の主な市場は，地理的制約が原因となっ

第9-3図　ロシア極東地域の対中国貿易額の推移（2002〜2015年）

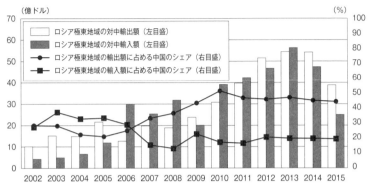

出所：ロシア極東税関統計（http://dvtu.customs.ru/, 2017年6月1日アクセス）より作成。

て，国境で隣接するロシア極東地域に限定される場合が多い。人口減少傾向が続くロシア極東地域にとって，中国は最大の貿易相手国である。2015年におけるロシア極東地域の輸出額に占める中国のシェアは18.8％で，輸入額に占める中国のシェアは43.9％であった（第9-3図）。

さらに，近年の中ロ地域間経済連携が，1990年代以降に発展してきた国境貿易に留まらず，様々な分野に広がりを見せようとしている。その中で特に注目すべき分野は，エネルギーと物流である。この2分野は交渉や規制が多岐にわたるため，その持続的発展には中ロ政府間の政策調整が不可欠である。たとえば，天然ガス供給を巡る長年の交渉により，2014年5月にロシアが2018年から30年間にわたり年間380億m³の天然ガスを中国へ供給する契約を正式に締結した[5]。また，同年11月，習近平国家主席とプーチン大統領が首脳会談を行い，天然ガス供給や油田開発，原子力・水力発電協力などを盛り込んだ「エネルギー協力協定」に調印した。こうした中ロ経済関係の緊密化は，両国間の政策的アプローチに依るところが大きいことは明らかである。

一方，中国東北部の経済発展においても中ロ国境地域の平和と安定が欠かせないという認識から，ロシアと3088kmの国境を接する黒龍江省が特に重要である。2000年以降における黒龍江省の対ロ貿易額の推移をみると，2008年までは飛躍的に伸びていたが，2009〜2010年の貿易額は大きく落ち込んだ。こ

第9-4図　中国東北部とロシアとの貿易額の推移（2000〜2015年）

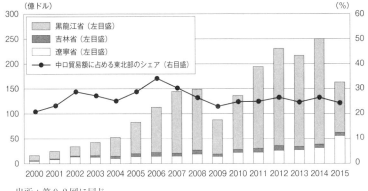

出所：第9-2図に同じ。

れは輸出入取引に対するロシア側の関税・非関税措置の規制強化政策，そして2008年後半に発生した世界金融危機の影響によるものである。2011〜2014年は，ロシアからのエネルギーの輸入拡大により，大幅な回復基調が観察された。しかし，2015年は経済制裁・原油安・通貨安でロシアが景気後退の危機に直面した影響もあり大幅に減少した（第9-4図）。

さらに「一帯一路」構想に関連し，黒龍江省は西側へ向かう陸上シルクロードの東側への延長を推進するため，2014年末に「東部陸海シルクロード経済ベルト」という構想を打ち出した。この構想は，黒龍江省の対東北アジア経済協力推進の目玉として掲げているものであり，特に「ハルビン〜綏芬河〜ロシア極東の港湾〜日本・韓国を含む第三国」という複合一貫輸送ルートの整備・運営が重要な部分である。今後，コンテナヤード整備の推進や，中ロ鉄道間の積替え作業[6]の効率化，鉄道運賃の引下げなどの具体的な進展が期待される。

2．中国東北部と韓国の経済関係の進展

中韓両国は，かつて朝鮮戦争で直接戦火を交えた敵対国関係にあったが，冷戦の終結後に国交を樹立すると，経済的補完関係を徐々に築いてきた。その結果，1992年の国交樹立当初とは比べものにならないほど，両国の経済関係は深化している。

2015年末の時点で，中国は韓国にとって最大の貿易相手国であり，一方の

第 9-5 図　中国東北部と韓国との貿易額の推移（2000～2015 年）

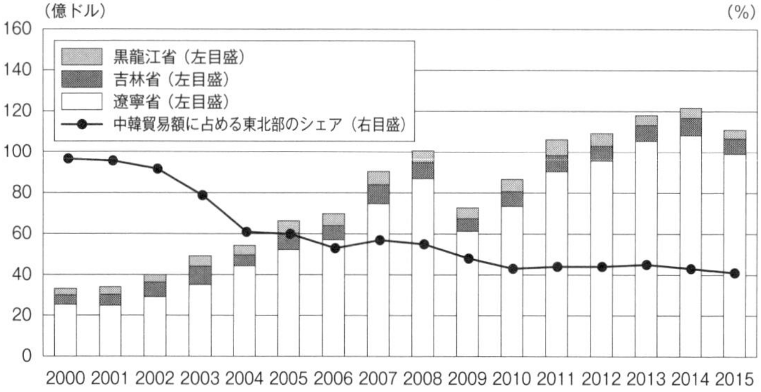

出所：第 9-2 図に同じ。

　韓国は中国の第 3 位の貿易相手国として，その存在感も大きい。韓国の対中国東北部の貿易額は，2000 年の 33.1 億ドルから 2015 年の 110.9 億ドルの規模にまで拡大した。ただ，中韓貿易額に占める東北部のシェアは，2000 年の 9.6％から下落し続け，2015 年には 4.0％となっている（第 9-5 図）。

　次に，中韓経済関係のもう一つの柱である「韓国企業の対中進出」に触れておきたい。1990 年代後半までは韓国企業の対中進出先として，朝鮮半島から地理的に近い環渤海湾地域や，韓国語のできる朝鮮族の多い中国東北部を選好する傾向が強かった。また，生産コストを削減するための中小零細企業を中心に，縫製衣類・毛皮製品，食料品などの労働集約型業種の進出が圧倒的に多かった。

　2000 年代に入ってから，韓国企業の主な中国進出先はエレクトロニクス産業集積地の長江デルタにシフトするようになったものの，韓国の対中直接投資額に占める東北部のシェアは 2000 年の 9.9％から 2011 年の 17.0％へと拡大した。その理由としては，2010 年以降，東北部に対する金融・保険，食品加工分野への新規投資案件の増加が挙げられる。業種別にみると，近年では韓国の対中国東北部への直接投資が製造業からサービス業へと移る傾向にある[7]。

　韓国の対中国東北部投資を牽引しているのは遼寧省である。在瀋陽韓国総領事館の資料によれば，中国東北部に進出している韓国企業数は約 4500 社（2013 年末現在）で，このうち約 3900 社が遼寧省に，463 社が吉林省に，120 社が黒

龍江省に進出している。そして，中国東北部に長期滞在する韓国人の数は約4万3000人，このうち留学生は7136人（2016年末現在）で，遼寧省が4694人，吉林省が1411人，黒龍江省が1031人にのぼる[8]。

3．中国東北部と北朝鮮の経済関係の現状

　近年，北朝鮮の度重なる核実験で朝鮮半島情勢に緊張が高まっている中で，政治面では中朝関係の冷却化がよく指摘される。他方，経済面での中朝両国の結び付きは相変わらず堅固であり，北朝鮮にとって最大の貿易国は中国である。中朝貿易関係の変化をみると，1990年代の中朝貿易の大半は中国から北朝鮮への経済的援助の性格をもつものであったが，2000年以降になると中朝貿易が相互補完的な貿易関係に転換した。

　中国から北朝鮮への輸出は主に原油や石油製品，食糧などであり，輸入は主に鉱石，鉄鋼，魚介類などである。中国側からみれば，対北朝鮮の貿易規模が中国全体の対外貿易に占める比率は微々たるものであるが，中国東北部と北朝鮮との経済交流関係の拡大を通じて東北アジア諸国との全方位経済外交を進めることが不可欠である[9]。

　第9-6図に示したように，2013年以降，北朝鮮と地理的に隣接する中国東北部は，対北朝鮮の貿易規模が減少傾向にある。2015年における東北部の対北朝鮮の貿易額は，輸出が20.6億ドル，輸入が14.7億ドルで，貿易額が35.3億ドルとなった。ここで留意すべき点は，中国の北朝鮮に対する原油輸出は，2014年に続き2015年も統計上は「ゼロ」であった[10]。つまり，2013年までの中国から北朝鮮への主要輸出品目であった「原油」を除くと，中国東北部の対北朝鮮輸出は著しい変化はみられていないといえる。

　なお，中国の各省・直轄市・自治区の中で，遼寧省は中朝貿易に占めるシェアが最も高く，吉林省は遼寧省に次ぐ全国第2位となっている。2000〜2015年における中国東北部の対北朝鮮の貿易額は，中国全体の45.9〜78.7％を占めたが，各年度の変動幅が大きかった。たとえば，2002年における中国東北部の対北朝鮮の貿易額が中国全体に占める比率は78.7％で最も高かったが，2009年には45.9％へと急低下していた。しかし，全体としてみれば，東北部が中国の対朝貿易の大半を占めるという実態は変わっていない（第9-6図）。

第9-6図 中国東北部と北朝鮮との貿易額の推移（2000～2015年）

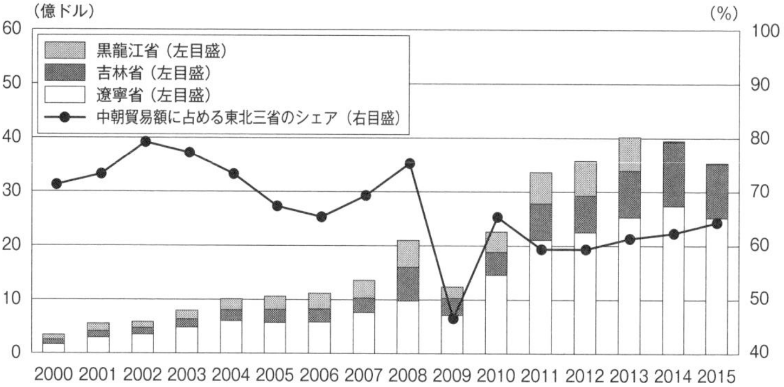

出所：KITA のデータベース，『中国統計年鑑』各年版より作成。

　遼寧省丹東市および吉林省延辺朝鮮族自治州は，中朝国境地域の経済交流における中国側の2大拠点である。以下では，1990年代初めから吉林省が進めてきた「図們江地域開発」の視点から図們江地域の中朝経済交流の進捗状況と課題について，検討を加えることにする。

　ここでいう図們江とは，北朝鮮と中国の国境にある長白山に源を発し，東進して北朝鮮，中国，ロシアの3カ国の国境を通り抜けて日本海に注ぐ全長516kmの河川である。延辺朝鮮族自治州から図們江を約130km下ると日本海であるが，中国領は河口までわずか15km残したところで終わり，そこから先はロシアと北朝鮮の国境となる。図們江地域開発構想は，図們江下流域付近の地域を多国間の協力により，エネルギー，物流，観光などの分野で地域経済の一体的な発展を推進しようとする計画である。その対象地域は延辺朝鮮族自治州，ロシアの沿海地方，北朝鮮の羅津・先鋒地域（現・羅先）である。

　東北部内陸の吉林省にとって，日本海への出口を確保する図們江地域開発の意義は大きい。そのため，吉林省は1992年と1999年にそれぞれ「図們江下流の琿春地域の総合開発計画要綱」と「中国図們江地域開発計画」を制定し，この地域の国際共同開発を推進しようとした。その後，中国政府が2009年に「中国図們江地域協力開発計画要綱―長吉図開放開発先導区」を国家級プロジェクトとして承認したことにより，図們江地域開発は再び注目を集めるようになった。この計画の開発対象は吉林省長春市，吉林市および延辺朝鮮族自治

州である。具体的には，2020年までに「長春〜吉林〜図們の経済一体化」を図りながら，中朝・中ロ国境地域の開放・開発が行われる計画である。

こうして図們江地域開発が中国の地方レベルから中央レベルに格上げされたことで，中朝間の物流インフラ整備および経済協力の推進が期待されている。たとえば，吉林省が北朝鮮の羅津港を経由して海上航路で結ぼうとする「借港出海」[11]が2000年代後半から具体的に推進されている。吉林省の視点で考えれば，羅津港経由で日本海に出るルートが開通すれば，北朝鮮は中国東北部の物流中継基地としての役割が期待できる。

しかし，近年において北朝鮮の核実験と弾道ミサイル発射実験を立て続けに強行したこともあり，中朝関係は大きく冷え込み，両国間の経済交流が阻害されるようになっている。こうした不安定な北朝鮮情勢が東北アジア地域経済連携の最大の不確定要素となっていることを改めて浮き彫りにした格好である。

4．中国東北部と日本との経済関係の現状

日本は中国にとって重要な輸入相手国であり，中国は日本にとって最大の貿易相手国となっている。一方，中国東北部の対日貿易については，次の2つの特徴が挙げられる。

第一の特徴は，日中貿易における中国東北部の存在感が全体的に低下している点である。第9-3表に示すように，2000年以降における中国東北部の対日貿易額は全体的に増加の傾向があるものの，日中貿易に占める東北部のシェアは，輸出において2000年の12.4％から2015年の6.7％へ，輸入において2000年の7.6％から2015年の4.1％へと減少した。これは，日中貿易が珠江デルタ，長江デルタ，環渤海湾地域などの沿海部に集中したからである。

第二の特徴は，東北部各省の対日貿易額における「遼寧省の独走現象」という特徴がみられる。たとえば，2015年における中国東北部の対日輸出額は90.9億ドルで，中国東北部の輸出総額の14.3％を占め，全国平均水準（6.0％）よりかなり高い。しかし，各省によってバラツキがあり，遼寧省が突出して多い。具体的には，第9-3表に示すように，2015年における遼寧省の対日輸出額は84.3億ドルで，同省輸出全体の16.5％を占めている。その一方で，吉林省，黒龍江省の対日輸出額はそれぞれ4.7億ドル（吉林省の輸出総額の

第 9-3 表　中国東北部と日本との貿易額の推移

	2000 年		2005 年		2010 年		2015 年	
	輸出	輸入	輸出	輸入	輸出	輸入	輸出	輸入
中国全体（100 万ドル）	41,654	41,510	83,986	100,408	121,043	176,736	135,897	142,716
中国の対世界貿易額に占める日本のシェア（％）	16.7	18.4	11.0	15.2	7.7	12.7	6.0	8.9
遼寧省（100 万ドル）	3,804	2,841	6,500	4,284	9,816	6,090	8,430	4,500
中国の対日貿易額に占める遼寧省のシェア（％）	9.1	6.8	7.7	4.3	8.1	3.4	6.2	3.2
遼寧省の対世界貿易額に占める日本のシェア（％）	26.0	23.8	27.7	24.4	22.8	16.2	16.5	8.0
吉林省（100 万ドル）	311	179	474	900	522	2,470	466	1,242
中国の対日貿易額に占める吉林省のシェア（％）	0.7	0.4	0.6	0.9	0.4	1.4	0.3	0.9
吉林省の対世界貿易額に占める日本のシェア（％）	14.4	4.5	19.2	22.2	11.7	20.0	8.6	8.6
黒龍江省（100 万ドル）	1,030	115	301	335	329	286	190	156
中国の対日貿易額に占める黒龍江省のシェア（％）	2.5	0.3	0.4	0.3	0.3	0.2	0.1	0.1
黒龍江省の対世界貿易額に占める日本のシェア（％）	35.9	4.7	5.0	9.6	2.0	3.1	3.0	1.6

出所：『中国統計年鑑』『遼寧統計年鑑』『吉林統計年鑑』『黒龍江統計年鑑』各年版（2000 年，2005 年，2010 年データ），KITA データベース（2015 年データ）より作成。

8.6％），1.9 億ドル（黒龍江省の同 3.0％）にとどまっている。

　2014 年 10 月現在，中国東北部に進出している日系企業数は 2113 社で，その 82.2％に相当する 1736 社が遼寧省沿海都市の大連市に，10.7％を占める 227 社が同省都の瀋陽市に進出している[12]。このように沿海都市・大連を除けば，中国東北部の内陸 2 省（吉林省，黒龍江省）に日本企業がその力を活かせるような産業集積はまだ不十分である。そのため，生産地，消費市場として日本企業からの直接投資を中国東北部の内陸に引きつける潜在力はあるものの，投資が十分に行われるほどの投資環境を築くには至っていない。日本からの投資を呼び込むには日本企業の内陸進出が必要で，その内陸進出を後押しするためには，集荷機能の向上や，効率的な物流体系の構築が欠かせない。すなわち，中国東北部（特に吉林省，黒龍江省）にとって，物流環境の改善は日本との経済交流拡大のための重要なファクターとなることが分かる。

おわりに

　本章では，2000年以降の中国東北部の経済現状とその特徴を分析するとともに，東北アジア諸国との地域経済連携の動向について考察した。中国東北部と東北アジア諸国との経済連携の課題と展望をまとめれば，次のようになろう。

　第一に，中国東北部はロシアと約3088kmの国境を接しており，こうした位置づけから，歴史的に日本や朝鮮半島を含む東北アジア域内経済交流の重要な役割を果たしてきた。東北部が中国の東北アジア戦略の先導役として十分な機能を発揮できるようになったとき，東北アジアの経済環境，経済連携の動きが大きく進展すると予想される。東北アジア諸国にとっては，想定される劇的な変化に備え，域内の経済連携の強化策を検討するため，中国東北部とロシア極東地域との政治・経済関係の変化を常に注視することが肝要である。

　第二に，中ロ・中朝経済関係においては，中国東北部の存在感が大きいことである。他方，ロシアでは，2015年7月に制定された「ウラジオストク自由港法」により，ウラジオストクとその周辺一帯は，税制面での優遇措置や通関の迅速化などの規制緩和が受けられる特別な経済区域に指定された。したがって，ロシア極東地域と中国東北部との人やモノの交流を一層拡大することが期待される。今後，進展する中ロ国境地域の経済交流に日本・韓国がどう関与するかについては，中長期的な戦略が必要になってくる。そのような戦略のもと，中ロ・中朝間で進むエネルギーおよび貿易分野の協力，国境地帯のインフラ整備と物流サービスの改善状況を考察し，適時・適切な協力ができるような準備を進めることも必要である。

　第三に，近年における新規インフラ整備および既存国際交通網の拡張を梃子に，国際貨物輸送力が大幅に増強されれば，中国東北部は東北アジア地域経済連携の行方に大きな影響を与える可能性がある。2017年5月，北京で「一帯一路」国際協力フォーラムが開催され，そこで中国が「一帯一路」構想の協力重点分野として，「① 政策協調，② 施設の相互接続（コネクティビティー連結性），③ 貿易円滑化，④ 資金の融通，⑤ 民心の通い合い」を提唱した。また，

このフォーラムにおいて，中国は東北アジア地域の物流トランジット地域となるロシア極東地域との経済連携（インフラ整備など）を支援する姿勢を示し，「中ロ地域協力発展投資基金」という総額1000億元規模のファンドを創設することが決定された。こうした東北アジア域内の国際運輸・物流ルートの整備に積極的にアプローチする中国の動きは，地理的に離れた日本と韓国を直接連結させる場合，ロシア極東地域（または北朝鮮）を経由する物流の新たなルートを開拓することが不可欠である。したがって，中国東北部発着の国際複合一貫輸送の常態化の実現に向けて，特にロシア極東地域・北朝鮮の港湾を経由する「借港出海」の取組みについて，中国は一層積極的に動く可能性が高いと考えられる。

　第四に，貿易・投資，エネルギー，物流など，幅広い分野で東北アジア経済協力を推進していくために，制度的な枠組みへの取り組みが不可欠とされるが，東北アジアを包摂する経済連携の制度的枠組みはまだ確立されていない。このためには，信頼と協調によって形成される東北アジア地域の平和と経済的な連携に向けて，これから目指すべき東北アジアの二国間・多国間協力や地方間経済連携のあり方に，その目標を明確化し東北アジア経済共同体の構想を見据えた新たな秩序を模索することは，今後に残された重要課題である。

（朱　永浩）

【追記】
　本章は2017年8月5日に名古屋市で開催された「Session 1 (Politics, Economics, Social Matters, Environment and Social Matters), One Asia Convention Nagoya 2017」において筆者が発表した「北東アジア経済の変貌と物流共同体の可能性」の内容の一部，および拙稿（「北東アジアに開かれる中国東北部―改革開放の進展と課題」伊集院敦・日本経済研究センター編『変わる北東アジアの経済地図―新秩序への連携と競争』文眞堂，2017年）の内容の一部を統合し，大幅に加筆・修正したものである。なお本章は，JSPS科研費（課題番号 JP16K101972「中口国境地域経済の変容に伴う越境輸送高度化と北東アジアへの含意」，課題番号 JP16K02002「『一帯一路』における中国国内の地域経済への影響に関する実証研究」）による研究成果の一部である。

【注】
1　中国国家統計局（2016）『中国統計年鑑』2016年版より算出。
2　中国国家統計局『中国統計年鑑』各年版，各省統計局の公表資料による。以下，本項においてデータの出所は注2に同じ。
3　中国国家統計局（2016）『中国統計年鑑』2016年版より算出。

4　中ロ国境横断鉄道の例をみると，現在3本のルートが存在する．すなわち①「満洲里駅～ザバイカリスク駅」，②「綏芬河駅～グロデコボ駅」，③「琿春国際駅～カムショーバヤ駅」の3ルートである．このうち，①と②だけで中ロ鉄道通過貨物のほぼすべてを占めている．
5　2015年7月にガスパイプライン東ルートの中国国内の区間が着工し，同年11月に中国はロシアに150億ドルを前払いしている．
6　中国の鉄道レール幅（ゲージ）は標準軌（1435㎜）で，ロシアは広軌（1524㎜）である．そのため，中ロ国境において貨物をそれぞれの国の鉄道貨車へ移し替える作業が必要である．
7　韓国輸出入銀行のデータベースによる．
8　詳しくは，在瀋陽韓国総領事館（http://overseas.mofa.go.kr/cn-shenyang-ko/index.do，2017年11月1日アクセス）の公表データを参照されたい．
9　李鋼哲（2010）「中朝経済関係の現状と展望」小牧輝夫・環日本海経済研究所編『経済から見た北朝鮮：北東アジア経済協力の視点から』明石書店，146-151頁．
10　ほかの主要国の貿易統計からは北朝鮮への原油輸出実績は把握されておらず，また，北朝鮮で深刻なエネルギー不足が生じていることを示す兆候も確認されていないことから，実際には原油の供給は継続しているとの見方が強い（日本貿易振興機構（2016）『2015年度 最近の北朝鮮経済に関する調査』JETRO，126頁）．
11　「借港出海」とは，港を借りて海に出て行くことであり，すなわち「中国吉林省～北朝鮮の港湾～中国南方地域または第三国」の輸送ルートを指す．
12　在瀋陽日本国総領事館の資料による．ここの日系企業数は，在留届等の届け出を在瀋陽日本国総領事館に行っている企業の集計であり，実際に中国東北部に進出している日系企業は，正確な数字がつかめないが，実態はこの集計より多いと思われる．

【参考文献】

新井洋史・朱永浩（2014）「中ロ貿易関係の変化と国境物流の新展開」『ERINA REPORT』No. 119，環日本海経済研究所．

林琨璟（2013）「韓国の対中国東北三省の貿易推移と構造的変化―韓中国交樹立20周年を機に」『ERINA REPORT』No. 109，環日本海経済研究所．

大津定美・松野周治・堀江典生編（2010）『中ロ経済論：国境地域から見る北東アジアの新展開』ミネルヴァ書房．

小川雄平（2014）「超広域連携と日・中・韓の地域間経済協力」『商学論集』57巻4号，西南学院大学学術研究所．

小牧輝夫・環日本海経済研究所編（2010）『経済から見た北朝鮮：北東アジア経済協力の視点から』明石書店．

朱永浩（2012）「中国経済発展が韓国経済に与える影響―緊密化する中韓経済関係」『ERINA REPORT』No. 105，環日本海経済研究所．

朱永浩（2013）『中国東北経済の展開：北東アジアの新時代』日本評論社．

朱永浩（2015）「中国東北部経済と北東アジア地域との連携」『東亜』No. 575，霞山会．

朱永浩（2016）「中国の膨張を支える対外戦略」平川均・石川幸一・山本博史・矢野修一・小原篤次・小林尚朗編『新・アジア経済論―中国とアジア・コンセンサスの模索』文眞堂．

朱永浩（2017）「北東アジアに開かれる中国東北部―改革開放の進展と課題」伊集院敦・日本経済研究センター編『変わる北東アジアの経済地図―新秩序への連携と競争』文眞堂．

日本貿易振興機構（2016）『2015年度 最近の北朝鮮経済に関する調査』JETRO．

三村光弘（2007）「吉林省のロシア・北朝鮮進出構想：東北部の発展のカギ握る」『エコノミスト』85巻66号，毎日新聞出版．

第Ⅲ部

アジア地域協力の展開と課題

第10章

アジアにおける国際移民
――メリットとデメリットを中心に――

はじめに

　貿易，投資，情報のグローバル化が進む中で，人の国際移動も活発化してきている。United Nations（2016）によれば，国際移民（international migrant）[1]は，2000年の1.73億人から，2015年には2.4億人に増加している。世界人口に占める割合は3.3％であり，欧州では10.3％，北米では15.2％に達する[2]。

　他方，国際移民をめぐる摩擦も起きてきている。例えば，2016年に世界を驚かせた2つの出来事，6月の英国のEU（欧州連合）からの離脱（Brexit[3]）と11月のトランプ氏の大統領選挙勝利は，国際移民の問題と深く関わっている。英国では，移民により失業や社会保障問題が発生し，人の自由な移動というEUの原則と対立したことが離脱の大きな要因となっている。また米国のトランプ大統領は，「メキシコとの国境に壁を建設し，その費用をメキシコに負担させる」と移民を制限する考えを示している。これらの問題は，アジア共同体の構築に際して，人の移動をどうするのかを改めて考えさせる問題である。

　アジアの人口に占める国際移民の割合は，人口規模が大きいという理由もあるが，1.7％と欧米に比べ低水準である。特に東アジアでは，移民の受入れに消極的なこともあり，0.5％に過ぎない。アジア域内の貿易や投資に関しては自由化が進み，経済活動は緊密化しているが，人の移動に関しては遅れている。

　また日本に目を転じれば，安倍政権において，大胆な外国人労働者受入れ拡大の議論が加速化している。まず2014年に，東京オリンピックの建設需要に

対応するため，外国人労働力を活用する緊急措置が決定された。次に2016年に技能実習制度を改正（受入れの拡大と期間延長，監視体制の整備）した。さらに成長戦略の一環として，年間20万人の外国人材の導入が検討されている。

しかし，ヘイトスピーチのような極端なケースは別としても，移民や外国人労働者の受入れに対しては反対も多い。安倍政権も「移民政策」ではないと慎重な姿勢を崩していない。

したがって本章では，アジアにおける外国人労働者も含めた国際移民の現状とそのメリット，デメリットについて明らかにすることを課題とする。まず第1節では，世界とアジアにおける国際移民の状況を，国際統計をベースに概観し，その特徴を明らかにする。第2節では，国際移民・国際労働移動のメリットを，送出し国，受入れ国のそれぞれの観点から考察する。第3節では，同様に，デメリットと課題についても，それぞれの観点から考察する。

第1節　世界とアジアにおける国際移民の状況

本節では，世界とアジアにおける国際移民の状況を，国際連合や世界銀行などの国際統計[4]をベースに概観し，その特徴を明らかにする。

1．グローバリゼーションに伴い拡大する国際移民

第一に，先述したように，国際移民の数は2000年から年平均2％の増加率で，2015年には2億4400万人に達している。受入れ地域別にみると，欧州（7615万人），アジア（7508万人），北米（5449万人），アフリカ（2065万人）であり，2000年以降の変化では，アジアが2574万人と最も増加した。国別では，米国（4663万人，国内人口比14％），ドイツ（1201万人，15％），ロシア（1164万人，8％），サウジアラビア（1019万人，32％），英国（854万人，13％）など71％が高所得国[5]に集中している。特に，米国は国際移民の19％を占めている。英国も国内人口比が15年間で8％から13％に上昇しており，トランプ現象やBrexitの背景となっている。

第二に，送出し地域別にみると，アジアが1億400万人と全体の43％を占

め，年平均増加率も2.8%と最も高い。次いで，欧州（6200万人），中南米（3700万人）となっている。国別では，インド1560万人，メキシコ1200万人，ロシア1100万人，中国1000万人，バングラデシュ700万人である。送出し国の所得水準別では，中所得国（1人当たりGNIが1046～1万2745ドル）が65%を占め，バングラデシュなどの低所得国は10%に過ぎない。

　第三に，主要送出し地域から受入れ地域への国際移民の動きをまとめたものが，第10-1図である。アジアや欧州では3分の2が地域内で移動しているのに対し，中南米では84%，北米で73%が地域外に移動している。二国間では，メキシコから米国への移民が1200万人と最大である。次いで，インドからアラブ首長国連邦への移民が300万人である。

　第四に，性別を見ると，女性比率は世界全体では48%であるが，地域によって相違がある。例えば欧州52%，北米51%に比べ，アジアは42%と低い。これは中東での建設労働者が多いためだと言われている。

　第五に，年齢では，年齢の中央値が39歳であるが，これも地域差があり，欧州43歳，北米42歳に比べ，アジア35歳，アフリカ29歳と比較的若い。ま

第10-1図　主要送り出し地域から受け入れ地域への国際移民（2015年，人数）

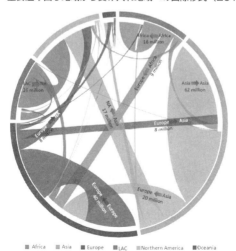

出所：United Nations（2016），*International Migration Report 2015: Highlights*, p. 16.

た国際移民の72％は生産年齢人口（20歳〜64歳）である。国際移民の7割程度が，留学生や結婚移民も含めて何らかの労働に従事しているものと推測される。世界全体の生産年齢人口の割合は58％であり，労働力の供給減となっていることは明らかである。特に少子高齢化のため，生産年齢人口が減少している国にとっては，経済成長に貢献すると期待されている。ただし，65歳以上の高齢者も13％を占めており，年金，医療など社会的コストを増大させる要因となりうる。

2．アジアにおける国際移民の現状

アジア地域は，中国やインドなど人口大国を抱え，経済の発展段階，社会開発状況，政治体制，文化，宗教などきわめて多様である。また人口構成を見ても，少子高齢化が進む国（日本，韓国，台湾，中国）と出生率が高く，今後も人口増が見込まれる国（インド，バングラデシュ，パキスタン，インドネシア，フィリピン，ミャンマー）が併存している。そのため，今後，アジア域内において一層の国際移民が増加すると考えられる。

先述したようにアジアは国際移民の受入れ人数7500万人（世界全体の31％），送出し人数1億400万人（43％）であり，基本的に送出し地域である。

第一に，国際移民の受入れ状況を見てみると，アジアを100％とした場合，受入れの51％が西アジアに集中しており，次いで，南アジア19％，東南アジア13％，東アジア10％となっている。国別では，サウジアラビア（14％），アジア首長国連邦（11％），インド（7％），タイ（5％），パキスタン（5％）であり，東アジアの高所得国である日本（3％）や韓国（2％）は大きな比重を占めていない。特に中国は1％とほとんど受入れていない。

国内人口比でみると，アジア首長国連邦（88％），クウエート（74％）など西アジアの諸国とシンガポール（45％），香港（39％）など都市国家・地域で高い比率である。これとは対照的に，中国（0.1％），インド（0.4％）など人口大国では低い比率である（第10-1表参照）。

第二に，送出し国を見ると，インド（1560万人，世界1位），中国（950万人，世界4位），バングラデシュ（720万人，世界5位），パキスタン（590万人，世界7位），フィリピン（530万人，世界9位）となっている。

これは人口規模が，中国13.6億人（世界1位），インド12.6億人（世界2位），バングラデシュ1.6億人（世界8位），パキスタン1.8億人（世界6位），フィリピン1億人（世界12位）など世界有数の人口大国であることが大きな要因である。国内人口比も，中国，インド，インドネシアでは1％程度で

第10-1表　アジアにおける国際移民の主要送出し国と受入れ国の各種指標

国名		送出し・受入れ人数 ストック・2015年 100万人	送出し・受入れ人数の人口比 2015年 %	人口 2015年 100万人	人口 2060年推計 100万人	人口密度 2015年 人／km²
送出し国	インド	15.6	1.2	1,264	1,745	441
	中国	9.5	0.7	1,355	1,276	146
	バングラデシュ	7.2	4.6	155	202	1,237
	パキスタン	5.9	3.3	177	333	245
	フィリピン	5.3	5.5	96	157	338
	インドネシア	3.9	1.6	248	326	142
	ミャンマー	2.9	5.5	53	63	82
	ベトナム	2.6	2.9	90	113	301
受入れ国	サウジアラビア	10.2	32.3	29	48	15
	アラブ首長国連邦	8.1	88.4	9	13	110
	クウェート	2.9	73.6	3	6	218
	日本	2	1.6	127	101	347
	韓国	1.3	2.6	50	48	517
	タイ	3.9	5.8	67	58	133
	シンガポール	2.5	45.4	5	7	8,005
	マレーシア	2.5	8.3	29	42	92

国名		生産年齢人口比率 15-64歳 %	高齢化率 65歳以上 %	合計特殊出生率 2010-2015年 人	1人当たりGDP (PPP) 2015年 ドル	失業率 2015年 %
送出し国	インド	65.6	5.6	2.48	6,187	3.5
	中国	73.2	9.6	1.55	14,339	4.1
	バングラデシュ	65.6	5	2.23	3,629	4.4
	パキスタン	60.5	4.5	3.72	4,906	5.9
	フィリピン	63.5	4.6	3.04	7,282	6.3
	インドネシア	67.1	5.2	2.5	11,149	6.2
	ミャンマー	67.1	5.4	2.25	5,480	4.7
	ベトナム	70.2	6.7	1.96	6,036	2.4
受入れ国	サウジアラビア	68.6	2.9	2.85	53,802	5.6
	アラブ首長国連邦	84.9	1.1	1.82	67,217	3.7
	クウェート	75.7	2	2.15	70,542	2.1
	日本	60.8	26.3	1.4	38,142	3.4
	韓国	72.9	13.1	1.26	36,612	3.6
	タイ	71.8	10.5	1.53	16,130	0.9
	シンガポール	72.8	11.7	1.23	85,382	1.9
	マレーシア	69.6	5.9	1.97	26,211	3.2

資料：United Nations (2015), Trends in International Migrant Stock: The 2015 revision, United Nations (2015), World Population Prospects: The 2015 Revision および IMF (2016), World Economic Outlook Databases より作成．

あり，まだ潜在的な供給余力があると考えられる。さらに，1人当たりGDP（PPP：購買力平価[6]）が中国1万4339ドル，インド6187ドル，バングラデシュ3629ドル，パキスタン4906ドル，フィリピン7282ドルなどクウェート（7万542ドル）の1割程度であり，西アジアへの移動が増加している。

3. 主要送出し国から受入れ国への国際移民の流れ

主要送出し国から受入れ国への国際移民の流れを見てみると，大きく分けて，①西アジア産油国への流れ，②近隣国への流れ，③北米への流れが顕著である。

まず西アジア産油国への流れに関しては，インド，バングラデシュ，パキスタン，インドネシア，フィリピンなどから，アラブ首長国連邦，サウジアラビアなどへの移動しており，全体の5割を占めている（第10-2表参照）。

1973年以降，原油価格高騰によるオイルマネーにより，経済成長が持続し，急速なインフラ建設が進み膨大な労働力需要が生まれた。人口規模が小さい産油国は外国人労働者の受入れを積極的に行い，アジア諸国からの国際労働移動が加速した。80年代前半までは韓国も建設輸出と海外出稼ぎを行い，外貨を獲得した[7]。1991年の湾岸戦争によって，いったん縮小したものの，2000年代の原油価格の上昇に伴い，建設業，製造業に加えて，家事労働者，看護師としても増加傾向にあった。ただし，近年の原油価格の下落により，経済が停滞し，数万人単位で解雇や賃金未払が起きている[8]。

次に，近隣国への流れに関しては，インドをハブとした流れ（バングラデシュからインド，インドからパキスタン），中国から香港への流れ，ミャンマーからタイへの流れを検出できる。交通機関が発達したといっても人の移動には物理的制約があるため，隣国間の移動が多い。移動コストだけでなく，陸続きで出入国の容易さ，文化，宗教，習慣，言語の共通性，人的ネットワークの存在によっても移動が増加する。またハードルが高い高所得国ではなく，ハードルが低い中所得への移動を選んでおり，低技能労働者が中心であると思われる。

続いて，北米への流れに関しては，中国，インド，フィリピン，ベトナムから，伝統的移民受入れ国である米国への移動が多い。米国は世界最大の国際移

第 10 章　アジアにおける国際移民

第 10-2 表　アジアにおける国際移民マトリックス（2015 年，ストック）（単位：人，%）

	計	人口に占める移民の割合	インド	中国	バングラデシュ	パキスタン	フィリピン	インドネシア	ミャンマー	ベトナム
世界	243,700,236	3.3	15,575,724	9,546,065	7,205,410	5,935,193	5,316,320	3,876,739	2,881,797	2,558,678
アジア	75,081,125	1.7	11,173,058	4,968,299	6,528,326	4,490,998	2,034,643	3,456,635	2,711,323	396,725
西アジア	38,119,524	14.8	8,211,884	16,580	2,824,948	2,798,650	1,521,512	1,803,604	202,833	115
サウジアラビア	10,185,945	32.3	1,894,380	—	967,223	1,123,260	488,167	1,294,035	202,720	—
アラブ首長国連邦	8,095,126	88.4	3,499,337	—	906,483	863,858	555,704	260,312	—	—
クウェート	2,866,136	73.6	1,061,758	—	350,229	312,434	181,462	99,485	—	—
南アジア	14,103,682	0.8	2,559,142	208,828	3,225,525	1,485,243	1,448	159,404	254,127	28,087
インド	5,240,960	0.4	—	7,107	3,171,022	1,106,212	—	820	50,587	566
パキスタン	3,628,956	1.9	2,000,908	334	—	—	—	408	2,460	—
バングラデシュ	1,422,805	0.9	34,431	177,772	—	—	—	157,862	201,346	27,521
東南アジア	9,867,722	1.6	344,315	709,996	450,637	171,350	56,680	1,257,190	2,242,519	141,776
タイ	3,913,258	5.8	7,928	100,320	1,022	2,084	1,203	660	1,978,348	5,825
シンガポール	2,543,638	45.4	150,082	448,566	80,747	129,253	15,392	163,237	—	—
マレーシア	2,514,243	8.3	132,699	10,368	358,432	26,858	21,732	1,070,433	252,292	87,272
東アジア	7,596,693	0.5	57,078	4,030,413	27,216	33,601	455,003	236,437	11,514	226,640
香港	2,838,665	38.9	18,004	2,307,783	444	7,554	117,914	134,593	—	10,930
日本	2,043,877	1.6	22,641	652,413	8,869	11,178	210,243	27,354	—	72,620
韓国	1,327,324	2.6	7,004	750,639	13,733	12,276	338,835	33,340	11,514	113,998
中国	978,046	0.1	8,968	—	4,018	4,404	73,070	39,736	—	28,095
中央アジア	5,393,504	8.0	639	2,482	—	154	—	—	—	107
欧州	76,145,954	10.3	1,231,390	1,042,187	386,095	875,740	515,426	186,037	26,733	440,529
北米	54,488,725	15.2	2,591,284	2,815,132	237,255	500,660	2,441,893	112,258	112,258	1,485,717
アフリカ	20,649,557	1.7	103,582	49,332	13,166	17,870	8,201	20,408	232	164
中南米	9,233,989	1.5	14,858	118,714	210	1,191	8,321	1,939	135	491
オセアニア	8,100,886	20.6	461,552	552,401	40,358	48,734	307,836	98,843	31,116	235,052

資料：United Nations, Department of Economic and Social Affairs（2015），*Trends in International Migrant Stock: The 2015 revision* より作成。

民の受入れ国であり，ストックで4663万人（不法移民は1100万人），フローでも毎年100万人前後が永住権を取得している。2013年の出身国別の割合は，メキシコ（14%），中国（7%），インド（7%），フィリピン（5%）となっており，近年アジアからの移民[9]が増加している。中国は富裕層の投資移民や留学が多く，インドは英会話能力があり，IT技術者など高技能労働者が多い[10]。

　最後に，アジア共同体構想との観点で，東アジアの国際移民の動向を見てみると，先述したように受入れ数は10%に過ぎず，全人口に占める国際移民の割合も0.5%と他のアジア地域に比べて低調である。送出し国としては中国が955万人と存在感を示しているが，東アジアに対しては400万人で，うち230万人が香港向けである。東アジアの高成長と，少子高齢化の進展の中で，国際移民や外国人労働者に対する需要が高まっているが，各国政府は限定的で消極的な受入れ政策をとっているため，活発な人の移動は他地域に比べて起きていない。

第2節　国際移民・国際労働移動のメリット

　本節では，国際移民・国際労働移動がどのようなメリットを持っているのかを，世界全体，送出し国，受入れ国別に検討する。

1. 世界全体にとっての国際移民・国際労働移動のメリット

　経済学では，国際労働移動の自由化により，人的資源が適正に配分され，世界全体の経済厚生が改善されるというのが通説となっている。佐藤仁志（2013）のサーベイによれば，国際労働移動の自由化は貿易や資本の自由化に比べ，非常に大きな経済厚生の増加をもたらすという推計がなされている。例えば，貿易自由化のGDP改善効果は1.2〜2.8%，資本自由化の改善効果は1.7%であるのに対して，国際労働移動の自由化の改善効果は122%と極めて高い[11]。

2.送出し国にとっての国際移民・国際労働移動のメリット

第一に,送出し国にとっての最大のメリットは,国際移民からの送金である。

The World Bank (2016) によれば,送金粗受取額は世界全体で 2000 年の 1213 億ドルから 2015 年には 5523 億ドルへと 15 年間で 4.5 倍に激増した。開発途上国では,ODA(政府開発援助)の 3 倍,FDI(外国直接投資)の 7 割に相当する(第 10-2 図参照)。非公式的な闇送金も含めれば,外国直接投資額を超えるだろうと言われている。

さらに,ODA に比べ,供与国の税金負担や取引費用,資金流用がないため,より効果的かつ持続的に貧困削減や経済成長につなげることができる[12]。

アジア主要送出し国の送金受取額についてみれば,インドは 689 億ドルと 15 年間で 5 倍,中国は 444 億ドルで 59 倍,フィリピンは 298 億ドルで 4 倍,パキスタンは 193 億ドルで 18 倍に激増している。対 GDP 比でみると経済規模が大きい中国は 0.4%,インドは 3.3% と相対的に小さいが,フィリピン(10.2%),バングラデシュ(7.9%),パキスタン(7.1%)は高水準であ

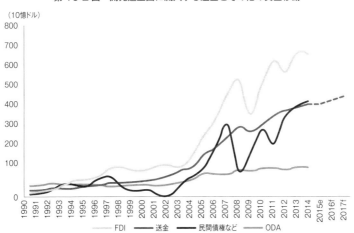

第 10-2 図　開発途上国に流入する送金とその他の資金移動

注:粗流入額,e は推定値,f は予測値。
出所:The World Bank (2016), "Migration and Remittances Recent Developments and Outlook," *Migration and Development Brief*, 26, p. 5.

り，経常収支の改善や消費の拡大など経済成長に不可欠の要素となっている（第10-3図）。この送金は，母国の家族の生活費，耐久消費財の購入費，教育費，医療費，借金返済，住宅購入費，ビジネスの開業資金などに使用され，個人消費を拡大させる効果がある。そのため，フィリピン政府は海外雇用庁（POEA）を通じて積極的に海外に労働者を送り出すとともに，海外労働福祉庁（OWWA）で福祉面でのサポートを行っている。

　第二に，国内の余剰労働力の吸収効果である。送出し国の多くは，先述したように世界有数の人口大国であり，人口増加率も高い。国連の推計では，2060年にはインドは17.5億人と中国を抜き，世界1位となり，パキスタン3.3億人，インドネシア3.3億人，バングラデシュ2億人，フィリピン1.6億人になると予想されている（第10-1表参照）。

第10-3図　アジアにおける主要送出し国の送金受取額とGDP比

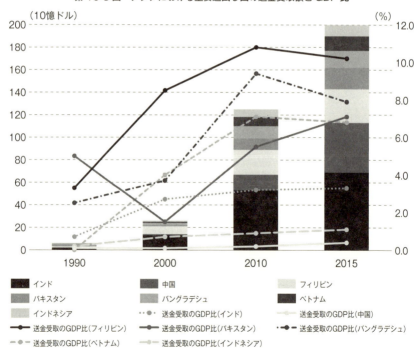

資料：World Bank (2016), *Migration and Remittances Factbook 2016* および World Development Indicators より作成。

また生産年齢人口や従属人口比率を考慮した「人口ボーナス（demographic bonus）」期間[13]でみると，中国は2015年に終了したが，インドは2035年，インドネシアは2030年，フィリピンは2040年まで持続すると予想されている。これらの諸国は経済成長を続けているとはいえ，国内には就業機会が少なく，失業率も相対的に高い。これらの余剰労働力が，労働力不足の受入れ国に移動することで，人的資源の適正配分が行われるだけでなく，送出し国の雇用条件の改善に寄与すると考えられる。

　第三に，先進国で働くことにより，技能，技術，知識が送出し国に移転する効果である。「頭脳流出（Brain Drain）」は送出し国にとってマイナスであるが，近年では，母国の経済成長とビジネスチャンスの拡大に伴って，高学歴の高技能労働者が，専門知識，ネットワーク，資金を持って帰国し，起業する「頭脳還流（brain circulation）」現象も起きている。中国やインドでも「人材1000人計画」や「在外インド人省」など還流を促進する政策をとっている。

　他方，単純技能労働者においても技能，技術の移転は起こりうる。日本の技能実習制度も，「人材育成を通じた開発途上地域等への技能，技術又は知識の移転による国際協力を推進すること」[14]（第1条）を目的としており，「帰国技能実習生フォローアップ調査」によれば，役に立った内容では，「修得した技能」（68％）が最も多く，帰国後も「実習と同じ仕事（53％）」または「実習と同種の仕事（23％）」と回答している[15]。ただし，この調査の回答率は12％と低く，実際には全く無関係な仕事をしているケースも多い[16]。

3．受入れ国にとっての国際移民・国際労働移動のメリット

　第一に，受入国にとっての長期的なメリットは生産年齢人口の減少とそれによる潜在成長率の低下を緩和・抑制することである。

　少子高齢化によって2060年には，日本をはじめ中国，韓国，タイなどは総人口が現在よりも減少すると推計されている。同年には，日本の生産年齢人口は3795万人に減少し，高齢化率は39.9％に達する。韓国でも，2137万人に減少し，高齢化率は40.1％になると推計されている[17]。これにより日本の潜在成長率は2031～2060年で，0.9ポイント押し下げられ[18]，韓国でも2031～2040年で0.6ポイント押し下げられると試算されている[19]。

日韓だけでなく，中国，シンガポール，タイなどでも，すでに「人口ボーナス期」は終わり，従属人口比率が高まる「人口オーナス（demographic onus：重荷）」期を迎えている。またアジア諸国の高齢化のスピードは日本並みかそれ以上であり，しかも日本の半分以下の1人当たり所得水準でこの局面を迎えるため，社会保障や潜在成長率の低下など深刻な社会問題を抱えることになる[20]。

これらを緩和・抑制するために各国で移民受入れが構想されている。韓国では「外国人処遇基本法」（2007年）や「多文化家族支援法」（2008年）などが相次いで制定され，移民社会へと舵を切った。三星経済研究所は2050年までに1159万人の外国人受入れが必要だと試算している[21]。日本でも，2014年には，内閣府が2015年から毎年20万人ずつ受け入れる試算をしている。

第二に，短期的，中期的な労働力不足への対応である。高所得国では，少子化，高学歴化が進んだため，若者は労働条件の悪い中小企業や3K（きつい，汚い，危険）な職場，農林漁業，建設業，家事や介護労働などでの就業を忌避する傾向が強まっている。その結果，労働市場でミスマッチが発生し，慢性的な労働力不足が起きている。これに対して，高所得国は制限付きであるとはいえ単純技能外国人労働者を受け入れている。例えば，産油国やシンガポールでは建設業はほとんど外国人労働者に依存している。後藤純一（2011）の試算によれば，外国人労働者導入の経済効果は規模によって異なり，300万人の場合は3.8%（20兆円），1000万人の場合は13.4%（71兆円）である[22]。

第3節　国際移民・国際労働移動のデメリット

外国人労働者（特に単純技能労働者）や国際移民の受入れについては消極的，あるいは反対の意見も多い。そこで本節では，移民・国際労働移動がどのようなデメリットを持っているのかを，送出し国，受入れ国別に検討する。

1．送出し国にとっての国際移民・国際労働移動のデメリット

第一に，「頭脳流出（Brain Drain）」は送出し国にとってマイナスになりう

る。大卒の9人に1人が，欧州など海外で働いているアフリカに比べれば深刻ではないが[23]，アジアにおいても，インド，中国，マレーシア，フィリピンなどで，高学歴な高度専門人材が流失している。例えば，米国のシリコンバレーで働くIT技術者の15％程度，約30万人がインド系と言われる。UNDP（2001）ではインドは頭脳流出によって，年間20億ドルの損失を受けていると推計している[24]。さらに医療分野での頭脳流出は送出し国の医療システムにダメージを与え，当該国民の健康にマイナスの影響を与えることが危惧される。例えば，フィリピン人医師の26％，看護師の47％，マレーシア人医師の23％，看護師の20％が海外在住である[25]。またネパールの医学部卒業生の半数以上が米国など国外移住をしているという。

第二に，海外や送出プロセスで人権侵害を受けやすいという問題である。単純技能労働者や不法労働者は，低賃金で労働条件の劣悪な環境で労働するケースが多く，差別の対象となりやすい。特に家事や介護，農業などでは労働保護法の対象となっていない国が多いため，人権侵害が発生しやすい。韓国では2004年に雇用許可制が導入され，均等待遇になったとはいえ，賃金格差や差別は残っている。また日本でも，技能実習生が働く71％の事業所で労働基準関係法令違反（2015年）が起き，国連・自由権規約委員会から「人身取引の一形態」と批判を受けている。ちなみに1990年に国連で採択された「すべての移住労働者とその家族の権利の保護に関する国際条約」を，2017年1月現在，48カ国が締結しているが，日本や米国は締結していない。

第三に，中長期にわたって海外に出稼ぎに行くことで，「離散家族」，「欠損家族」の問題を生む可能性がある。吉野（2010）によれば，社会構造によって差はあるものの，多くのケースで子どもの教育や情緒面にマイナスとなることを明らかにしている[26]。また送金依存による働く意欲の低下や自立心の喪失，不倫やアルコール中毒などにより家族が崩壊するケースもある[27]。

2．受入れ国にとっての国際移民・国際労働移動のデメリット

イノベーションや国際競争力に貢献すると考えられている高技能労働者，専門家の受入れに関しては，反対は少ないが，低技能の単純労働者や長期的な移民に関しては，デメリットを懸念する声が強い。

第一に、単純技能労働者の導入により、賃金水準の低下や失業率の上昇が最も懸念されている。アジアの諸国でも労働組合が受け入れに反対するケースも多い。Nickell and Saleheen（2015）は、英国を例に挙げ、単純技能労働者が10％増加すると平均賃金が2％低下すると試算している[28]。Cortes（2008）は、米国で単純技能外国人労働者が10％増加すると、米国の労働者の賃金は0.6％低下するのに対し、すでに働いている外国人労働者の賃金を8％低下させると試算している[29]。ただし、賃金の低下効果は、それほど大きくなく、雇用についても自国労働者の置き換え効果は小さいという研究が多い[30]。日本では、中村二朗・他（2009）は、外国人労働者の導入は低学歴の日本人労働者の需要を拡大させ、賃金を引き上げると分析している[31]。ただし、2008年の世界金融危機のような景気変動の際には、大量の失業が発生する恐れもある。

第二に、文化摩擦、治安の悪化に対する危惧である。日本の内閣府の世論調査（2004年）では、単純技能労働者の受入れを認めない理由として、「治安の悪化」（74％）、「地域社会でのトラブル増加」（49％）と社会的不安を挙げる者が多く、「雇用の悪化」（41％）など経済的不安はそれほど高くない[32]。2010年の内閣府調査でも、外国人労働者に求めることは、日本語能力（94％）、「日本文化に対する理解」（86％）、「日本の習慣に対する理解」（89％）などが高い[33]。

外国人犯罪については、韓国では2001年の4328人から、2015年の3万5443人へと急激に増加しており、10万人当たりでも763人から1865人に倍増している。労働条件や人権侵害を理由とした外国人による暴動も各地で発生している。ただし、日本では2006年の4万128人から2015年には1万4267人に激減しており、外国人の受入れが外国人犯罪に直結するわけではない。

第三に、不法滞在者[34]が増加することにより、犯罪の温床となったり、人権侵害や搾取の対象になったりするリスクがある。ただし、日本では、取り締まりの強化により、不法滞在者は1993年の29.9万人から、2016年7月には6.3万人に激減している[35]。韓国でも2002年の30.8万人から、合法化措置により大幅に減少し、2017年3月には21.7万人（不法滞在比率11％）である[36]。

最後に、外国人労働者の長期滞在、定住化、移民の受入れが進んだ場合、教

育，医療，年金などの社会的コストが発生する可能性が高い。もちろん納税や社会保障費の支払いなどベネフィットもあるが，高齢な家族の呼び寄せや子どもの教育，低技能な低賃金労働者の比率が高まれば，コストがベネフィットを上回る可能性がある。ただし，萩原里沙・中島隆信 (2014) のサーベイによれば，移民のほうが税・社会保障負担が小さく，社会保障給付を多く得ていることから，移民はコストが大きいとする研究もある一方，移民はベネフィットを生じさせているとする研究結果も多く存在し，結論は出ていない[37]。

おわりに

東アジアにおいては，財・サービスの貿易，直接投資などに比べ，人の移動の自由化は進んでいない。また他地域に比べて移民の受入れも少ない。

確かに，国際移民や国際労働移動には，デメリットも存在する。送出し国にとっては，「頭脳流出」，人権侵害・差別，離散に伴う家庭問題などが危惧される。また受入れ国にとっても，雇用の悪化，文化摩擦，治安の悪化，不法滞在者の増加，社会的コストの増加などが懸念されている。

さらに，アジアは経済，文化，言語，宗教など多様であるだけでなく，歴史問題・領土問題など課題も多く，人の移動の自由化の道のりは平たんではない。日本においても，毎年20万人規模の外国人導入が検討されているが，移民受け入れのコンセンサスは得られていない。

しかしアジア共同体を構想するにあたり，人の自由な移動は不可欠である。先述したように，送出し国にとっては，海外送金による貧困削減・経済成長，余剰労働力の吸収，「頭脳還流」などが期待される。他方，受入れ国にとっても，短期的な労働力不足だけでなく，中長期的な生産年齢人口の減少を緩和・抑制する効果が期待される。人の国際移動は，貿易や直接投資を生み出す原動力となり，地域の経済統合に寄与するだけでなく，長期的には，平和の維持やイノベーション能力の向上につながると考えられる[38]。

他方，アジアにおいて経済成長と少子高齢化が進む中で，「外国人労働者争奪戦時代」が始まっている。韓国や台湾も積極的に外国人労働者を受入れるだ

けでなく，不断に「制度革新」を進め，移民政策へと転換しつつある。

これに対し，日本の外国人労働者政策は，従来の技能実習生制度の枠組みを維持したものであり，国際協力と単純労働者の利用というダブル・スタンダードのジレンマから抜け出すことはできていない。少子高齢化の中で，経済成長を持続させるとともに，日本人と外国人が共生できる社会を作っていくために，抜本的な統合政策，移民政策に転換していくべきである。

(佐野 孝治)

【注】
1　「出生あるいは市民権のある国の外に12か月以上いる人」。移動の理由，合法か非合法化などは考慮されておらず，難民や留学生，子供なども含まれる。「移住労働者」(migrant workers)はこれに含まれ，「国籍を有しない国で，有給の活動に従事する予定であるか，またはこれに従事している者」と定義されている。国によって，在留資格や技能（単純技能労働者，高技能労働者），期間，など定義が多様である。
2　United Nations (2016), *International Migration Report 2015*.
3　Great Britain（英国）と Exit（離脱）の合成語。
4　United Nations, Department of Economic and Social Affairs (2015), *Trends in International Migrant*.
5　世界銀行の定義によれば高所得国は年間1人当たりGNI1万2746ドル以上。
6　購買力平価（PPP：Purchasing Power Parity）は，為替レートは二国間の物価上昇率の比で決定するという観点で，インフレ格差から時系列的に物価を均衡させる為替相場を算出したもの。
7　佐野孝治（1994）「韓国の中東進出と重化学工業化」『三田学会雑誌』87巻3号。
8　『日本経済新聞』2016年8月22日付。帰国費用もなく食料もないため，サウジアラビア政府やフィリピン政府が支援に乗り出している。
9　米国では，「移民」を「永住権を取得した外国人」と定義しており，国連の定義とは異なる。
10　1000万元以上の資産を有する富裕層の64％が，アメリカやカナダに永住権を保有しているという。また2013年の米国在住のインド系住民の38.6％が大学院卒で，専門・科学・技術サービス，企業経営者の割合は23.5％である。大和総研（2014）「移民問題グローバルレポート」74，78頁。
11　佐藤仁志（2013）「国際的な労働移動と貿易」『RIETI Policy Discussion Paper Series 13-P-011』20，41頁。
12　Kapur Devesh (2004), "Remittances: The New Development Mantra?," *Discussion Paper Series 29*.
13　総人口に占める従属人口（15歳以下の年少人口と65歳以上の老年人口を生産年齢人口で割ったもの）比率の低下が続く期間。他にも定義があり，定まっていない。小峰隆夫・日本経済研究センター編（2007）『超長期予測 老いるアジア―変貌する世界人口・経済地図』日本経済新聞出版社，53頁。
14　「外国人の技能実習の適正な実施及び技能実習生の保護に関する法律」第1条，2016年11月28日公布。この制度の実態は低賃金労働や人権侵害，違法な受け入れなど問題が多く，米国国務省『人身取引年次報告書』など毎年のように国内外から批判されている。
15　厚生労働省（2016）「平成27年度 帰国技能実習生フォローアップ調査」。

16 2013年11月に実施した，帰国した元ベトナム人実習生（縫製業）に対してインタビュー調査ではほとんどが自営業など関係のない仕事をしていた。
17 佐野孝治（2015）「韓国の『雇用許可制』と外国人労働者の現況」『福島大学地域創造』第26巻第1号, 34-35頁。
18 内閣府（2014）『労働力人口，資本蓄積と今後の経済成長について』。
19 シン・ソクハ（2012）『韓国の潜在成長率展望及び下落要因分析』韓国開発研究院。
20 小峰隆夫・日本経済研究センター編（2007）『超長期予測 老いるアジア―変貌する世界人口・経済地図』日本経済新聞出版社, 54-56頁。
21 チェ・ホン（2010）「金融危機と外国人雇用環境の変化」『SERI経済フォーカス』第287号。
22 少人数の場合は，むしろマイナス効果となる。後藤純一（2011）「外国人労働者受入れの経済的インパクト」『PROGRESS』。
23 OECD (2013), *World Migration in Figures*.
24 UNDP (2001), *The Human Development Report 2001*, p. 91.
25 岩崎薫里（2015）「ASEANで活発化する国際労働移動」『JRIレビュー』Vol. 5, No. 24, 7頁。
26 吉野晃（2010）『東南アジアにおける出稼ぎが農村の子どもの生育・教育環境に与える影響に関する研究』東京学芸大学。
27 鹿毛理恵（2014）『国際労働移動の経済的便益と社会的費用』日本評論社, 第7章。
28 Nickell, Stephen and Saleheen, Jumana (2015), "The impact of immigration on occupational wage," *Staff Working Paper*, No. 574, p. 24.
29 Cortes, P. (2008), "The Effect of Low-Skilled Immigration on U.S. Prices," *Journal of Political Economy*, Vol. 116, No. 3, p. 26.
30 萩原里沙，中島隆信（2014）「人口減少下における望ましい移民政策」『DPRIETI Discussion Paper Series』14-J-018, 16頁。
31 中村二朗・内藤久裕・神林龍・川口大司・町北朋宏（2009）『日本の外国人労働力』日本経済新聞社, 285頁。
32 内閣府（2004）『外国人労働者の受入れに関する世論調査』。
33 内閣府（2010）『労働者の国際移動に関する世論調査』。
34 「不法残留者」（正規に入国した後，在留期間を経過してそのまま在留する者）と「不法在留者」（不法入国，不法上陸により，そのまま在留する者）に分けられる。「不法労働者」と呼ばず，「未登録労働者」と呼ぶ場合もある。入国管理法違反のレベルであり，労働法上の違反ではないという解釈である。
35 法務省入国管理局（2016）「本邦における不法残留者数について」9月。
36 法務部（2016）「不法滞在者現況資料」。2011年以降は増加傾向にある。
37 萩原・中島（2014），前掲, 22頁。
38 井口泰（2016）「東アジア経済統合下の外国人労働者受入れ政策」『社会政策』第7巻第2号, 10頁。

【参考文献】
上林千恵子（2015）『外国人労働者受け入れと日本社会―技能実習制度の展開とジレンマ』東京大学出版会。
大津定美編（2005）『北東アジアにおける国際労働移動と地域経済開発』ミネルヴァ書房。
後藤純一（2015）「少子高齢化時代における外国人労働者受入れ政策の経済学的分析」『国際経済』第66巻。
佐藤仁志（2012）「国際的な労働移動とアジア経済」黒岩郁雄編『東アジア統合とその理論的背景』アジア経済研究所。

佐野孝治（2010）「韓国における外国人労働者支援システム」『商学論集』第79巻第3号。
佐野孝治（2015）「韓国における『雇用許可制』の社会的・経済的影響」『地域創造』第26巻第2号。
佐野孝治（2017）「韓国の『雇用許可制』にみる日本へのインプリケーション」『日本政策金融公庫論集』第36号。
トラン・ヴァン・トゥ，松本邦愛，ド・マン ホーン編（2015）『東アジア経済と労働移動』文眞堂。
西川潤・平野健一郎編（2007）『国際移動と社会変容』岩波書店。
宮島喬・鈴木江理子（2014）『外国人労働者受け入れを問う』（岩波ブックレット No. 916），岩波書店。
毛受敏浩（2011）『人口激減―移民は日本に必要である』（新潮新書435），新潮社。
吉川愛子（2016）「老いるアジアと国際労働力移動」平川均・石川幸一他編『新・アジア経済論―中国とアジア・コンセンサスの模索』文眞堂。
吉原和男編（2013）『現代における人の国際移動―アジアの中の日本』慶應義塾大学出版会。
IOM (2015), *WORLD MIGRATION REPORT*.
OECD (2016), *International Migration Outlook 2016*.
The World Bank (2016), *Migration and Remittances Factbook 2016*.
United Nations (2015), *Trends in International Migrant Stock*.

第11章
アジアの経済交流を支える国際物流

第1節　国際物流の基礎

　地球規模で経済活動が国境を越えて展開される今日，これらに伴って，原材料，中間製品（素材，部品），最終製品，リサイクル品，さらには廃棄物までもが国際輸送されている。企業が世界に広がる市場の中で競争に勝ち抜くためには，調達・生産・販売のサプライチェーンを効率化して，価格競争力のある形で商品を提供する必要がある。その中で，効率的な国際物流を実現することは，ますます重要になってきていると言える。

　本章では，日本を中心にアジアの国際物流の状況を述べていくが，まず初めに，国際物流に関わる基礎的な用語等について解説しておきたい。

　企業の国際物流担当者にとって，避けて通れない課題の一つがどのような輸送手段を使って貨物を輸送するのかの選択である。例えば，自動車（トラック）で運ぶのか，鉄道で運ぶのかといった検討をする。この輸送手段のことを，輸送モードあるいは単にモード（Mode）と呼ぶ。実際には，一つの輸送手段（モード）で出発地から目的地まで輸送することもあれば，複数の手段（例えば，最初は船で輸送し，到着港からは鉄道で目的地まで輸送するなど）による輸送を行うこともある。後者は，複合輸送（マルチモーダル輸送）と呼ばれる。以前はトラックで輸送していた貨物を，環境に配慮して船で運ぶように切り替える場合は，モーダルシフトという言い方をするなど，モードという用語は様々な場面で使用される。

　さて，実際の輸送モードの選択はどのようにしてなされるのか。モード選択の問題は学術的にも興味深く，さまざまな研究がなされている分野であるが，

実務の現場では，輸送する貨物自体の特性と発着地を結ぶ輸送ルートの条件の大きく2つの要素が考慮されている。

このうち，貨物の特性としては，価格（重量単価あるいは容積単価），様態（固体，液体，気体），大きさ，重量，品質低下リスク，有害性などの要素が考慮される。高価な貨物は，一般に高い運賃で輸送することが可能であり，また同時に必要でもある。したがって，特に高価な貨物は飛行機で輸送したり，そこまで高価でないものはトラックで輸送したりする。単価が低い原材料などは，速度は遅いが相対的に運賃の安い大型船で輸送する。輸送する貨物が液体や気体の場合は，それぞれに適したタンク式の自動車，鉄道貨車，船などを利用する。極端に大きな貨物は，自動車や鉄道で運ぶことができず，船を選択せざるを得ないこともある。生鮮品など傷みやすい貨物，季節性・ファッション性の高い衣類など販売に適した期間が短い貨物などは，高速な輸送モードを必要とする。

次に，発地，着地および輸送ルートの条件としては，地形や気候などの自然条件，発地と着地の間の距離や物理的障害の存在などの相互位置関係，インフラの整備状況，地域の政治，経済，治安などの社会条件などが考慮される。四方を海に囲まれた日本では，自動車や鉄道という陸上の輸送モードを国際輸送に利用することはできない。また，出発地と到着地の間に，高い山脈がある，紛争中で治安が悪い国がある，劣悪な道路しかないなどの場合，遠回りでも海上輸送を利用したり，高価でも航空輸送を選択したりすることもある。

複合輸送の形としては，さまざまなモードの組み合わせがありうるが，一般には海上輸送と鉄道輸送あるいは道路輸送との組み合わせを指すことが多い。この場合，港でモード間の積替が行われることになるが，積替作業の効率化に重要な役割を果たしているのがコンテナである。コンテナとは，英語の容器（Container）からきた用語である。20世紀後半のコンテナの開発，普及は物流分野に革命的な変化をもたらした。現在，国際輸送に利用されているコンテナは国際標準（ISO）に従っており，長さが20フィートあるいは40フィート，幅が8.0フィート，高さが8.6フィートあるいは9.6フィート（長さが20フィートの場合は8.6フィートのみ）のものが主に利用されている。大きさが標準化されているので，これに適合した仕様の船舶，鉄道貨車，トレーラ，ク

レーンなどを利用して，世界のどこから来た貨物でも同じように取り扱うことができるようになった。

コンテナによる国際物流は，主にコンテナ専用船による定期コンテナ航路を利用して行われる。コンテナ専用船は，規格化されたコンテナを効率的に収納・積み下ろしできるように設計されている。安く，大量に輸送することができるよう大型化が進んでおり，約2万TEU[1]を積み込むことができる船が登場している。大型化が進むにつれ，対応できる港湾（水深やクレーンの大きさなど）が限定される，あるいは寄港地に相当の需要量（積み下ろしするコンテナの数）がないと採算が合わないなどの理由で，1回の航海で寄港する港の数が少なくなる傾向にある。結果として，大型船は大規模港湾だけに寄港し，これらの大規模港湾とその周辺の港湾との間は小型船で輸送する形で定期コンテナ航路のネットワークが形成されてきた。大型船，小型船で輸送されてきたコンテナを積み替える大規模港湾を「ハブ港」と呼ぶ。アジアと欧州，アジアと北米などを結ぶ基幹航路上には，いくつかのハブ港がある。後述するように，日本の港湾はハブ港としての機能を失いつつある。

第2節　日本とアジアの国際物流

島国である日本にとって，国際物流の輸送手段は海上輸送か航空輸送しかない。輸出入貨物の重量で計算した場合，航空輸送が担っているのは1%未満にすぎない。

そこで，国土交通省が取りまとめている港湾統計により，海上貨物輸送の状況を見てみよう（第11-1表）。輸出では，アジアとの物流量は全体の半分以上を占めており，うち韓国が約1割，中国が約1.5割である。輸入では，アジアが3割程度であり，うち韓国・中国合計で約1割となっている。輸出入合計では，全世界との物流量の3分の1程度をアジアが占めている。

港湾統計が基本的に重量を基準とした統計であるのに対して，財務省関税局が取りまとめている貿易統計は金額を中心に取り扱っている[2]。輸出額（航空輸送分を除く。以下同じ）では，アジア向けが全世界向けのほぼ半分を占めて

第11-1表　国・地域別の海上輸送貨物量（2014年，百万トン）

	輸出量	（シェア）	輸入量	（シェア）	合計	（シェア）
韓国	30.2	10.7%	31.2	3.2%	61.4	4.8%
中国	42.4	15.0%	80.0	8.1%	122.4	9.6%
台湾	15.8	5.6%	7.2	0.7%	23.0	1.8%
タイ	13.0	4.6%	15.8	1.6%	28.8	2.3%
マレーシア	6.5	2.3%	37.9	3.8%	44.5	3.5%
インドネシア	6.0	2.1%	54.6	5.5%	60.6	4.8%
その他アジア	45.5	16.1%	58.3	5.9%	103.8	8.2%
その他世界	123.8	43.7%	701.5	71.1%	825.3	65.0%
全世界　計	283.4	100.0%	986.5	100.0%	1269.9	100.0%

出所：国土交通省港湾統計。

おり，輸入額では4割強を占めている（第11-2表）。

　重量と金額との両方の視点で捉えると，アジア物流の特徴が見えてくる。輸出額を輸出量で除して単価を求めてみると，アジア向け輸出貨物は1トンあたり17.0万円であり，全輸出貨物平均の同19.1万円をやや下回る。逆に，輸入ではアジアからの貨物は同10.3万円で，全体平均の同6.8万円を大きく上回る。

　この違いはどこから来ているのだろうか。一般的な傾向としては，日本からの輸出はどの国に対しても完成品が中心であり，輸入品よりも単価が高い。その際，欧米向けには高級品が，アジア諸国等には相対的に単価が安い商品が輸出されていると考えることができる。これに対して，日本の輸入品は，原材

第11-2表　国・地域別の貿易額（2014年，兆円）

	輸出額	（シェア）	輸入額	（シェア）	合計	（シェア）
韓国	4.08	7.5%	2.85	4.2%	6.93	5.7%
中国	9.75	18.0%	14.41	21.4%	24.16	19.9%
台湾	2.45	4.5%	1.13	1.7%	3.58	3.0%
タイ	2.59	4.8%	1.85	2.7%	4.43	3.7%
マレーシア	0.98	1.8%	2.62	3.9%	3.60	3.0%
インドネシア	1.40	2.6%	2.60	3.9%	4.00	3.3%
その他アジア	5.95	11.0%	3.98	5.9%	9.93	8.2%
その他世界	26.93	49.8%	37.81	56.2%	64.73	53.3%
全世界　計	54.12	100.0%	67.25	100.0%	121.37	100.0%

出所：財務省貿易統計。

料，部品等の中間製品，最終消費財など幅広く，相手国によって構成が大きく異なる。アジアからの輸入品の単価が高いことは，資源等の単価が安い貨物が比較的少なく，製品等が多いという事情を反映していると考えられる。

次に，コンテナ貨物輸送量などの動向について着目してみよう。コンテナ貨物は，比較的付加価値の高い製品を輸送するために利用され，また規格化された輸送形態であるため，グローバルサプライチェーン構築において重要な役割を果たす輸送手段であることがその理由である。

日本のコンテナ取扱量は，1989年の683万TEUから，2014年の1792万TEUへと2.6倍増加した。しかしながら，他のアジアの国々ではこれを上回る成長を遂げている。例えば，隣国である韓国・釜山港の取扱量は1992年の275万TEUから2014年には1868万TEUになり，1港だけで日本全国の取扱量を上回っている。2014年，世界最大のコンテナ取扱港湾は上海（3529万TEU）であり，これにシンガポール，深圳，香港，寧波，釜山，青島，広州の各港が続き，第8位までをアジアの港湾が占めている。かつて，神戸港は東アジアにおけるハブ港であったが，現在は釜山港などが東アジアの主要なハブ港となっている。日本国内港湾では，北米や欧州などと結ぶ基幹航路を運航するコンテナ船の寄港が減少しており，国内企業にとっての国際物流環境が劣化しつつある。そこで，政府では京浜地域および阪神地域で国際コンテナ港湾の競争力強化に向けた政策などを展開して，基幹航路の維持・拡大を図っている。

アジアにおける日本の地位が低下する中，日本の中における地方港の地位は高まっている。五大港（東京，横浜，名古屋，大阪，神戸）を除く地方港でのコンテナ取扱量は，1989年の50万TEUから2014年の413万TEUへと8.3倍増加した。規模は小さいながらも，各港湾が立地する地域やその背後圏からの国際物流，特に韓国や中国など東アジア地域との物流に寄与している。

全国平均を上回るペースで地方港のコンテナ取扱量が増えたのには，いくつかの要因がある。まず，1995年の阪神・淡路大震災での神戸港被災を契機に，五大港までの国内陸送コスト削減などのために最寄の地方港を利用する傾向が強まった。第二に，韓国の船会社が，1990年前後より日本の地方港と釜山港との航路開設を活発化させ，釜山港での積替により全世界への輸送サービスを提供するようになった。釜山港で取り扱うコンテナの半分は，自国の輸出入で

はなく，日本や中国など他国のコンテナの積替である。さらに，過去四半世紀の間に中国との貿易が急増し，比較的近距離を小型の船で輸送する日中間の航路が成り立つようになった。こうした諸要因が重なって，地方港において，定期コンテナ航路の開設，航路利用貨物の増加，航路の充実，さらなる貨物の増加という好循環が続いてきた。

第3節　アジアにおける物流インフラ整備

次に大陸に目を転じよう。アジアでは，主に大陸内部での物流インフラ整備を目的とした国際協力が進められている。

アジアハイウェイ（Asian Highway）とアジア横断鉄道（Trans-Asian Railway）は，いずれも国連のアジア太平洋社会経済委員会（ESCAP）が主導している国際協力の枠組みである。前者では，32カ国を通過する総延長14万1000kmのルートを設定し，各国の協力により整備を進めることとしている。このうち1号線の起点は東京で，博多港から海を渡って，アジア大陸へと続いている（第11-1図）。アジア横断鉄道は，28カ国を通過する総延長11万7500kmを設定している（第11-2図）。

これらのアジア全域での道路，鉄道整備を補完する形で，より小さい地域（局地圏という）での協力も進んでいる。代表的なのは，東南アジアにおける「大メコン圏（GMS）」協力である。これは，アジア開発銀行（ADB）の主導により1990年代から続くもので，貿易，投資など幅広い分野での経済協力の中でも，特に交通分野での協力が重視されてきた。交通インフラ整備と沿線の経済活動の活性化とを一体として進めようとする「経済回廊」のコンセプトを打ち出し，東西経済回廊，南北経済回廊，南部経済回廊の3つのルートでの協力を進めている。

中央アジアでは，「中央アジア地域経済協力（CAREC）」という局地圏協力の枠組みができており，中国，モンゴル，カザフスタンなど計10カ国が参加している。ここでも交通インフラ整備は重点協力分野の一つであり，6本の輸送回廊ルートを設定して，その整備を進めている。

第 11 章 アジアの経済交流を支える国際物流　173

第 11-1 図　アジアハイウェイ

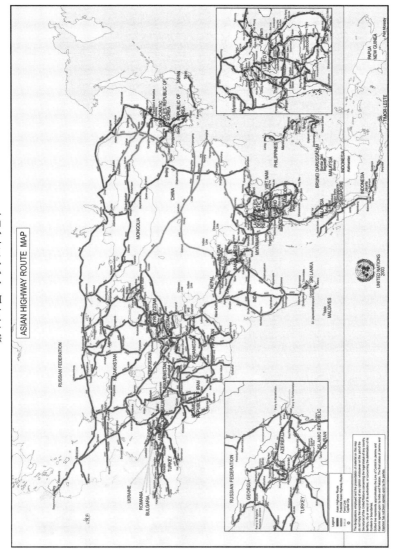

出所：ESCAP.

第11-2図 アジア横断鉄道

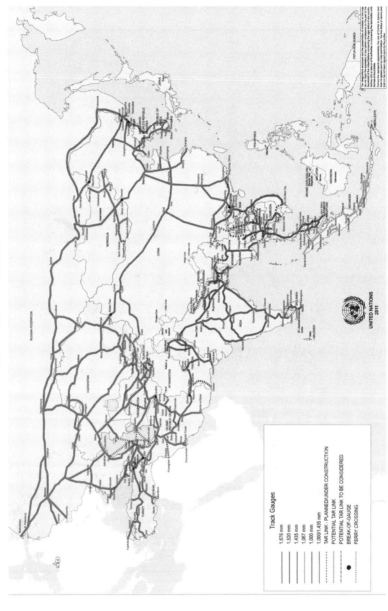

出所：ESCAP.

北東アジアでも局地圏での協力が進みつつある。2002年に環日本海経済研究所が発表した「北東アジア輸送回廊ビジョン」を下敷きに，中国，モンゴル，韓国及びロシアが参加する「大図們江イニシアチブ（GTI）」が6本の輸送回廊整備を進めている。これらの輸送回廊のいくつかは大陸内部から日本海への輸送ルートを開くものである。したがって，日本はGTIの参加国ではないものの，これらの輸送回廊整備に無関心でいられない。

　これらの物流インフラを整備するには，さまざまな問題を解決する必要があるが，その中でも最大のものは資金調達である。2010～20年のアジアの国際インフラ整備のために必要な資金は2870億ドルにも達するとの試算（ADBI，2009年）もある。これまで資金需要に対応してきた国際開発金融機関（世界銀行，ADBなど），先進国の政府開発援助（ODA），民間投資など，既存のルートだけでは不足するのではないかとみられている。こうした中，近年注目を集めたのは中国が主導して2015年に設立されたアジアインフラ投資銀行（AIIB）である。インフラ整備の促進につながるとの期待がある一方，運営に不透明さが残るなどの懐疑もある。日本は，AIIBに参加せず，2015年から約5年の間にADBと協力しながら総額1100億ドル程度の質の高いインフラ整備に協力していくという方針を打ち出した。

　アジア各国間での政策協力と資金供給がうまくかみ合えば，アジアでの物流インフラ整備が大きく進むことが期待される。

第4節　シームレス物流の課題

　前節で述べたインフラ整備の動向は，主に鉄道や道路など大規模な建設工事を伴う狭義のインフラ（ハードインフラ）を念頭においたものであった。しかし，円滑な国際物流を実現するためには，単にハードインフラの整備だけでは不十分である。実際のところ，前節でも出てきた「回廊」という用語は，ハードインフラとソフトインフラの双方から構成される全体システムを指している。そこで，本節では「シームレス」という用語をキーワードとしながら，ソフトインフラ整備の重要性や課題を述べていくこととする。

冒頭に述べた通り，国境を越えて生産・消費が行われる現在，「シームレス」すなわちSeam（継ぎ目）less（の無い）物流に対する要求が高まっている。国際物流において，一般に「継ぎ目」となるのは，① 国境通過点と ② 輸送モード間の積替点の2種類の地点である（国際空港，国際港湾は①かつ②）。現実には，これらの存在そのものを無くすことはできないので，通過に要する時間（滞留時間）をゼロに近づけることが目標となる。

シームレス物流実現の妨げとなる要素にはハードインフラ面での障壁とソフトインフラ面でのそれとがある。

ハードインフラ面でもっとも直接的な障壁は，国境で鉄道・道路が断絶している状態である。この点については，前節で述べたような国際的なインフラ整備プログラムの中で改善が図られようとしている。ただし，鉄道や道路がつながっていたとしても問題が生じるケースもある。例えば，鉄道軌道幅の違いである。ロシアをはじめとする旧ソ連諸国の軌道幅は1520mmであり，中国の1435mmとは異なり，列車が直行することができないため，中ロ国境では台車の交換もしくは貨物の積替が必要となる。その際，積替施設の能力不足が障壁として認識されることとなる。

外見上は目立たないながらも，大きな問題を内包しているのがソフトインフラ面の障壁である。例えば，国境通過の際の検査・手続，交通安全規制の不整合，輸送事業者制度の不整合などの問題が存在している。貿易貨物は，国境（国際港湾や国際空港を含む）での所定の手続を経ないと国外に持ち出したり，国内に持ち込んだりすることができない。これらの手続を処理する公的機関を一般にCIQ[3]と呼ぶ。貿易貨物の国境通過手続は「通関手続」と言われることも多いが，実際に国境で行われる手続には，税関における手続である狭義の通関手続のほか，貨物自体の検疫手続や輸送するトラックの運転手の出入国手続・検疫手続などが含まれる。

ソフト面の問題の大きさを簡単な例で示してみたい。道路あるいは鉄道の改良を行い，仮にこれまで600kmの輸送に15時間（平均時速40km）かかっていたものが，6時間（平均時速100km）で輸送できるようになったとしよう。ところが，国境通過手続きに要する時間がケースバイケースで「1日ないしは2日」という状況であったら，9時間の時間短縮努力は実務上意味をなさない

ことになってしまう。夜間に窓口が閉鎖する場合なども，タイミングによっては翌朝の開庁時間まで待たざるをえず，前後の走行時間短縮が無意味になるケースが出てくる。

　隣接する国の間で，車検制度が異なっていたり，運送事業についての許認可基準が異なっていたりすることで，トラックの相互乗り入れができないこともある。そうした場合は，積替作業が必要となり，時間ロスが生じるばかりでなく，その作業のための費用も余分にかかることになる。

　こうしたソフト面の障壁は，実務に携わる当事者以外からは見えにくい。ハードインフラ整備に比べて少ない費用で改善できるはずであるが，国際協力の主要なテーマとして注目されることは少ない。ソフトインフラには，利害関係者が多く，その「改善」は，時として一部の既得権益者の目には「改悪」と映ることもある。これらの利害調整には相当の時間と労力が必要である。

　この困難を端的に示しているのが，GMSの越境交通協定（CBTA）の実例である。GMSメンバー国がソフト面の問題解決の重要性に着目したのはかなり早く，1995年にはソフト面の障壁を取り除くことに合意していた。しかし，実際に協定本文の準備が整って署名したのが2003年，合計20の付属文書と議定書すべてについて署名が完了したのは2007年であった。しかも，各国の国内事情などのため，2016年時点でも，合意事項を完全に実施するための手続きや準備は完了していない。

第5節　国際インフラ整備と地域の安定化

　最後に，少し大局的な観点から国際物流インフラの意義を述べておきたい。国境をまたぐ国際インフラには，ヒトやモノを運ぶといった直接的な機能のほかに，地域の安定化に寄与するという副次的な効果がある。この効果は，主に3つの経路を通じて実現される。

　第一に，国際インフラ沿線の社会経済発展を通じて地域の安定化が図られる。インフラ整備により，国境を越えた貿易・投資が拡大し，沿線地域経済が活性化することが期待される。国境に近い地域は，多くの場合，国の経済中心

から離れた辺境地域であり、経済発展が遅れている。貧困が地域社会の不安定化の大きな原因となっている例は多く、その改善は地域社会の安定化に寄与する。

　第二に、国際インフラの整備は、関係する当事国間に共通の利害関係を生み出し、これが地域の安定化につながる。当たり前のことだが、国際インフラは一国では造ることができず、最低でも2カ国以上の国の協力が必要である。そもそも国際インフラが当事国間に必要かどうかという認識のすり合わせから始まり、整備するとしたらどのような仕様のインフラにするのか、費用負担をどうするのかなど、数多くの点について合意をしなければ、インフラ整備は実現しない。細部で利害が衝突することはあっても、最終的には、そのインフラを整備することが関係国すべてにとって有意義であるとの共通認識が確認できれば、プロジェクトは実現に結びつく。ひとたびインフラが整備されれば、今度はその安定的な運用を続けることが各国共通の利益となる。こうした共通利益の存在は、地域国際社会の協調を促すことになる。

　第三に、国際インフラプロジェクトは協力体制を強化することにつながる。構想段階から始まって、計画策定、建設作業の各段階、さらには長期にわたる運営を通じて、官民様々なレベルでの協議・調整作業が行われる。そのための定期的な協議機関の設置や共同運営組織の設立などを通じて、関係国間の協力が確固たる体制を持つことになる。また、共同で事業を実現したといった達成感の共有、安全な運営を担っているといった責任感の共有などは、直接担当者レベルでの信頼感を生む。長期的には、こうした個人レベルの信頼感が、組織間の信頼感の醸成につながることになる。

　国境をまたぐインフラ（鉄道、道路、パイプラインなど）の整備は、このように地域の安定化につながる。日本は島国であって、こうした議論とは少し縁遠いところにいるが、日本企業はアジアを含む世界各地で事業展開をしており、これらの視点を見落としてはならない。アジア大陸内部での国際インフラ整備は、単に物流条件が改善するというのみならず、当該地域での事業環境の改善にもなるという視点を持つべきである。

（新井　洋史）

【追記】
　本章は，JSPS 科研費（課題番号 JP16K101972「中ロ国境地域経済の変容に伴う越境輸送高度化と北東アジアへの含意」）による研究成果の一部である。

【注】
1　Twenty-foot equivalent の略語。20 フィートコンテナに換算した個数。40 フィートコンテナ 1 個は 2TEU と計算される。
2　ただし厳密には，港湾統計では，一部の品目について，容積を重量に換算するなどしており，純粋に重量を集計しているわけではない。また，貿易統計では，品目の性質等により，重量，容積，長さ，個数などによって数量を把握しており，全重量を合計することなどはできない。
3　税関（Customs），入国管理（Immigration），検疫（Quarantine）の頭文字をとったものである。

【参考文献】
石田正美編（2010）『メコン地域　国境経済をみる』アジア経済研究所。
環日本海経済研究所編（2012）『北東アジアの直面する課題と国際協力』日本評論社。
津守貴之（1997）『東アジア物流体制と日本経済』御茶ノ水書房。
Asian Development Bank Institute（ADBI）(2009),"Infrastructure for a Seamless Asia".

第12章
アジアにおける発展途上国の選択
―自由貿易かインフラ整備か―

はじめに

　2010年9月，鳩山由紀夫民主党政権の崩壊とともに，鳩山由紀夫元首相によって提唱されてきた東アジア共同体構想の幕が下ろされるようになった。新しい内閣総理大臣になった菅直人氏は衆議院本会議における所信表明演説で東アジア共同体構想の代替案として，TPP（環太平洋戦略的経済連携協定）への参加検討を正式に表明した。それ以降，民主党政権から自民党政権への政権移行もあったが，民主党政権であろう，自民党政権であろう，TPPは日本の将来に関わる一丁目一番地の政策と位置づけ，主流メディアもこぞって政府の援護射撃を行い，一部のメディアはTPPを「平成開国」にたとえ，TPPなくしては，日本の成長なしとまで言われている[1]。

　しかし，TPPの真の目的はどこにあろうか。野村資本市場研究所の関志雄氏はネットブログ「中国経済新論」において，日本政府の建前と本音を探った[2]。関氏が指摘したように，日本は米国を軸とする太平洋地域との経済連携を強化，つまり，TPPへの加盟を望んでいる建前の理由は経済であるが，その本音は日米同盟関係を進化させ，経済・軍事大国として存在感を強める中国へのけん制という点であろう。

　こうした日米の本音を中国政府は見抜くのは決して難しいものではない。中国政府はTPPへの加入の可能性を慎重に検討しつつも，次第にアメリカ抜きの東アジア地域包括的経済連携（RCEP）を主軸に推進するようになってきた。それと同時に，2013年9月7日に，カザフスタンに訪問した中国の習近

平国家主席は「新シルクロード」構想を提起し，翌月の10月3日に，「21世紀海上シルクロード」とアジアインフラ投資銀行（AIIB）設立を提唱した。中国主導の「一帯一路」構想は次第にできあがってきた。TPPは高度な貿易自由化にかかわるルール設定を売り物にしているのに対して，中国が推進している東アジア地域包括的経済連携（RCEP）にしろ，提唱している「一帯一路」構想にしろ，貿易自由化のルール設定というより，比較的に緩やかな地域連携のもとで，途上国のインフラ整備を優先したうえで，新しい経済圏の構築を目指すものである。

今まで，日本において，TPPに加盟すべきか，それともRCEPに注力すべきかについて，日本国内問題，そして日米同盟問題に着目するものがほとんどである。しかし，アジアにおける多くの途上国，そして，これらの国々が置かれている状況を分析対象とする議論は極めて少ない。本章では，発展途上国であるネパールを事例に，日本政府が提唱している高度な自由貿易ルールを重視するTPPか，それとも中国政府が提唱しているインフラ整備を優先する緩やかな地域連携か，小国にとって選択はいかなるものかについて，検討してみたい。

第1節　TPPと一帯一路の成り行き

まず，TPP，そして，一帯一路が時系列的にどのように推移してきたかを確認したい。

2009年9月に誕生した民主党政権は，アジア外交の強化を目指すべく，中国や韓国を含む東アジア共同体構想の実現の可能性を模索した。当時の鳩山由紀夫首相は，東アジア共同体構想は中国の協力がなくては実現は不可能であるとして，日中関係の改善にも注力していた[3]。中国との関係が改善されている一方，日本の対米関係は普天間基地返還問題で座礁してしまい，孫崎（2012）が指摘したように，米軍基地移転問題と中国との接近という，アメリカの虎の尾を踏んだ鳩山はアメリカの圧力によって，失脚させられたのである。鳩山由紀夫首相の失脚とともに，東アジア共同体構想も次第にその姿が歴史の舞台か

ら消え去るようになった。その代わりに登場してきたのは，日米同盟の再強化と米国主導のTPPへの参加である。

　2010年10月1日，中国の国慶節に，菅直人内閣総理大臣が衆議院本会議における所信表明演説でTPPへの参加検討を表明したことを受けて，TPPへの参加は日本の将来を握る最重要課題とされた。2011年11月11日に，野田首相は「交渉参加に向けて参加国との協議に入る」と表明した。その後民主党政権から安倍自民党政権に交代しても，TPPの話題は冷えることもなく，2013年3月15日，安部首相がTPP交渉への参加を正式表明し，甘利内閣府特命担当大臣をTPPに関する総合調整の担当大臣に任命した。同年7月23日に安倍首相は，TPP交渉に日本が正式に参加することを決定した。

　そのわずか2カ月後の9月7日，中国の習近平国家主席はカザフスタンで「新シルクロード」構想を提起し，翌月の10月3日に，「21世紀海上シルクロード」とアジアインフラ投資銀行（AIIB）設立を提唱した。TPP交渉が，各国間の利害調整が難航し，順調に進められているとは言いがたい中，中国が提唱している一帯一路やAIIBの設立は急ピッチで進められてきた。2014年の10月24日に，北京で中国を含む21カ国がAIIB設立に合意し，12月29日に，中国の政府系銀行などによる共同出資でシルクロード基金が400億ドルで設立された。AIIBは，日本とアメリカの説得にもかかわらず，イギリスをはじめ多くのヨーロッパ先進国を含む創設メンバーが57カ国と確定され，5月22日に設立協定に基本合意が得られた。6月29日に北京でAIIB設立協定署名式が行われ，参加表明した57カ国のうち50カ国が署名した。8月24日に中国の金立群（元財政部部長）がAIIBの初代総裁に内定し，12月25日にAIIBは正式に発足した。2016年の1月16日に北京でAIIBの開業式典が行われた。中国によって提起された「一帯一路」構想はいよいよ本格的なスタートが始まったといえよう。一方，TPPについては，中国の「一帯一路」構想やAIIBよりいち早く交渉がスタートしたが，各国間の利害調整が難航したこともあって，2015年10月5日に米アトランタで開かれた参加12カ国の閣僚会合で大筋合意され，11月18日にフィリピンのマニラで開催されたTPP首脳会合で「環太平洋パートナーシップ（TPP）首脳声明」が発表され，2016年の2月4日にニュージーランドでTPP署名式が行われた。しかし，2016年

のアメリカ大統領選挙以後，合意された TPP に暗雲が立ち込めるようになった。そもそも，ヒラリー・クリントンとドナルド・トランプ両大統領候補はともに TPP に反対していた。日本はオバマ大統領在籍中にアメリカ議会での強行議決を期待していたが，アメリカの選挙情勢の急変に伴って不可能となった。ドナルド・トランプが大統領の座を勝ち取った後，安倍首相は早速に渡米してトランプ氏に説得を試みたものの，その努力も空振りとなった。2016年 11 月 22 日，安倍首相が外遊先のアルゼンチンで，環太平洋経済連携協定（TPP）について「米国抜きでは意味がない。再交渉が不可能であると同様，根本的な利益のバランスが崩れてしまう」と指摘し，トランプ次期米大統領に最後のアピールをしたものの，トランプ氏はそれを聞き入れる耳を持っていないようであった[4]。その直後に，トランプ次期米大統領はネットでビデオ演説を行い，オバマ政権が推進した TPP について，就任初日に「離脱を（他の参加国に）通告する」と明言した[5]。この発言をうけて，アメリカは事実上退場となり，TPP12 の継続可能性は相当危うくなってきている。

　そもそも，TPP と一帯一路の根本的な違いはどこにあろう。

　西村豪太（2015）『米中経済戦争 AIIB 対 TPP』には，中国の国家発展改革委員会対外経済研究所の張建平研究員が TPP と一帯一路の議論を西洋薬と漢方薬に例えていることが紹介されている[6]。こうした議論は，中国において，すでに定着している。中国の国家発展改革委員会の学術委員会秘書長である張燕生氏が TPP 推進派の急先鋒である慶應義塾大学 SFC の渡邊頼純教授との対談においても，TPP は西洋薬，RCEP や一帯一路は漢方薬にたとえて話をしていた[7]。

　TPP は，高水準の貿易・投資の自由化と広範囲で高水準の貿易・投資ルールを盛り込み，TPP を「21 世紀の地域貿易協定」のモデルとすることを目指している。つまり，加盟するすべての国々に単一性を求めるのである。さらに，貿易・投資の自由化以外にも，政治的な要素も含まれている。2013 年 3 月，安倍首相が TPP 交渉への正式参加に表明する際に，以下のような発言をしていた。

　「TPP の意義は，我が国への経済効果だけにとどまりません。日本が同盟

国である米国とともに，新しい経済圏を作ります。そして，自由，民主主義，基本的人権，法の支配といった普遍的価値を共有する国々が加わります。こうした国々とともに，アジア太平洋地域における新たなルールを作り上げていくことは，日本の国益となるだけでなくて，必ずや世界に繁栄をもたらすものと確信しております。さらに，共通の経済秩序のもとに，こうした国々と経済的相互依存関係を深めていくことは，我が国の安全保障にとっても，また，アジア・太平洋地域の安定にも大きく寄与することは間違いありません」。

つまり，「普遍的価値」を共有する国々の加盟は求めるものの，「普遍的価値」を共有できない国々のTPP加盟は認めないことになる。しかし，その議論はそもそも限界がある。現在TPP参加国の中に，ベトナム社会主義共和国も入っており，安倍首相のいうような「普遍的価値」を共有できるか大いに疑問が残る。この発言における問題点に気づいたかのように，2016年11月16日，日豪首脳による電話協議においては，安倍首相は「TPPはルールづくりといった経済的意義のみならず，基本的価値を共有する国々によって地域の平和と安定を確保するといった戦略的意義を持つ」と述べた。学術界において，「普遍的価値」という議論は極めて明確であるが[8]，基本的価値という概念は何を指しているのかは曖昧である。この「基本的価値」の背後に意図的排除要因が含まれていることは明らかである。

それに対して，RCEPにしろ，一帯一路にしろ，TPPと比べると，極めて緩い地域協力であり，そもそも，一帯一路の周辺国のなかにはWTO（世界貿易機関）にすら加盟していない国もある[9]。また，一帯一路の関連国の政治体制は極めて多様である。中国が提起している一帯一路は安倍首相のいうような「普遍的価値」を強要しない。つまり，多様性を認める地域協力である。一帯一路の目標は，周辺国のインフラ整備に協力しつつ，新興国や発展途上国の国々と二国間交渉によってFTAの形で具現化しながら，経済圏を拡大していくことになる。

第2節　アジアの発展途上国は何を求めているか？

　第12-1図は国際競争力から見たアジア主要国におけるインフラ整備に対する評価である（世界経済フォーラムが公表している「国際競争力レポート」による）。インフラの競争力の点数から見てわかるように，日本，そしてNIEsと言われている韓国，台湾，シンガポールと香港の点数は世界レベルから見ても，極めて高い。しかし，ネパール，パキスタン，バングラディシュ，モンゴル，ラオス，カンボジア，フィリピン，ベトナム，スリランカなどの国々の点数は世界平均より大きく下回っている。中国の次となる成長市場として注目されているインドの点数も世界平均以下である。

　アジア全体からみれば，インフラの遅れは国際競争力の足かせになっており，アジア域内における重要な政策課題であることが確認できる。TPPの加盟国に，日本のほかに，ブルネイ，マレーシア，シンガポール，ベトナムの4つのアジア国が入っている。これらの国々において，ベトナムを除けば，自由

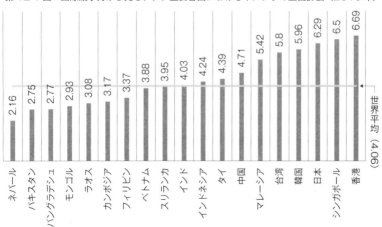

第12-1図　国際競争力から見るアジア主要各国におけるインフラの整備評価（2016年）

注：インフラの整備評価のスコアは1〜7。7に近いほど評価が高く，1に近いほど低いことを示す。
資料：世界経済フォーラム「国際競争力レポート2016-2017」より筆者作成。

貿易を促進する基盤となるインフラはすでに早い段階で整備されている。それと対照的に，インフラ整備が遅れている国々では，TPPのような貿易と投資の自由化協定になかなか入れないのが現状であろう。

　国際協力銀行（JBIC）が発表した日本企業の海外事業展開に関する調査報告書では，アジア諸国における課題として，インフラの未整備が挙げられている。2016年の調査書では，最も有望視されている海外事業展開先はインドである。しかし，調査対象の212社のうち109社はインフラの未整備を課題として挙げており，全体の51.4％を占め，課題として全体の1位に相当する。3位のインドネシアでは，152社中43社，全体の28.3％（課題として全体の5位），4位のベトナムでは，132社中41社，全体の31.1％（課題として全体の2位），フィリピンでは，42社中15社，全体の35.7％（課題として全体1位），ミャンマーでは，47社中28社，全体の59.6％（課題として全体の1位）となる[10]。

　また，2015年の同調査書では，アジア地域におけるインフラニーズと課題をテーマに調査を行った。インドにおいて，アンケートに答えた会社のうち77.2％の企業が，「問題がある／事業展開に支障がある」（24.1％）と「問題がある／事業展開にあたって支障はない」（53.1％）と答えた。また，同報告書は，「ベトナム，インドネシア，フィリピンについても問題があるとする回答が半数以上となっており，これらの国においては未だ電力インフラの改善の余地がある」と指摘した。同調査書において，その他に，パキスタン，バングラディシュ，ミャンマー，スリランカ，ラオス，カンボジアも調査対象にしており，その他というカテゴリーで，電力に対する評価を行ったところ，51.6％の企業は「問題がある／事業展開に支障がある」と回答し，さらに35.3％の企業は「問題がある／事業展開にあたって支障はない」と答えた。両方合わせると，86.9％の企業が電力不足という問題点を指摘した。同調査書において，工業用水，道路，鉄道，港湾，空港に対する調査も行った。電力と同様に，今まで海外事業展開先として注目されてきたASEANの主要諸国では，比較的満足できるインフラが整備されているとはいえ，まだまだ，改善する余地がある。それに対して，その他の国々は，インフラ整備は大きな課題となっていることがわかる。また，現地のインフラ整備状況が事業展開に与える影響につい

て，78.6％の企業は「現地のインフラ事情によっては進出しない」と答えた。事業展開を進めるにあたって，現地インフラの整備状況は重要な要素であり，現地進出の姿勢に大きな影響を与えているという認識が示された。

アジアで必要とされるインフラ投資額は，アジア開発銀行研究所（ADBI）の2010年9月の報告書によると，2010年から2020年までで総額8.5兆ドル，年計算では年間0.8兆ドルが必要とされている。また，OECDが2006年に出した報告書では，2010年から2020年にかけて，世界全体のインフラ投資額は年平均で1.9兆ドルと推定されており，そのうち，アジアのインフラ投資額は世界の約4割を占める。アジアにおけるインフラニーズの高さを物語っている。

しかし，同じアジアであっても，地域間のインフラ格差が極めて大きい。第12-1図からも，国際協力銀行（JBIC）が発表した日本企業の海外事業展開に関する調査報告書からもわかるように，日本やNIEsのインフラは世界をリードしている。中国も2000年以後，急速な経済発展とともに，インフラ整備も急速に整備されてきた。ASEANのいくつかの主要国，たとえば，マレーシア，タイもインフラ整備は早い段階で整備されており，ASEANの中でも特に高い点数を得ている。この2つの国はASEANの中でもインフラ先進国に位置付けることができる。しかし，一方で，インドネシア，ベトナム，フィリピン，カンボジア，ラオスといった国のインフラ整備は依然として大きく遅れており，投資先として敬遠される主要原因ともなっている。

ASEAN諸国と比べると，インフラニーズがより高いのは，南アジアであるといっても過言ではない。国際協力銀行の2016年報告書において，インドは最も有望視されている地域であると同時に，ほとんどの企業は未整備のインフラを問題視している。世界経済フォーラムが出している「国際競争力レポート2016-2017」において，インドのインフラ整備評価は世界平均以下である。その他の南アジア，たとえば，バングラディシュ，パキスタン，ネパールなどの国々において，インフラ整備の評価はインドよりも低く，言い換えれば，それらの国々のインフラニーズは極めて高いことがわかる。

勿論，自由貿易を進めることは極めて重要なことである。貿易自由化の重要性はすでに多くの先行研究が指摘してきた。たとえば，IMF（国際通貨基金）

が 1990 年に公表している報告書では，マクロ政策の安定が図られ，自由な貿易政策が取られ，金融市場の規制が小さい国ほど資本形成と TFP（全要素生産性）が促進され，経済成長率が高くなることが示されている。多くの政策リストの中でも貿易政策および資本の自由化政策は，長期的な経済成長を決定する重要な政策手段であるという認識が示されている。また，日本の経済産業省が発表している『通産白書』において，地域統合に関する経済理論を紹介している。自由貿易協定を締結して，自由貿易を行う際に，資源配分の効率性を与える静態的効果（Static Effects）と生産性上昇や資本貯蓄などを通じて域内の経済成長に影響を与える動態的効果（Dynamic Effects）があると指摘している[11]。戦後の日本，60 年代から 70 年代にかけての NIEs，そして，改革開放後の 90 年代以後の中国の飛躍的な経済成長は，貿易の重要性を物語っているといえよう。しかし，それらの国々が自由貿易を推進するにあたって，何より重要なことは基盤となるインフラの整備であることも明らかである。

自由貿易というのはモノを自由に動かすことである。そのため，物流は極めて重要となる。世界銀行には，160 の国々に対する物流効率を評価する LPI のデータベースが整備されている。第 12-1 表は一帯一路沿線各国の経済力および物流効率に対する評価を示したものである。ここから確認できるように，一帯一路の沿線国の多くの国々は低所得国や下位中所得国に属しており，それらの国々の LPI ランキングは極めて低い。また，それらの国の物流に関するインフラ整備ランキングも低いことがわかる。道路，鉄道，橋梁，空港，港湾などの物流関連するインフラがしっかり整備されなければ，海外からの輸入，国内生産されたものの輸出がうまく行えない。自由貿易協定を結んだとしても，貿易が経済成長に与える影響は限定的になることは自明であろう。

アジアの途上国において，自由貿易も重要であるが，それより以上に，自由貿易の基盤となるインフラの整備は最優先課題であろう。

第 3 節　ネパールの事例から考える

本節では，南アジアに属するアジアの中の低所得国の一つであるネパールの

第12-1表　一帯一路沿線各国の経済力および物流効率評価（2015年）

（LPI：Logistics Performance Index）

	国　名	GDP Per capita (current US$)	LPI Rank	LPI Score	Infrastructure rank	Infrastructure score
	低所得国（1,045ドル未満）					
1	アフガニスタン	590.3	150	2.14	154	1.84
2	ネパール	732.3	124	2.38	112	2.27
3	タジキスタン	925.9	153	2.06	130	2.13
	下位中所得国（1,046〜4,125ドル）					
4	キルギス	1,103.2	146	2.16	150	1.96
5	カンボジア	1,158.7	73	2.80	99	2.36
6	ミャンマー	1,203.5	113	2.46	105	2.33
7	バングラデシュ	1,211.7	87	2.66	87	2.48
8	パキスタン	1,429.0	68	2.92	69	2.70
9	インド	1,581.6	35	3.42	36	3.34
10	モルドバ	1,843.2	93	2.61	100	2.35
11	ベトナム	2,111.1	64	2.98	70	2.70
12	ウクライナ	2,115.0	80	2.74	84	2.49
13	ウズベキスタン	2,132.1	118	2.40	91	2.45
14	ブータン	2,532.5	135	2.32	151	1.96
15	フィリピン	2,899.4	71	2.86	82	2.55
16	インドネシア	3,346.5	63	2.98	73	2.65
17	アルメニア	3,499.8	141	2.21	122	2.22
18	エジプト	3,614.7	49	3.18	50	3.07
19	ジョージア	3,796.0	141	2.21	122	2.22
20	アルバニア	3,965.0	117	2.41	148	1.98
21	モンゴル	3,973.4	108	2.51	140	2.05
	上位中所得国（4,126〜12,745ドル）					
22	ボスニア・ヘルツェゴビナ	4,197.8	97	2.60	77	2.61
23	イラク	4,629.1	149	2.15	153	1.87
24	マケドニア	4,852.7	106	2.51	79	2.58
25	ヨルダン	4,940.0	67	2.96	62	2.77
26	セルビア	5,143.9	76	2.76	85	2.49
27	イラン	5,442.9	96	2.60	72	2.67
28	ベラルーシ	5,740.5	120	2.40	135	2.10
29	タイ	5,816.4	45	3.26	46	3.12

30	モンテネグロ	6,415.0	123	2.38	138	2.07
31	ブルガリア	6,819.9	72	2.81	101	2.35
32	トルクメニスタン	6,947.8	140	2.21	103	2.34
33	モルディブ	7,681.1	104	2.51	81	2.57
34	中国	7,924.7	27	3.66	23	3.75
35	レバノン	8,050.8	82	2.72	74	2.64
36	ルーマニア	8,972.9	60	2.99	58	2.88
37	ロシア	9,057.1	99	2.57	94	2.43
38	トルコ	9,130.0	34	3.42	31	3.49
39	マレーシア	9,766.2	32	3.43	33	3.45
40	カザフスタン	10,508.4	77	2.75	65	2.76
41	クロアチア	11,535.8	51	3.16	53	2.99
42	ハンガリー	12,259.1	31	3.43	32	3.48
43	ポーランド	12,494.5	33	3.43	45	3.17
高所得国 (12,746ドル以上)						
44	ラトビア	13,664.9	43	3.33	41	3.24
45	リトアニア	14,172.2	29	3.63	27	3.57
46	オマーン	15,645.1	48	3.23	34	3.44
47	チェコ	17,231.3	26	3.67	35	3.36
48	エストニア	17,295.4	38	3.36	44	3.18
49	サウジアラビア	20,481.7	52	3.16	40	3.24
50	スロベニア	20,713.1	50	3.18	43	3.19
51	バーレーン	23,395.7	44	3.31	48	3.10
52	クウェート	28,984.6	53	3.15	56	2.92
53	イスラエル	35,329.5	28	3.66	30	3.49
54	ブルネイ	36,607.9	70	2.87	66	2.75
55	UAE	40,438.4	13	3.94	13	4.07
56	シンガポール	52,888.7	5	4.14	6	4.20
57	カタール	74,667.2	30	3.60	28	3.57

注：① そのほかにスリランカ，東チモール，パレスチナ，ラオス，アゼルバイジャンなどの国も一帯一路に接する国であるが，データの制約上除く。② LPI のデータベースにおいて，収録されている国々の総数は 160 カ国である。物流効率指数（LPI）は，通関手続きの効率度，インフラの質，輸送価格競争力，物流サービスの品質，スケジュールの達成度，荷物追跡能力の 6 つの指標により総合評価される各国の国際物流サービスの評価である。5 に近いほど評価が高く，1 に近いほど低いことを示す。③ 高所得国，上位中所得国，下位中所得国，低所得国の区分は世界銀行の区分法に従う。

資料：世界銀行の WDI，LPI データベースより筆者作成。

事例を見る。

まず，ネパールの基礎的経済・社会状況について見てみよう。ネパールは，南北約193km，東西約885kmの東西に細長いヒマラヤ南麓の国で，その面積は約14万7000km^{2}である。北は中国，南はインドと国境を接する内陸国である。インドと中国の両大国に挟まれる内陸国ということもあって，長い間インドからの物資輸送への依存度が極めて高い[12]。世界銀行のデータベースから得られたデータをまとめてみると，2014年，ネパールの状況は第12-2表のようにまとめられる。年間のGDPは213.5億ドル，1人当たりGDPは762ドル，アジアにおける低所得国の一つである。また，対外輸出はわずか8.58億ドルに対して，輸入は77.87億ドルに上り，輸入依存率が極めて高い国である。道路の長さは2.6万kmに対して，舗装道路はわずか1.1万kmしかない。ま

第12-2表　ネパールの基礎的経済・社会状況（2014年）

GDP	213.5億ドル
1人当たりGDP	762ドル
GDP実質成長率	3.40%
物価上昇率	7.20%
外貨準備高	82.81億ドル
輸出	8.58億ドル
輸入	77.87億ドル
道路の長さ	2.6万km
うち舗装道路	1.1万km
鉄道の長さ	約34km
1人当たり電力使用量	128.1kw／時
都市人口比率	18%
1人当たり衛生支出	40ドル
物流効率評価	2.59ポイント
電力中断による経済的損失（販売額比）	17%

注：物流効率評価について，1-5ポイントで評価される。日本は3.91ポイント，中国は3.59ポイント。電力中断による経済的損失は2013年データ。他国と比べると，ネパールの値は極めて高い。
資料：世界銀行のデータベースにより筆者作成。

た，整備された鉄道の長さはわずか 34km しかない。物流効率評価はわずか 2.59 ポイント，第 12-1 表からみると，世銀の調査対象国 160 カ国のうち，物流効率評価は極めて低い国である。1 人当たりの電力使用量は 128.1kw ／時，停電による経済的損失は 17％と他国の比べると，かなり高い数値である。

筆者は 2016 年 3 月にネパールに現地調査を行った。ネパールの首都カトマンズはもちろんのこと，ネパールの大都市であるチトワン（Chitwan），そして，インドとの国境の町バイラワ（Bhairawa），さらに，中国の国境に近い小さな村にも足を運んだ。

インドとネパールの国境の町であるバイラワ（Bhairawa）に，ネパールとインドの国境線に 2 つの門があった。一つの門はネパール，もう一つの門はインドである。バス，トラックはこの 2 つの門をくぐれば，国境を超えることができる。ネパールの人々とインドの人々はビザなしで，往来することができる。ネパールの資材，商品のほとんどは右の写真のように，インドの国境を越えて，ネパールに運ばれてくるのである。国境のすぐ近くに荷物の集積所があって，インドから運ばれてくるものがネパール全国に散らばっていく。バイラワ（Bhairawa）はインドとつなぐ数多くの国境町の一つであるとはいえ，一つ主要なインド・ネパールの貿易町として知られている。しかし，国境周辺の道路はほとんど整備されておらず，国境をまたがる道路はわずか 2 車線しかなく，インドからネパールに入ってくる車の列が絶えることはなかった。

ネパールの物流輸送手段はほぼ 100％，道路に依存している。しかし，ヒマラヤ山脈を持ち上げる大断層の直上に位置することもあって，地震のリスクは極めて高い。2015 年 4 月 25 日に発生した大地震で多くの死者が出たことは記憶に新しい。首都カトマンズでも，多くの歴史文化財が倒壊し，政府の建物やネパール屈指のトリブバン大学の校舎など，震災発生後，ほとんど復旧できないままである。第 12-2 表に舗装道路の記載があったが，実際に車を走ってみると，震災後，土砂崩れのところや，変形された道路は手付かずのまま，日本のいうような舗装道路のイメージと全く異なるものである。物流はすべて道路に依存しているため，道路の渋滞状況に極めてひどい。また，輸送量にも限界がある。

ネパールでは鉄道はほとんど整備されていない。現在運行しているの

インドとネパールの国境（Bhairawa）　　首都カトマンズの主幹道における大渋滞

ゴミと共存する住民たち

出所：2016年3月筆者撮影。

は，インドのジャイナガルとネパールのジャナクプルを結ぶジャナクプル鉄道（Janakpur Railway；路線長 28.9km，1934 年建設）だけであり，もう一本の sirsiya 鉄道（わずか 5.4km）が 2000 年に着工した。ともにインドの援助で作られているものである。ネパールは ESCAP（アジア太平洋経済社会委員会）の国々の中で，鉄道路線の長さが最も短い国である。ネパールにとって，鉄道インフラの整備は物流や人的移動の効率向上にとって必要不可欠なものである。

また，ネパールに急峻な地形から発電所の多くは水力に依存している。モンスーン期（6～9月）の降雨により，電力の不足はある程度解消することができるが，山間部で地滑りや河川浸食がしばしば発生し，道路が破壊されやすい一面もある。しかし，乾期（11～4月）には降水量が減少し，水力発電量が急減することで，大変の電力不足が生じてくる。実際，今回ネパールを訪問し

たのは3月で，ちょうど乾期に当たる時期で，ネパール全国各地を回っているが，首都のカトマンズを含めて，大変の電力不足に強いられていた。夜になると，町中が黒闇に包まれ，停電するのは日常茶飯事である。安定した電力供給ができなければ，経済を発展させることは困難であろう。

今回のネパールにおける現地調査では，ネパールの議会秘書長であるManohaar Prasad Bhattrai 氏や教育大臣である Hon. Giriraj Mani Pokharel 氏，そしてトリブバン大学の学長 Tirtha Khaniya 教授をはじめ，さらに産業界の方々と会談と意見交流を行ってきた。「ネパールは今まで，日本のODA等々でインフラの整備が進められてきたとはいえ，国全体として，経済発展をより一層進めるため，中国が提起した一帯一路はネパールのインフラ整備にとって大いなるチャンスだ」という認識を示してくれた[13]。

筆者が日本に戻った直後に，ネパールのオリ前首相は2016年3月20日から27日にかけて，中国に訪問，22日に中国人民大学において「一帯一路」に関するテーマで講演を行った。そして，ネパール首相が訪中する際に，ネパールと中国につなぐ鉄道（最終的にネパールの3大都市を鉄道でつなぐ）を建設することやネパールの第二の都市・ポカラ（Pokhara）における国際空港の建設など10項目にわたる協定書を結び，ネパールにおけるインフラ整備の加速が見込まれる。

おわりに

最近の地域統合や地域協力はTPPを代表するような加盟するすべての国々に単一性を求めるものと，RCEPや一帯一路のような多様性を認めるものがある。本章で述べてきたように，アジアの多様性から，単一性を求めるのは決して簡単なことではない。多様性を認めつつ，貿易の自由化を促進するための基盤作り，すなわち，インフラの整備は最優先課題にすべきであろう。特に，本章で取り上げたネパールのように，ネパールの人々は経済の成長と生活の改善を強く求めている。しかし，インフラにおける不備は，貿易の促進，経済の成長，そして人々の生活の改善にとって大きなボトルネックとなっている。地

域統合や地域協力において，往々にして，先進国の立場が優先されがちであるが，発展途上国のニーズと要求もしっかり取り込まれなければならない。こうした意味において，TPPよりも中国が提起する一帯一路や中国が主導権を握っているRCEPは途上国に受け入れやすいものである。

　日本が主導権を握るTPPと中国が主導権を握る一帯一路の対立から，アジアにおける地域統合や地域協力の流れを断ち切ることは決して許されるものではない。最近になって，流れは少しずつ変化が見られるようになった。当初，日本はAIIBへの参加は極めて消極的であった。しかし，日本が主導権を握るアジア開発銀行（ADB）と中国が主導権を握るアジアインフラ投資銀行（AIIB）における業務協力も行われるようになった。2016年5月2日にドイツのフランクフルトで開催されたアジア開発銀行（ADB）の年次総会において，中尾武彦総裁が行った記者会見で，アジアの持続的な経済成長に向け，中国が主導するアジアインフラ投資銀行（AIIB）と協調融資に向けた覚書を結んだことを発表した。6月10日に，ADBはAIIBと最初の協調融資となるパキスタンの高速道路建設プロジェクトに対する1億ドルの融資を承認した[14]。これをきっかけに，日中協力によって，RCEPや一帯一路を媒体として，関連する周辺の途上国のインフラニーズに満たしつつ，地域全体の貿易を活性化し，より活力のあるアジアを作っていくことを期待したい。

（徐　一睿）

【追記】
　本章はJSPS科研費（課題番号JP16K02002「『一帯一路』における中国国内の地域経済への影響に関する実証研究」）による研究成果の一部である。なお，本章にはネパールにおける現地調査（2016年3月実施）の調査結果を載せている。ネパールにおける現地調査にあたり，嘉悦大学経営経済学部のビシュワ ラズ カンデル先生のご協力に格別な感謝をしたい。

【注】
1　「TPP方針『平成の開国』は待ったなしだ」『読売新聞』2010年11月10日付，「TPP参加へ 日本に有益な『開国』の決断」『読売新聞』2011年11月12日付。
2　関志雄（2011）「TPPを巡る日米中の三国志」『中国経済新論：実事求是』（http://www.rieti.go.jp/users/china-tr/jp/ssqs/111117ssqs.html，2016年12月20日アクセス）。
3　「鳩山由紀夫首相は19日，首相官邸で中国の元駐日大使，王毅・国務院台湾事務弁公室主任と会談した。王氏が鳩山政権発足後に『日中関係は明らかに前向きに進展している』と評価すると，首相は『中国との関係を重視しており，様々なレベルで交流を深めていきたい』と応じた」。日本経

済新聞 2010 年 3 月 19 日付。
4　「首相『TPP 米抜きでは意味ない』」『日本経済新聞』2016 年 11 月 22 日付。
5　「TPP 離脱『初日に通告』トランプ氏が明言」『日本経済新聞』2016 年 11 月 22 日付。
6　TPP は西洋薬のように，飲めばすぐ効果が出る反面副作用も大きい。それに対して，一帯一路は漢方薬のように，効果がすぐに出てくることはないが，じわじわと効果が現れてくる，と指摘している。
7　両氏の対談は，筆者も同席していた。
8　普遍的価値は「各々の文明や宗教に依らない人類共通の価値」のことを指し，一般的に，自由，民主主義，基本的人権，法の支配などが含まれる。
9　たとえば，アフガニスタン，セルビア，ジョージア，パレスチナ，アゼルバイジャン，ベラルーシなどの国々は WTO に加盟していない。
10　海外事業展開に有望な国として，1 位インド，2 位中国，3 位インドネシア，4 位ベトナム，5 位タイ，6 位メキシコ，7 位米国，8 位フィリピン，9 位ミャンマー，10 位ブラジルである。そのうち 2 位の中国と 5 位のタイにおいては，インフラの未整備は重要課題にアップされていない。
11　経済産業省ホームページ（http://www.meti.go.jp/policy/trade_policy/epa/html/fta_effects.html，2016 年 12 月 20 日アクセス）
12　インドに依存するのは歴史的原因もあるが，何より，中国との国境線はヒマラヤ山脈が連なっているため，モノの輸送はしにくい。一方，インドとつなぐ国境はほとんど平らな平原地域であるため，モノの輸送はしやすい。
13　カトマンズの市中心部に，日本の ODA によって建設された道路がある。この道路はネパール国内において，数少ない交通信号をついた道路である。しかし，電力不足が故に，こちらの道路において，信号が飾りものとなり，全く機能していないのは現状である。ODA のあり方が問われる。
14　実際，2016 年 3 月に，筆者が国際協力銀行（JBIC）で行ったヒアリング調査で，ADB と AIIB の協力可能性について，ハイレベルの調整が早い段階で行われてきたという事実を把握している。

【参考文献】

瀬端孝夫（2013）「鳩山民主党政権と既得権勢力」『長崎県立大学国際情報学部研究紀要』第 14 号。
孫崎享（2012）『アメリカに潰された政治家たち』小学館。
ADBI Working Paper Series (2010), *Estimating Demand for Infrastructure in Energy, Transport, Telecommunications, Water and Sanitation in Asia and the Pacific: 2010-2020*, September.
OECD (2006), *Infrastructure to 2030: Telecom, Land Transport, Water and Electricity*, June.
IMF (1990), *World Economic Outlook*.

第13章
東アジアにおける環境問題と国際協力

はじめに

　東アジア諸国は1997年のアジア通貨危機からの回復や危機再来の回避を目指して，貿易自由化や地域経済統合などに取り組み，世界経済の牽引役になり，世界経済における重要度を高めてきた。一方，経済発展に伴い「環境問題」，「環境破壊」などの言葉やニュースもよく耳にするようになった。今時の若い人にとって，四日市ぜんそく，水俣病のような「公害病」はすでに展示館や資料からしか見られない歴史的存在となった。しかし，同じような公害病は経済発展中の国から絶えず発生しており，これから経済発展を図る国から同じことが重複されるであろうと考えられる。自分の周りに深刻な環境問題が発生していないからといって安易に考えてはいけない。環境問題は人々の生産活動及び生活スタイルによって生じ，様々な形で人々に影響を与えている。時には国境を越えてその影響が広がっている。

　その影響を考える際に，人々は，私たちはどのような環境問題に直面しているのか？　環境問題は生産活動，生活スタイルとどのような関わりがあるのか？　などの疑問を自然に持つようになる。この章ではそのような問いに答えつつ，生活向上を目指す経済成長と環境を配慮した保全を共存し得るものにするにはどうすればいいのか？　を考えながら読んでいただきたい。

第1節　環境問題

　最近もっとも話題になっているのは，気管支や肺の奥まで入りやすく健康への影響が大きいと懸念されるPM2.5（微小粒子状物質）の拡散情報である。しかし，このような話は環境問題の氷山の一角にすぎない。ここでは人々の日常生活と密接に関係する大気汚染，水汚染，地球温暖化などの環境問題について紹介する。

1．水汚染

　都市化の進展，産業活動の拡大，そして化学肥料に依存する農業により，地下水，湖沼，河川の水質が汚され，沿岸部の海洋域に汚染が生じ，直接人々の健康に影響を与えている。ここでは産業活動により引起こされた水汚染問題を例に挙げる。

　日本の四大公害病の一つとしてよく知られる水俣病は，熊本県水俣市の新日本窒素肥料株式会社（後のチッソ株式会社）の工場及び新潟県鹿瀬町（現阿賀町）の昭和電工株式会社の工場から排出されたメチル水銀汚染により引き起された中毒性の神経系疾患のことである。主要な症状として，四肢末梢神経の感覚障害，運動失調，言語障害や手足の震えなどがあり，軽症の場合には，頭痛，疲労感，味覚・嗅覚の異常，耳鳴りなどが見られる。

　同じ水銀による水汚染問題は日本の他に東アジア地域の他の国でも起こっている。中国の吉林省から黒竜江省にかけて流れる松花江流域では水銀汚染が報告され，魚が減少して漁業が壊滅したためにかえって人体に対する被害はそう著名ではなかったが，川への水銀の流出量は生産が停止した今なお残留している可能性があるとされている。モンゴルではダルハンオール・アイマグ，ホンゴル・ソムなどの各地で金の採掘が盛んであり，採掘による水銀事件が報告された。採金労働者は3〜4万人と公表されているが実際には10万人ともいわれている。インドネシアでは1980年代にジャカルタ湾でも水銀汚染があり，胎児性水俣病が発生したと報じられたことがあり，その証拠はなかったが，様々

な複合汚染が進行していたことは明らかになった[1]。その他にマレーシアやタイ南部での錫鉱山の開発によるヒ素中毒事件が多数報じられた。

2. 大気汚染

　大気汚染による深刻な影響に対する意識の向上に伴い，アジア諸国は大気環境基準を定め，特定排出源，特に自動車，工場や発電所からの排出削減対策を行い，また，人口密集地域から工場を移転させるといった対策を通じて，大気汚染問題への様々な対応を図ってきた。ここでは，人体に健康被害を及ぼす代表的な大気汚染問題の原因物質となる窒素酸化物，硫黄酸化物，浮遊粒子状物質や光化学スモッグなどを取り上げる。

(1) 窒素酸化物（NOx）

　人為活動により排出される窒素酸化物は移動発生源（自動車や飛行機など）による排出割合が大きく，一定条件の下で光化学スモッグや酸性雨などを引き起こす大気汚染原因物質となる。窒素酸化物は増加傾向にある都市が多く，アジア地域における多くの国では経済成長とともにモータリゼーションが進展し，大都市では移動発生源による大気汚染，気候変動などの環境問題が特に顕著である。

　総務省統計局の公表データによると，2006年から2012年にかけて，中国，インド，タイとマレーシアの自動車保有台数がそれぞれ195％，82％，48％と46％増加した。生活向上を目指す生活スタイルの変化による自動車保有台数の増加は大気汚染を深刻化させることになる。

(2) 硫黄酸化物（SOx）

　硫黄酸化物は硫黄分を含む石油や石炭の燃焼により生じる大気汚染物質であり，かつて四日市ぜんそくなどの公害病や酸性雨の原因となった。

　酸性雨とは，硫黄酸化物（SOx）や窒素酸化物（NOx）などの大気汚染物質が硫酸や硝酸などに変化し，雲を作っている水滴に溶け込んで雨や雪などの形で地上に沈着する現象（湿性沈着）である。広義にはガス・エアロゾルとして直接地上に沈着する現象（乾性沈着）を含む。その結果，森林，土壌，湖沼な

どの生態系への影響をはじめ，建造物の劣化や人体への影響などが懸念される。酸性雨はまた，その原因物質の発生源から数千キロメートル離れた地域にも被害を及ぼすことが知られている。このため，酸性雨問題の解決には各国が協調して取り組む必要がある[2]。

EANETの年降水量のPH値のデータ（湿性沈着）によると，2000年から2014年にかけて，タイとベトナムでは弱酸性であったPH値が大幅に改善された。一方，日本は11カ所の観測地において8カ所が更に悪化傾向を示し，残りの3カ所は改善が見られたが依然として弱酸性（PH値4.7前後）を呈している。

(3) 浮遊粒子状物質（SPM）

『環境白書（2017年版）』には大気中に浮遊する粒子状の物質（浮遊粉じん，エアロゾルなど）のうち粒径が$10\mu m$（マイクロメートル：μm = 100万分の1m）以下のものを浮遊粒子状物質と定義されている。PM2.5は粒径が$2.5\mu m$以下の微小な粒子状物質であり，極めて微小な固体粒子と様々な組成を有する液滴とから成る複合混合物であり，輸送機関からの排出，ダストの風による巻き上げ，バイオマス燃焼及び工業活動からの排出等による一次あるいは二次的な発生源に由来する[3]。

経済発展につれ，移動発生源となる自動車保有台数も増加してくる。中国環境保護部によると，北京の場合，PM2.5の24％が自動車によるものだと言われている。そして韓国の首都圏でも，2010年にはPM2.5の49％が自動車などの移動汚染源だと言われている（韓国環境部）[4]。

(4) 光化学スモッグ

光化学スモッグは工場・事業場や自動車から排出される窒素酸化物（NOx）や揮発性有機化合物（VOC）などが太陽の紫外線を受けて光化学反応を起こすことにより，光化学オキシダント（オゾンやアルデヒド）エアロゾルを生成し，それらが空気中に滞留してスモッグ状態になることを指す。いわゆる光化学スモッグの原因となっている物質である。光化学オキシダントは強力な酸化性のため，高濃度では目やのどへの刺激や呼吸器に影響を及ぼす恐れがあり，

植物や農作物などにも影響を与える。

3．地球温暖化

　人間の生産活動の拡大により二酸化炭素，メタンなどの温室効果ガスが大量に大気中に排出されることで地球が温暖化している。特に二酸化炭素は，化石燃料の燃焼などによって膨大な量が人為的に排出されている。都市中心部は人為発生源からの温室効果ガスが最も多く排出されている場所でもある。

　気候変動に関する政府間パネル（IPCC）により公表された第5次評価報告書統合報告書においては，温室効果ガスの継続的排出は更なる温暖化と気候システムのすべての要素に長期にわたる変化をもたらし，それにより，人々や生態系にとって深刻で広範囲にわたる不可逆的な影響が生じる可能性が高まるとされている。

　多くの場合，大気汚染物質と地球温暖化ガスは同じ排出源から排出されたものである。そのため，大気汚染対策と気候変動対策を同時に推進できる大気汚染抑制策が必要であると指摘されている。

4．越境環境問題

　水汚染，大気汚染などは人々の生活の基盤となる土壌，河川や空気を汚し，時には水の流れや海流に乗って，風に乗って発生源の汚染域の周辺地域ないし近隣国にまで影響を及ぼすことになる。近年国境を越えての環境問題が顕在化してきている。

　2002年の夏季から秋季にかけて，日本海側の定置網にエチゼンクラゲが大量に入ることで，漁網を破ったり網に入った魚を死亡させたりして日本海の漁業に大きな被害を与えた。それ以降ほぼ毎年発生し，日本海に大量に押し寄せ始めた。エチゼンクラゲの大量発生の原因として，産卵地である中国黄海沿岸の開発進行による富栄養化，地球温暖化による海水温上昇，過剰漁獲による動物プランクトンの余剰などがあげられている。エチゼンクラゲが大量に発生すれば，その影響は日本海のみならず太平洋側にも及ぶ可能性があると分析されている[5]。

　また，中国北京で2016年12月中旬から連続数日重度のスモッグが続き当局

に警報が出されたとのニュースが大きく報道された。北京市環境保護検測センターによると14日（現地時間）午前10時を基準にPM2.5の濃度が288μg／㎥を記録されたとした。これは世界保健機関（WHO）が設定した基準値を11倍も超えた値である。東京農工大学の畠山教授は長距離越境汚染の影響を受けやすい北九州に位置する長崎県福江島と福岡市においての観測・解析を通じて，大陸からPM2.5が運ばれていると考えられると指摘した。中国大陸で発生した大気汚染物質が偏西風に乗って日本や韓国に飛来することが危惧されている。

しかし，環境汚染問題の影響はそれだけにとどまらない。環境汚染問題が一朝一夕になされたことではないのと同様に，汚染問題を解決するにも長い年月が必要とし，改善されるまで人々は健康上，経済上に莫大な代償を払うことになる。

5．健康被害

(1) 水汚染による影響

日本の熊本県水俣市で発生した工場排水による汚染事件において，新日本窒素が排水を無処理で水俣湾へ排出し始めたのが1946年からであったが，1956年に初めて水俣病として報じられ，1959年に水俣病の発生源が工場排水であることが明らかになるまで十数年がかかり，1968年の厚生省による水俣病とメチル水銀化合物との因果関係の公式認定にまで更に9年の歳月が経った。その間，すでに汚染が広がり，幼児を含めた多くの犠牲者が出されていた。

(2) 大気汚染による影響[6]

アジアにおける急速な経済発展の結果，大気中の主な汚染物質の濃度によって決定される大気環境は近年更に悪化しており，今後40年に亘って更に悪化の傾向にあるものと推測される。都市域においては，過去10年間のPM10のレベルが世界保健機関（WHO）の年間ガイドライン値を著しく超過しており，より深刻である。世界保健機関は，毎年，大気汚染に関係して700万人の早期死亡が発生すると積算しており，大気汚染は世界における単一では最も大きな環境から健康へのリスクとなっている。地域別の2012年における環境大

気汚染に起因する総死亡者数のうち，約88％が世界人口の82％を占める中および低所得の国々で生じ，地域的にはWHOが規定する東南アジアおよび西太平洋地域の中および低所得の国々が最も大きな割合を占めており，同地域において屋内大気汚染に関連して330万人，屋外大気汚染に関連して260万人が，それぞれ死亡したとされている。死亡者疾患の内訳をみると，虚血性心疾患，卒中と慢性閉塞性肺疾患が9割前後，小児における急性下気道感染症と肺がんが1割前後を占めることが示された。

(3) **地球温暖化による影響**[7]

温暖化は人々の健康や，生活や活動に直接的あるいは間接的に影響を与えると予測されている。

直接影響としては，暑い日が連続する熱波の発生により熱中症患者が増加したり，光化学スモッグなどの大気汚染が増加したり，食中毒が増加するなどの健康影響が発生する。特に大都市で夏に暑い日が続くと，ヒートアイランド現象も加わり，例えば東京の場合，1日の最高気温が30℃をこすと熱中症患者が発生し始め，救急車の搬送数が増加し，35℃をこえると急激に増加するという傾向があるとされている。

間接影響としては，媒介生物などの生息域，活動の範囲が拡大し，例えばマラリアやデング熱などの蚊によって媒介される感染症が日本にも起きる可能性があり，西南日本も潜在的なマラリア感染地域に入る可能性も指摘されている。2014年8月に70年ぶりとなる海外渡航歴のないデング感染者が日本国内で相次ぎ出たことで代々木公園が一時期立ち入り禁止となった事例が今でも思い出される。

また人間の生活が多様化するとともに温暖化による異常気象などの後に発生する事後的（二次的）影響も考慮するべきである。

6．経済的影響
(1) **経済損失**

世界銀行が2013年の「厚生の損失（人々が大気汚染によって早死にしないために要するコスト）」を，世界で総額約5兆1000億ドル（522兆円）にのぼ

ると算出した。また急激な産業化が進んでいる東アジアと太平洋地域では厚生の損失がGDPの7.5％に達するとされた。

2006年9月7日に中国国家環境保護総局と国家統計局が公表した「中国グリーン国民経済計算研究報告2004」では，中国の環境汚染による経済損失は5118億元（約7兆5000億円）にのぼり，同年の中国の国内総生産（GDP）の3.05％に達する中，水汚染によるは損失が全体の55.9％，大気汚染による損失は全体の42.9％を占めるとされた。

(2) 貿易を通じての環境負荷の転嫁

グローバル化，地域統合が進む中で，貿易と環境の関係も環境問題の重要な論点となっている。東アジアにおける諸国は貿易を通じて他国にCO_2の排出負荷を負わせるあるいは他国の肩代わりをしている。

東アジア地域において1990年代後半から中間財における貿易が盛んになり東アジア域内での調達が増えてきていた。日本の中間財における輸入先をみると，1997年では米国が1位を，中国と韓国がそれぞれ2位と3位を占めていた。しかし，2012年になると，中国が米国を追い抜き，日本への輸出が最も多い国なった。「世界の工場」と言われる中国が名実相伴ってアジア諸国への第一の輸出国となったが，輸出のための生産が増えて経済発展に寄与する反面，工業活動による汚染物質の排出が増えることとなり，環境負荷を他国の肩代わりすることになる。しかし，近年中国経済の減速，東南アジア諸国の開発の進行に伴い，貿易構造の変化により，東アジア地域における環境汚染が更に広がることが懸念される。

第2節　国際協力

東アジア地域においては，多くの国が経済発展を目指して開発を進めているところである。経済発展と環境保全の共存のために，「持続可能な発展」という理念が1987年に「環境と開発に関する世界委員会」により提起された。持続可能な発展のために，東アジアにおける環境問題はそれぞれの国が対策を打

ち出す必要があるだけではなく，国際的な協力も必要である。ここでは越境汚染をめぐる東アジア地域環境における多国間協力と民間レベルでの NGO 活動についていくつか紹介する。

1．多国間国際協力
(1) 東アジア酸性雨モニタリングネットワーク（EANET）
　EANET は東アジア地域における酸性雨の現状やその影響を解明するとともに，この問題に対する地域協力体制の確立を目的として，各国の自主的な参加，貢献の下で設立されているネットワークである。参加国は共通の手法を用いて酸性雨のモニタリング（湿性沈着，乾性沈着，土壌・植生，陸水の4分野）を行っており，得られたデータはネットワークセンターに集積され，解析，評価及び提供がなされている。2001 年から本格的に稼働しており，現在，東アジア地域の 13 カ国（カンボジア，中国，インドネシア，日本，韓国，ラオス，マレーシア，モンゴル，ミャンマー，フィリピン，ロシア，タイ及びベトナム）が参加している[8]。

(2) 北東アジア準地域環境協力プログラムによる取組
　北東アジア準地域環境協力プログラム（NEASPEC）は，外交ルートを通じた北東アジア初の包括的な公式な環境協力プログラムである。NEASPECは 1993 年，韓国の提唱を受け，国連アジア太平洋経済社会委員会（UN/ESCAP）により域内 6 カ国（日本，韓国，中国，モンゴル，ロシア及び北朝鮮）の外務省高級事務官が参加する高級事務レベル会合の場で合意された。具体的な活動としては，エネルギー・大気汚染関係，エコシステム管理，キャパシティ・ビルディング（Capacity Building）を優先分野として特定している[9]。

(3) アジア・コベネフィット・パートナシップ（ACP）
　ACP は 2010 年 11 月に創設され，アジアの途上国における環境汚染対策と温室効果ガス排出削減を同時に効率的に推進するための方策検討に積極的に参画するとともに，ウェブサイト（http://www.cobenefit.org/）やコベネフィッ

ト白書の出版を通じ，コベネフィット・アプローチの普及啓発に取り組んでいる[10]。

(4) アジア水環境パートナーシップ（WEPA）

WEPA はアジア地域を中心に水環境管理体制の強化を目指して，水環境に関するデータベースの構築や定期会合の開催などを通じた情報共有や水環境ガバナンス分析などを行っている環境省の水問題に関する国際協力事業である。パートナー国として，カンボジア，中国，インドネシア，韓国，ラオス，マレーシア，ミャンマー，ネパール，フィリピン，スリランカ，タイ，ベトナム，日本がある[11]。

2．環境 NGO

環境問題を解決する上で，政府間のコミュニケーションと協力が必要とされるが，政府間で構成される国際機関などによる取組には限界もある。今では，環境協力の枠組みが大きく変化，発展しており，地域社会のニーズに応じ，政府から独立した NGO などの国境や国益を超えた活動を行う民間主導の取組も多く行われている。

(1) 東アジア環境情報発伝所

2001 年から日中韓環境情報共有事業を開始し，2002 年秋から日中韓環境情報 3 言語サイト "ENVIROASIA" を共同運営している。2008 年 10 月に新潟市で開催した第 4 回東アジア環境市民会議では中国の水汚染の現場で活動する草の根環境 NGO18 団体からスタッフら 20 人が参加し，新潟水俣病の経験を共有した[12]。

(2) アジア財団（The Asia Foundation）

1952 年に設立されたアメリカの事業財団であり，政府補助金および民間寄付を主な財源として東アジアや南アジアを対象に広範な開発援助事業を行っている。

(3) グリーン・ピース (Greenpeace)

世界規模の環境問題に取り組む国際環境 NGO であり,「脱原発」と「自然エネルギーの確実な導入」, そして「持続可能な漁業と農業の実現」を最優先に, 消費者や生産者とともに, 企業や政府に働きかけている[13]。

(4) クライメート・グループ (The Climate Group)

2004 年に設立された気候変動対策に特化した初の国際 NGO である。本部は英国で, 中国, 米国とオーストラリアに支部を持つ[14]。

おわりに

この章で言及された環境問題はすでに高みの見物のところではなく, 私たちの日々の生活と健康, 将来の生き方に対する選択に影響を及ぼすことになっている。物質的・経済的な豊かさを追求し, 便利で快適な生活を送れるようになると同時に, あなたは豊かさや環境をどのように認識し, 環境問題をどのように受け止め, どのように選択するのであろうか? 「地球村」に住む東アジア地域の一員として一度自分に問いかける必要があるのではなかろうか。

(金　　丹)

【注】
1 日本環境会議 (2010), 343-344 頁。
2 中国環境問題研究会 (2009), 77-78 頁。
3 東アジア酸性雨モニタリングネットワーク (2014), 21 頁。
4 天児・李編 (2016), 168 頁。
5 柳・植田 (2010), 21 頁。
6 東アジア酸性雨モニタリングネットワーク (2014), 5, 18 頁。
7 牧野他 (2008), 22 頁。
8 環境省 (2015), 427 頁。
9 中国環境問題研究会 (2009), 83 頁。
10 環境省 (2015), 300 頁。
11 環境省 (2015), 413 頁。
12 中国環境問題研究会 (2009), 437 頁。
13 グリーン・ピース Web サイト (http://www.greenpeace.org/japan/ja/, 2016 年 12 月 20 日ア

クセス）。
14　クライメート・グループ Web サイト（http://daily-ondanka.es-inc.jp/report/world_06.html, 2016 年 12 月 20 日アクセス）。

【参考文献】
天児慧・李鐘元編（2016）『東アジア 和解への道―歴史問題から地域安全保障へ』岩波書店。
江守正多・気候シナリオ「実感」プロジェクト影響未来像班（2012）『地球温暖化はどれくらい「怖い」か？―温暖化リスクの全体像を探る』技術評論社。
川名英之（2011）『世界の環境問題 第 7 巻』緑風出版。
環境省（2015）『環境白書（平成 27 年版）』日経印刷株式会社。
金丹・朴俊介（2016）「東アジア地域の中間財における国際分業の進展」『北東アジア地域研究』Vol. 22, 北東アジア学会。
厳網林・田島英一編（2013）『アジアの持続可能な発展に向けて―環境・経済・社会の視点から』慶應義塾大学出版会。
中国環境問題研究会（2009）『中国環境ハンドブック 2009 − 2010 年版』蒼蒼社。
通商産業省通商政策局経済協力部（1997）『アジアの環境の現状と課題』通商産業調査会出版部。
デビッド・オコンナー／寺西俊一・吉田文和・大島堅一訳（1996）『東アジアの環境問題』東洋経済新報社。
日本環境会議・「アジア環境白書」編集委員会（2010）『アジア環境白書 2010/11』東洋経済新報社。
畠山史郎（2014）「中国の PM2.5 と越境する大気汚染」『東京農工大学―上智大学共催シンポジウム』。
東アジア酸性雨モニタリングネットワーク（2014）『政策決定者向け報告書：持続可能な発展のための EANET 及び清浄な大気環境』。
牧野国義他（2008）『環境と健康の事典』朝倉書店。
柳哲雄・植田和弘（2010）『東アジアの越境環境問題―環境共同体の形成をめざして』九州大学出版会。
李国柱・李从欣（2009）「中国環境汚染経済損失研究論評」『統計与決策』2009 年第 12 期, 湖北省統計局統計科学研究所（中国語）。
総務省統計局（2009-2016）『世界の統計』。
OECD 統計（2000-2012）ホームページ（http://stats.oecd.org/）。
EANET（2000-2014）ホームページ（http://www.eanet.asia/product/index.html#datarep）。

第 14 章
東アジアにおける小売業の協力と競争
――日韓小売企業の中国進出を中心に――

はじめに

　本章では，日本および韓国の小売企業の中国進出に焦点を当て，当該市場への進出要因と進出後の経営展開を分析する中で，中国小売業にどのようなインパクトを与えたのかを具体的に考察し，これを通じて，中国市場における東アジアの小売業の協力と競争の全体像を浮き彫りにすることを目的とする。

　中国では改革開放以降の経済は飛躍的に発展し，また生産技術が革新したことで大量の商品が市場で流通するようになり，住民の所得が向上しつつある。こうした状況の中で，小売業を含む流通業の発展環境には激しい変化がもたらされ，生産と消費を繋ぐ小売流通分野の改革が不可欠となった。

　遅れていた小売業を発展させるために，中国政府はようやく 1992 年 7 月に，外資系小売企業の導入を中心とした対外開放政策を打ち出した。その目的は先進国で普及した小売経営の知識などを中国市場に移転し，追加的なイノベーションを引き起こしながら，キッチアップ型の小売流通近代化を推し進めることを狙ったものである。

　しかしながら，小売業は生活にとって最も身近なものであり，一般住民の生活自体を直接左右するものであることから，中国政府は小売流通分野における対外開放については他の産業よりかなり慎重な態度を取った。内資系小売企業を保護し，発展させるために，1990 年代初頭から 2004 年末の外資系小売企業に対しての規制の撤廃まで十数年にわたり，外資系小売企業の参入に対して様々な制限を設けた。長期間にわたる計画的かつ漸進的な内資系小売企業の発

展促進する政策の実施によって，内資系小売企業には成長するための時間的猶予が十分に確保されたわけである。

こうして，外資系小売企業の中国進出によって，内資系小売企業の発展を促進すると同時に，中外資系小売企業間の競争が激化したなかで，中国小売業の近代化が推し進められた。このような背景のもとで，日韓系小売企業は最初に中国進出してきた外資系小売企業として，中国小売業の発展を大きく促進する役割を果たしたといえる。それゆえに，これが本章で日韓系小売企業の中国進出を取り上げる所以である。

本章ではまず日韓系小売企業の中国進出要因を，小売業が海外進出するプッシュ要因とプル要因に分けて考察する。次いで，日韓系小売企業の中国市場での経営展開をそれぞれ論じる。さらに，日韓系小売企業の進出によって中国小売業に与えたインパクトをまとめ，東アジアにおける小売分野の連携可能性を示唆する。

第1節　日韓系小売企業の中国への進出要因

小売業の海外への進出要因については，まず進出企業の国内活動の制約から海外進出を目指すといういわゆるプッシュ要因（国内要因）と，進出先国・地域での活動が成功に繋がるといういわゆるプル要因（進出先国・地域要因）の双方から解明するアプローチをとることが一般的である[1]。以下，それに即して日韓系小売企業の中国市場への進出要因を論じる。

1．日韓市場からのプッシュ要因

日韓系小売企業にとって中国は地理的に近いが，政治的にも異なり，また文化的にも異なるため，なぜ中国に進出するようになったのかを明らかにする必要がある。日韓両国でそれぞれ異なる要因をもっているが，共通したプッシュ要因も見られる。すなわち，政治的要因として出店規制の厳しい制限（日本のまちづくり三法），経済的要因として経済の低迷，低成長，国内の小売市場の成熟，市場規模が小さい，社会的要因として人口の停滞もしくは減少（日本の

少子高齢化），小売構造要因として国内では高い市場集中度，市場の飽和，厳しい経営環境などである。

(1) 日本市場からのプッシュ要因

　日本における小売業をめぐる環境としては，少子高齢化を背景に，小売市場の成熟化と競争の激化が指摘される。周知のように，人口減少の局面に入った今日の日本では，今後国内の消費財需要は確実に減退する見込みである。また，高齢化や女性の社会進出といった社会構造の変化は，小売業に施設配置や商品・サービスなどの面での戦略の見直しを迫る要因となっている。このような状況で，地域密着型産業としての小売業が，小売市場の成熟化と経済の低迷によって，諸経費の安い外国に新しい活路を求めることも何ら不思議ではない。成熟した市場で持続的に成長するために取るべき戦略は，一般に新市場の開拓と新業態・新事業への進出であると考えられる。日本の小売企業の海外での事業展開は有力な選択肢になる。また，法的規制についていえば，日本における大型店の出店規制が強ければ強いほど，海外への進出が促進される。1973年以来の大規模小売店舗法から，2000年に大規模小売店舗立地法・都市計画法・中心市街地活性化法のいわゆる「まちづくり三法」に移行して，大型店の出店自由度は増したが，中国と比較するとまだ厳しい[2]。このように，日本国内からのプッシュ要因に基づいて，大手小売企業の各社は相次いで海外へ進出していた。

(2) 韓国市場からのプッシュ要因

　韓国における小売業をめぐる環境としては，百貨店とハイパーマーケットをはじめとする小売業態の飽和と競争の激化が指摘される。小売店舗の密度は日韓に共通して高い水準を維持しているが，韓国のほうがより高水準である。韓国では1996年流通市場開放により，外資系小売企業にとっての規制が緩和された。それに伴い，小売店舗数の激減と店舗規模が大型化するなかで，韓国の本土企業と外資系小売企業との間の競争は激化した。その小規模店の相対的生産性の低下と市場成長率鈍化の傾向は1980年代以降の日本と共通している。その結果としては，韓国においても店舗数の減少時代を迎えるようになった。

そして，都市化の進行とともに，韓国の家族社会も核家族化が進んで，家族構成員の質的変化も急激に進行した。女性の社会進出と共働き主婦の増加は，小売業界にも大きな影響を及ぼしている。

また，日本と同じように，大型店の法的規制が強ければ強いほど，海外への進出が促進される。1996年の流通市場完全自由化を契機に，外資系小売企業が進出し，韓国の前近代的経営の現地企業は苦しい立場に置かれていた。その後のアジア通貨危機および国内の経済構造の変容とともに，流通業への規制も余儀なくされたのである。2010年の知識産業省は「流通発展法」を改正し，大型店舗の出店禁止を緩和した。つまり，1996年を境に規制強化の時代から規制緩和の時代へと移行したが，中国と比較するとまだ厳しい。

ここで興味深いところとしては，韓国の流通市場開放は中国より4年ほど遅いが，後述するように，新世界Eマート（以下「Eマート」と略称）はその開放した2年後に中国市場に進出した。その原因は寡占企業は韓国経済に左右されるという独特な経済構造と関連あることと，流通市場の完全自由化は中国より8年ほど先行していることなどが考えられる。

2．中国市場からのプル要因

中国では改革開放以降，生産技術の革新が進み，市場経済が活発化するのに伴い，大量の商品が市場で流通するようになった。しかし，改革初期の小売業は，経営ノウハウ，販売管理，情報技術，経営方式などの面で，外資系小売企業に比べてかなり遅れていた。

また，改革開放以降，中国市場では，所得の上昇に伴い，生活をより豊かにするための選択的消費を増やす余裕ができたと考えられる。中間所得層の拡大，消費量の増大と消費者ニーズの多様化によって消費は量的変化に加えて，質的変化も伴うようになった。そこで，生産と消費を繋ぐ小売流通分野の改革が不可欠となった。こうした状況を変えるために，中国政府は外資系小売企業の導入という方針をとった。その中で，中国市場の成長性は日韓系小売企業にとって大きなプル要因となった。

1992年7月，中国政府は小売流通分野において対外開放政策を打ち出した。これは外資系小売企業にとって中国進出の前提条件になる。これに合わせ，経

済が飛躍的に成長し，新たに世界の成長センターになりつつある国として，外資系小売企業の新たな店舗展開を呼びかけるようになった。

さらに，中国の各地の都市は後進的流通システムを更新するために，先進な経営技術をもっている外資系小売企業の進出を積極的に誘致している。中国政府の流通市場開放という政策によって，いち早く外資系小売企業の誘致を積極的に行っていくようになった。

第2節　日韓系小売企業の中国進出

冒頭で述べたように，中国では小売外資に対しての規制は1992年を境に「原則的閉鎖」から「漸進的開放」政策へと転換した。日韓系小売企業の中国進出は基本的には段階的に実施された政策転換に依存することになる。以下，日本と韓国の小売企業を分け，その中国進出をそれぞれに考察する。

1．日系小売企業の中国進出

日系小売企業は，中国の小売市場開放に伴い，最初に進出した外資系小売企業として，1997年までに中央政府によって認められた20件の「試点的」（試験的）小売合弁企業の中で，5件を占めた。うち2件が上海，青島の両市におけるイオン（旧ジャスコ）による合弁事業であった。1995年12月，広東省で現地企業との合弁企業を設立し，翌年1996年6月に，広州市の中心街・天河地区に中国本土1号店の天河城広場店を開店した。同年9月に，上海駅前の再開発プロジェクトの一環として，中国本土2号店となる不夜城店を開店した。また1998年1月に，青島市の東部開発に関連した郊外型ショッピングセンターを開設した。この店舗は中国初めての郊外型ショッピングセンターとして，中国小売業に大きな影響を与えている。イオンの青島市東部店を例として，その先進的な店舗運営を詳細的に見てみよう。

この店舗についてはイオンがディベロッパーであり，核店舗の運営者でもある。店舗の設置は，総合スーパーマーケットを食品部門（食品スーパー）と衣料品・住居・家庭用品部門の2つに分けて，それぞれを核店舗としてモールの

両翼に配置し，その間を2層のモール（専門店街の遊歩道）で結ぶ，いわゆる「2核1モール」形式というものであり，こうした配置によって，顧客誘引力を高めようとしたわけである。

　店舗の内装は天井が高く，商品陳列の量感が出やすいため，天井から販促資材などを吊るすといったきめ細かな対策を打った。照明も明るく通路の幅もゆったりと確保されて開放感を持ち，食料品と非食料品を幅広く取り揃え，セルフ販売方式を採用した。日本式の販売サービスを実現するために，できる限り現地の人材を採用し，接客技術・態度などの教育・研修にも手間と時間をかけた。乗用車の普及率と自動車を中心とした生活様式時代の到来を予想し，広域商圏から顧客を吸引するため大規模駐車場を備えた。

　このショッピング・モールの設置は買物するための空間を提供するということだけではなく，現地消費者へ選択の多様性，利便性，快適性，娯楽性などを提供するなど，生活者ニーズに応えるコミュニティ施設として都市機能の一翼を担うものである。

　イオンのモール型ショッピングセンターにおける店舗の設計や，内装，商品レイアウト，商品の品揃え，サービスの良さ，経営理念，企業文化，価格戦略などの革新性は，現地の伝統的な対面販売方式を採用していた小売商にとって「経営革命」のような衝撃を与えたわけである。

　イトーヨーカ堂は一定地域に多数の店舗を集中させるドミナント戦略を徹底的に実行する日系小売企業である。1996年に中国に進出し，翌年1997年11月に，四川省都の成都市の繁華街に春熙店を開業した。1998年4月に北京市東部で十里堡店を開業した。

　平和堂は創業地である滋賀県と湖南省が1980年代に友好協定を結んだ関係で，省都長沙市政府の要請によって進出してきたのである。1998年に長沙市の中心繁華街・天心区五一広場に湖南平和堂を開業した。この店舗では，現地の従業員を雇い，積極的に社員研修を行い，日本式の接客サービスや先進的な小売技術などを徹底的に教育し定着させるようになった。

　同じ時期（1995〜1998年）に日系大手小売企業のダイエー，西友，マイカルなどが中国進出し，それぞれ1号店を開いていた。しかし，日系小売企業は最も早く中国市場に進出したにもかかわらず，ずっと慎重な経営を続けたた

第14-1表　早期に中国進出した主な日系小売企業

企業名	出店地域	出店時間	出店業態
イトーヨーカ堂	成都市	1997年11月	GMS
	北京市	1998年4月	GMS
イオン（旧ジャスコ）	広州市	1996年7月	GMS
	上海市	1996年9月	GMS
	青島市	1998年1月	SC
ダイエー	天津市	1995年11月	SM
	大連市	1997年12月	SM
西友	北京市	1996年6月	DP
	上海市	1997年8月	SM
マイカル	大連市	1998年11月	DP
平和堂	長沙市	1998年	GMS
ニコニコ堂	桂林市	1997年5月	DP
	広州市	1998年1月	DS
伊勢丹	上海市	1993年6月	DP
	天津市	1993年12月	DS
そごう	北京市	1998年6月	DP
ローソン	上海市	1996年7月	CVS

注：GMS—総合スーパー，SC—ショッピング・モール，SM—スーパーマーケット，DP—百貨店，DS—ディスカウントストア，CVS—コンビニエンスストア。
出所：『日経流通新聞』1998年6月9日付から作成。

め，欧米系小売企業のように中国の各地で買収と新規オープンを繰り返すことで勢力を拡大していなかった。

2000年以降，経済成長目覚ましい中国にタイミングよく参入した日系小売企業の各社は，中国事業の拡大を加速させた。イトーヨーカ堂の成都市でオープンした百貨店は世界中にある200余りの店舗の中で，その業績は常にトップとなる。2012年8月に，中国では伊藤洋華堂（中国）投資公司を設立し，中国西南部の市場開拓に着手した。また，西北部と華中地区にも進出し，高級路線のデパートを主要事業として展開している。

イオングループはこれまで中国における店舗は広東省と山東省に集中してい

た事業を再整理した。2012年3月に，北京市で永旺（中国）投資有限公司を設立し，北京市，天津市と華北地区の市場を重点に攻略することを決めた。同年11月，中国における総合・食品スーパーが合計50店舗に達した。2013年に，湖北省と江蘇省でそれぞれ現地法人を設立し，華中・華南にも展開・拡大している。また，中国では自動車を使い家族で買物をする生活スタイルが広がると見て展開地域を拡大している。

　総合スーパー，百貨店などの業態だけでなく，コンビニエンスストア分野の日系小売企業も中国事業の拡大を加速させる状況を呈している。セブイレブンは上海市，北京市と成都市でフランチャイズ加盟店を増やし，ファミリーマートに至っては中国で2万5000店舗まで増やすという目標を掲げ，ローソンも10年で中国での店舗数を1万店舗まで増やす計画を立てていた。

　日系小売企業が中国事業を拡大する動きの背景に，中国本土の内資系小売企業の成長と，続々とほかの外資同業他社が中国市場に進出するという中国小売業を取り巻く環境の変化が激しくなったことがある。こうして，中国市場では中外資小売企業間の競争が激化する中で，これまで進出した日系小売企業は，そごう，マイカル，ニコニコ堂，西友，ダイエーなど，撤退したものと，イオン，イトーヨーカ堂，平和堂など好調な発展をしたものと対照的であった。

　高度な管理能力，洗練された商品陳列，差別化できる顧客サービス，豊富な海外進出経験など強みをもっている日系小売企業が，中国市場での内外資小売企業間の競争が今後さらに厳しくなる中で，どのような発展をしていくのか，引き続き注目すべきである。

2．韓国系小売企業の中国進出

　中国市場では，進出した日系小売企業が数十社あることと対照的に，韓国系小売企業はわずか数社である。そして，韓国系小売企業は中国進出後，その経営展開は中国小売業の取り巻く環境の変化とともに，険しい状況になった。以下，それを具体的にEマートとロッテマートを中心に述べよう。

　中国流通市場の開放に伴って，Eマートは一歩早く中国進出に乗り出し，1997年に上海市で1号店を開業した。同年末のアジア通貨危機後，韓国国内での事業に集中するようになってから，中国事業の拡大戦略を修正した。2002

年から中国事業を再推進し始め，2004年上海市に2号店（瑞虹店）を開業させ，本格的な出店を再開させた。その後，Eマートは持続的な店舗開店を通して，中国流通市場での立場を確保したのである。2004年末，中国政府は外資系小売企業に対する規制を撤廃する政策を打ち出した。これを契機に，Eマートは中国の大手不動産会社の緑城グループと戦略同盟協議を結んで，中国攻略の基盤を作り上げた。

Eマートは中国市場では「韓国型」と「現地化」の調和を通じ，中国消費者を狙った戦略を立てていた。中間所得者の消費が増え，大型マート選択基準が低価商品や接近性だけでなく，商品の品質や快適なショッピング環境，高水準サービスなどに変化することが注目されている。また，高級化，現地化マーケティング，人材育成などを通して，中国市場に総力を挙げる計画である。

2004年以降，相次いで天津市，北京市などの都市へ拡張しつつある。沿岸部都市を中心に27店舗まで拡大した。しかし，中国本土の内資系小売企業の急速な成長と外資同業他社の進出という経営環境と競争の激化，不動産価格の高騰などにより業績が悪化し始めた。2007年のEマートの中国市場の赤字は59億ウォン，2008年は194億ウォン，2009年は551億ウォン，2010年は910億ウォン（8100万ドル）に達した。2011年には11店舗を売却して事業再編に踏み切り，2014年にも天津市の5店舗を閉店するようになった。2016年1月現在では，8店舗のみとなり，1号店も閉鎖になった。

Eマートの中国市場での経営失敗の原因を簡単にまとめると，中国本土の内資系小売企業の急速な成長と外資系小売企業間の競争が激化したことと，Eマート自社の経営問題，すなわち，自社の経営スタイルを過剰に貫こうとし，高級路線に偏り過ぎて，商品と価格のいずれにも特徴と強みを出せなかったことにある。

Eマートの苦しい経営状況に比べて，もう一つの韓国大手小売企業であるロッテマートの中国事業はどうなったのか。ロッテマートは2008年6月，万客隆（中国とオランダの合資会社）を買収することで中国進出を果たして，中国での本格的な事業拡大に打って出た。Eマートの中国進出より十数年ほど遅れて参入してきたが，買収による拡大で，Eマートよりうまくいっている。2009年に「江蘇時代」のスーパー65店舗を買収し，瞬く間に店舗数は75店

舗まで伸ばし，2012年9月には100店舗を達成した。

　その中で，店舗の買収のほか，ロッテマートが4年間で独自に新設した店舗数は30店舗に満たないが，少なくとも拡大を続けており，企業本部を中国に移転するとまで言っていた。例えば，2009年3月26日に，青島市の城陽区に敷地を確保し，オープンしたロッテマートがグリーンフィールド方式の初店舗であった。この店舗の敷地面積は3万3000㎡，3億元の投資で，輸入する韓国の商品を販売することが経営の特色の一つである[3]。2018年までに中国での店舗数を500カ所，アジア一の店舗数を目指す計画であった。

　しかし，上述したように，中国小売業の取り巻く環境の変化と競争が激化したという中で，ロッテマートも中国での業績はEマートと同じように，ずっと赤字続きであった。2008～2010年の間に，北京支社はそれぞれ51億ウォン，84億ウォンと60億ウォンの赤字を出していた。青島支社もそれぞれ17億ウォン，127億ウォンと166億ウォンの赤字を出ていた。この状況にあっても，ロッテマートはまだ積極的に中国市場の事業展開を行っている。百貨店事業では，2011年から独資展開の戦略をとり始め，相次いで天津市，青島市などの都市で多店舗展開している。

　このように，ロッテマートは①新規出店による市場支配の強化，②徹底した現地化，③店舗運営の効率化などを通じて，海外事業を成功に導くという戦略を立て[4]，中国市場で実行している。しかし，これまでの経営展開の現状を見る限り，外資同業他社や中国本土の内資系小売企業との競争で突出した強みをもっていそうもない。

　2017年，米国製終末高高度防衛ミサイル「THAAD」の韓国配備問題で中韓関係は急激に悪化した。この事件の影響によって，中国市場でロッテマートは一時的に営業停止となり，Eマートは突然，通告もなく上海市内にある5店舗すべてを閉鎖するようになった。その直後，Eマートは「中国から全面撤収する」との方針，ロッテマートは「中国ロッテマート112全店を売却する」との方針を相次いで公表した。こうした中で，韓国系小売企業は中国市場から完全撤退するのかが注目すべき点である。

第3節　日韓系小売企業進出の中国小売業へのインパクト

　以上のことから日韓系小売企業の中国市場への進出要因と進出経緯および経営展開についての考察を通じて，中国市場での中外資系小売企業間の競争が激化したことが分かった。それを踏まえ，総合的な視点から日韓系小売企業が中国市場への進出によって，もたらしたインパクトを論じよう。

1．近代的な小売システムの移転
　小売企業の海外進出とは，小売企業の事業活動が国境を越えて展開されることであり，それには小売企業の国境を越えた商品の調達・供給や小売経営に関する情報・物流技術の国際移転などが含まれる。海外店舗による小売事業は主体としての店舗をもとに業態・立地の決定，客体としての商品を内外から調達・品揃えした上で小売経営技術を駆使しながら商品の販売を遂行するといった，いわば3つの側面が集約されている[5]。
　日韓系小売企業はそれぞれ自らの競争優位性を利用しながら，中国市場に得意な業態をとって進出してきた。中国市場で最も成功したイオンを例としてみよう。イオンは進出当初，東南アジアで蓄積した海外進出の経験を活かして，得意とするショッピング・モールを採用しながら，中国で初めての郊外ショッピングセンターを開設した。
　イオンは商品調達・品揃えなどを合弁パートナーの現地企業の力を借りて，効率的に商品の出荷，加工，調達を行った。韓国系小売企業のEマートとロッテマートは商品の陳列方式，商品の構成，店舗の雰囲気などを韓国国内の店舗と同じようにしたが，現地化の不徹底，店舗運営の不効率，消費者ニーズの不対応などで，中国市場での経営にとって大きな問題となった。
　国際化を目指す小売事業は小売経営ノウハウや物流・情報などの経営システム全般に関わる当該企業のもっている優位性を海外進出で活かそうとする。前述したように，日韓系小売企業は優れた小売ノウハウ，多様な小売業態，先進的な情報システム，高度な物流システム，広範な商品調達ネットワークなどの

競争優位性をもって，中国市場で自社の差別的競争優位性を構築している。

日韓系小売企業各社は一歩早く中国に進出したか遅れて進出したか，それぞれ海外進出経験と中国小売業の取り巻く経営環境を合わせて，差別的な競争優位性を構築・維持することを積極的に行っていた。その結果は，成功したか失敗したかにかかわらず，先進的な小売システムが中国市場に持ち込まれてきたといえる。

中国市場での事例から明らかになったことは，先端的な国際小売企業の海外進出を「本国から進出先国」への移動という二者間関係としてではなく，「本国と複数の進出先，あるいはある進出先とそれ以外の進出先」といった多極的な複合関係として国際化を考える必要がある[6]。今や小売業のグローバル化が進展する中で，最適な店舗ネットワークを構築するというビジョンに基づいて，ある国・地域へ進出することの意味を考えながら，先端的な国際小売企業は海外進出し始めている。

しかし，実際には，地球規模の視野に立脚し，画一的な事業展開を試みようとした進出企業は，進出各国における消費者の嗜好，消費者行動，政府の規制，競争関係などの多様性に直面し，進出先の市場特性へ対応せざるを得なくなった。こうして，日韓系小売企業の経営戦略の調整の試みがなされるようなったが，中国進出に成功したケースもあれば，失敗したケースもあった。

日韓系小売企業は中国市場で好調な経営展開するか，閉店・撤退したか，そのいずれも中国市場への進出および進出後の経営展開で，順調な経営，市場シェアの確保・拡大するために，それぞれ自社の蓄積した小売システムを当該市場に持ち込まれたわけである。こうした発展の流れの中で，遅れていた中国小売業のキッチアップ型の近代化を推し進めるという中で，大きな役割を果たしたといえよう。

2．業態構造の変化

中国小売業の発展を簡単に振り返ると，1949年から1978年までの間では，計画経済体制の下で，「無流通」時代であった。その後から1991年まで，自由市場の回復，私営（個人経営）小売企業の許可，国有・集団所有制企業の改革などによって，小売業の自由化への歩みを加速させた。その結果，中国市場で

は多数の零細小売店とごく少数の大規模小売店（百貨店）の極端な二重構造が形成された。

　1992年より，中国政府は外資系小売企業が試験的に中国市場に参入することを許可した。これを契機として，日韓系小売企業はそれぞれ現地の企業と合弁会社を設立する形で中国に進出してきた。その結果，百貨店の急成長，スーパーマーケットの登場，ショッピングセンターが出現するなど，中国小売業には未曾有の変革が起こされた。例えば，百貨店の伊勢丹，ニコニコ堂，そごう，マイカル，総合スーパーのＥマート，ヤオハン，イトーヨーカ堂，平和堂，ショッピング・モールのイオン，コンビニエンスストアのローソン，セブンイレブンなどがそれぞれ各社の優位業態をもって中国の各地で店舗を開設した。これらのことは，中国市場にとって画期的な出来事となり，中国小売革命の本格的な開始となった。

　その後，日韓系小売企業は中国市場で多店舗，多業態での経営展開を試みている。スーパーマーケット，百貨店だけでなく，ハイパーマーケット，総合スーパーマーケット，ショッピングセンター，会員制ホールセールクラブ，コンビニエンスストアなど多様な革新的業態が一気に中国市場へ持ち込まれた。そこで，日本のような小売業が発達した国の発展プロセスとはまったく異なり，多様な業態が同時多発的に中国市場で生じたのである。

　こうした環境の中で，外資系小売企業と競争していくために，内資系小売企業は外資側から学んだり，模倣したりし，従来の経営方式，業態を近代的な小売店舗に転換し，規模の経済の追及と競争力の強化を図ろうとした。この中で，外資系小売業態の移転，小売ノウハウの持ち込みなど速効性の高いものだけでなく，現地小売企業の自発的努力や政府の政策支援，資金支援なども重要な役割を果たした[7]。

　一方で，中国消費市場が成長するにつれ，日韓系小売企業に留まらず，欧米系，東南アジア系の小売企業が加速的に中国市場に相次いで参入してきた。それによって，内資系小売業の発展が促進されたことを見逃してはいけない。また，商品調達システムでは，基本的に消費者の立場から商品マーチャンダイジングを実施し，業態ごとの商品カテゴリーと商品アイテムの組み合わせがうまくできるようになった。特に，全国規模または広範囲の商品調達ネットワーク

の構築に力を入れ，商品バラエティーの追求を徹底しようとしている。ローコストオペレーションを実現させる情報システムと物流システムのレベルも向上した。これと多様な小売業態を結びつけ，内資系小売企業の経営優位性の構築にとって，大きな役割を果たしたともいえる。

上記の業態導入プロセスを経て，中国小売業の業態構造には大きな変化が現れた。その中で，チェーンストアの経営メリットを利用することは，急速に多様な小売業態を普及させ，その果たした役割も大きい。

3．競争構造の変化

以上のように，日韓系小売企業の参入によって，中国小売業の業態の多様化が促進された。それだけに留まらず，内資系小売企業自体の成長・発展に伴い，日韓系小売企業との競争も激しくなりつつある。その競争メカニズムとして，日韓系小売企業間，日韓系小売企業と内資系小売企業間，日韓系小売企業と他の外資同業他社，内資小売企業同士間などの多様な競争関係を形成し，相互作用している。次に，それらの競争行動を中心に述べてみよう。

1992年の流通分野において対外開放政策を打ち出してから，外資系小売企業が試験的に中国市場に参入してきた。2001年に中国のWTO加盟，とりわけ2004年末の外資系小売企業に対する規制の全廃に伴い，外資系小売企業は中国での出店投資，多店舗化を加速させる方針を明確に打ち出した。

一方，日韓系小売企業に比べて，内資系小売企業は企業規模，資本金，経営技術などの面では競争力がまだなかった。外資を迎え撃つために，中国政府の行政指導による公的介入と企業の自発的行為が相まって，「強強連合」，「資産重組」などで大型小売企業同士の吸収・合弁が大規模に押し進められた。

その中で，最も注目されたのは，2003年9月に誕生した「上海百聯集団」である。同集団は同時の中国トップ小売業であった「上海聯華」と「上海華聯」をはじめとして4つの大手流通企業から構成された。統合後，同社は全国の23省にわたり約5000店舗をもち，ほぼすべての業態を揃え，中国最大規模を誇る小売企業となった[8]。こうした大規模な企業統合は，明らかに中国政府の主導した外資系小売企業の進出への対応策であるといえる。

日韓系小売企業を手本として学んだり，模倣したりして成長した内資系小売

企業は，日韓系小売企業との外的要素は類似しているが，内的要素の差はまだ大きい。具体的に言えば，日韓系小売企業と比較すると，情報・物流システムを高いレベルで活用することや，企業文化，経営理念などの面についての格差は依然としてある。今後，日韓系小売企業をはじめとする外資系小売企業との競争で生き残るために，企業文化の育成，経営理念の改善，情報・物流システムを高いレベルで活用，とりわけネット通販の把握などは，内資系小売企業にとって重要な課題になると考えられる。他方，日韓系小売企業は中国市場での競争的発展によって，各社の企業自体の発展，海外進出をも促進されると考えられる。

第4節　東アジアにおける小売分野の連携可能性

　本章では，日韓系小売企業の中国市場への進出要因および経営展開の現状について分析し，それによって中国小売業に与えられたインパクトをまとめた。こうした中で，中国の内資小売企業はこのインパクトを受け止め，日韓系小売企業を手本として学んだり模倣したりして成長してきた。このように，中国市場での日韓系小売企業の経営展開によって，内資系小売企業の発展促進や，中外資小売企業間の競争の激化が起こったことは，東アジアにおける小売業の協力と競争の「縮図」ともいえよう。以上の分析に基づき，東アジアにおける小売分野の連携可能性をまとめれば，次のようになる。

　経済のグローバリゼーションが進行する中で，地域協力，アジア共同体創成への取り組みが行われている。その中での日中韓3カ国は地理的な利便性があり，経済関係が年毎に深化しつつある。その中で，とりわけ小売分野における3カ国間の協力と競争は本章で分析したように，中国流通市場の対外開放に伴って，日韓系小売企業はいち早く参入し，中国小売業の発展促進で大きな役割を果たした。

　一方で，世界最大の人口を抱えながら急成長する中国市場の拡大は顕著になっているため，世界中の小売業界に注目され，熾烈な競争が繰り広げられている。現在では中国の沿海部の小売業は近代的な発展軌道に乗り始め，今後ま

だ大きく発展できると予想される。これに加えて，内陸部はまだ近代的な発展への転換中である。つまり，今後の中国小売市場はまだ大きく進展する余地があるということである。これは日韓系小売企業にとって，さらに経営展開の可能性があるといえる。日韓系小売企業はこれまで中国進出した経営経験を活かしながら，活発に変化している中国消費ニーズをどのように把握するのか常に注視し，十分に対応することが肝要である。

　また，中国の内資系小売企業は，競争力，サービスレベルなどを大幅に向上できるか，また同時に，日韓系小売企業のように近隣諸国への進出できるかどうかが注目される。中国と北東アジアおよび東南アジアの地域経済交流を見た場合，北東アジアと東南アジアにおける国際環境や社会経済情勢は大きく異なる[9]。しかし，日中韓3カ国の小売業はこれまでの協力と競争という経験を踏まえ，近いうちに中国市場を中心にさらに協力拡大の可能性があると予想される。将来的には，中国の内資系小売企業と日韓系小売企業の東アジア市場での協力と競争はさらに緊密になると考えられる。すなわち，小売分野における東アジアでの協力と競争は，アジア共同体の創成への推進にとって欠かせないことになる。

（包　振山）

【注】
1　なお，プッシュ要因は本国における小売業を海外進出に押し出し，反対にプル要因は進出先国・地域において小売業を引き寄せるものである。
2　包（2015a），52-53頁。
3　包（2015b），60頁。
4　包（2015b），60頁。
5　岩永（2009），5頁。
6　向山・崔（2012），307頁。
7　包（2015b），66頁。
8　馮（2011），115頁。
9　何・朱（2015），68頁。

【参考文献】
岩永忠康（2009）「小売企業の国際化」西島博樹・片山富弘・宮崎卓朗編，岩永忠康監修『流通国際化研究の現段階』同友館。
何為民・朱永浩（2015）「中国辺境地域における日本との経済交流の現状と可能性―広西チワン族自治区の事例を中心に」『ERINA REPORT』No. 127，環日本海経済研究所。

馮睿（2011）『外資小売業の中国市場参入―新興市場における小売国際化プロセスの展開』三恵社.
包振山（2015a）「中国における日系大手小売企業の進出に関する研究―ジャスコ（現イオン）の青島市進出を中心に」『環東アジア研究』第9号，新潟大学大学院現代社会文化研究科環東アジア研究センター．
包振山（2015b）「中国・青島市における小売業の国際化―外資系小売業の参入・展開と撤退」『経済開発と環境保全の新視点』第6号，新潟大学大学院現代社会文化研究科．
包振山（2016）「中国における外資小売業の撤退に関する一考察―青島市のテスコを例として」『ERINA REPORT』No. 133，環日本海経済研究所．
向山雅夫・崔相鐵（2012）「小売国際化研究の新たな課題―カルフールの日本撤退事例が示唆するもの」向山雅夫・崔相鐵編『小売企業の国際展開』中央経済社．

第Ⅳ部

大学生からの意見・提言
――日本とアジアの未来へ――

相互分析, 相互理解の必要性
——作られた一体感を避けるために——

現在, FTAAP や ASEAN, 日中韓 FTA など国家間の「協力」ともいえる取り組みが広がっている。いまや国境の枠組みを越えて, 互いの利となる関係を見つけ出そうとしている。しかし今一度, 国家という広い枠組みではなく, 単純に自身の周囲という細かい枠組みで考えてみると, 国家間の協力の話題など, まったく感じられないようにも思える。

グローバリズムが叫ばれる今の世界において, 日本国民の間で地域協力の風潮が形成されていないのはなぜか。私はその問題に対して,「自己分析, 他己分析, 相互理解」,「日本人の作られた一体感」という2つの観点から考えてみようと思う。

(1) 自己分析, 他己分析, 相互理解

たとえば, 友人や同僚と何かをしようとするとき, その協力のためには何が必要だろうか。互いの信頼だろうか。仮にそうだとして, 互いの信頼とは何なのか。信頼というものは, どのようにでき上がっていくのか。そのプロセスとして考えられるのが, 題に付した3つのキーワードである。

数人で物事をとり行うときは, 少なからず分担作業などが発生するわけだが, どの部分を誰が担当するかを決めるときに, 互いを知っていることが重要になる。「自分はこの分野について担当したい」,「私はこの方面に興味がある」,「あの人はこの分野に精通している」,「彼は別の仕事に関心があるようだ」といった考えは, 自己の理解, 他人の理解がなければ生まれてこない。理解がなければ, 自分のできることと, やりたいことを誤解して各人のポテンシャルを発揮できないばかりか, 協力関係の瓦解もあり得るかもしれない。それを防ぐために, あらゆる分野についてお互いを知ろうとする努力は怠ってはならないのである。

そして, この自己分析, 他己分析, 相互理解の考え方は, 数人での関係のみならず, 会社や国, 地域 (community や district の意味でも, region や area

の意味でも）間の協力についても同様である。しかし，範囲が大きくなったときには，理解の手段が，重要な要素となってくる。

(2) 日本人の作られた一体感

　友人や同僚と異なり，会社や国，地域間の協力の場合は，必ずしも直に接する人とだけ協力できるわけではない。望むと望まざるとに関わらず，間接的な情報源が入ってくる。ニュースや新聞記事などのメディアが最たる例であろう。しかしメディアは，事実を誤解させるような内容も，一つの事実を誇張するような内容も，平気で世の中に存在する。国民の一部を取り上げ，まるでその意見・思想が国民の総意であるかのような報道をしたり，過度に自国民を礼賛し，それをあたかも自分たちの功績であるように放送したりする。

　このような報道で情報を手に入れたとして，果たしてそれが前項で述べた「相互理解」につながると言えるだろうか。私はそうは思わない。真の相互理解のためには，間接的な情報を取捨選択し，正しく，かつ誇張のない情報を手に入れていかなければならない。

　日本がアジアと協力して，共同体構想を推し進めていくには，日本人一人ひとりがその志に向かって一体となって努力する必要がある。しかしここで勘違いして欲しくないのは，この「一体」すなわち「一体感」が，メディアなどの誰かに作られたものであってはならないということだ。なぜなら，誰かが一体感を作ったということは，それは作った誰かだけに利が働くようになっているかもしれないからだ。そしてそれは，必ずしもあなたの利になるとは限らないし，あなたがしたいことでも，できることでもないかもしれない。アジア共同体構想が練られていく中で，私たちは正しい協力と，その正しい協力のための正しい理解を，世界の一員としていかなければならない。

（相田　柊太郎）

若者に託された「新しいアジア」

　日本はアジア諸国と協力体制を築いていくべきである，ということに，疑いの余地はない。JETRO『2015年版世界貿易投資報告』によると，2014年の世界貿易に占める東アジアのシェアは，合計するとアメリカを超え，EUに迫る勢いである。また，中国に続いて日本にとって2番目の貿易相手であるASEANも，2014年時点の世界のGDPに占める割合こそ3.2％とまだ日本1国の5.9％よりも小さいものの，継続的に伸び続けており，今後更なる伸びが予想されている。日本国内の人口減少と市場の縮小が避けられないなかで，それらの国々と経済的，社会的に良い関係を築いていくことは必要不可欠である。

　私が，我が国がアジア諸国と協力体制を築いていくべきである，と考えたのには，大きく2つの根拠がある。1つ目は活発な市場の確保の必要性である。周知のとおり，日本の人口は縮小の一途を辿っている。そのため，発展のためには新たな市場を確保する必要がある。ASEAN各国では，シンガポールなど，ASEAN域内の他国より経済が進んだ状況にある一部の国を除き，2030年以降まで「人口ボーナス期」と呼ばれる状況が続いていくとみられている。この状況の下では自然と需要が増えるため，これから参入する市場として注目されている。

　また，2つ目として，隣接しているという地理的理由から共通の関心事項や協力して解決すべき共通の政策課題があることも理由として挙げられる。具体的な例としては，鳥インフルエンザへの対応や，海の資源の利用の仕方・保全などが考えられる。全世界規模ではなく，一国でも対応できない場合に，共同体があることによってよりスムーズに，効果的に課題に対処できる。さらに，共通の関心事項がある場合，余計に他国の出方を詮索したりせずとも，政策を相談のうえ，協力したりすることも可能なのである。

　しかし，アジアでもEUのように社会面や政治面でも地域統合を進めるべき，または進めることが出来るかというと，私はそうは思わない。EUでは，経済面，域内安全保障，最終的に社会面，政治面までを統合するという展望を示していたが，アジアの地域協力の枠組みではASEANがそうであるように，

経済面と安保面のみの統合が良いと考えている。その理由として，① アジアには多様な価値観，生活レベルが存在すること，② 経済規模が小さな国があること，③ 発展途上国が含まれる地域統合の枠組みは域内統合があまり進まないことが多いということが挙げられる。

ところで，東アジアには歴史認識の違いなど負の遺産も少なからず存在するため，地域協力の枠組みを作るのではなく，協力の必要な問題があればその都度話し合いの機会を持つ方がいいのではないか，という意見もある。しかし，共通の政策課題には地域単位での持続的な話し合いの場と，信頼関係が必要になるので，そのための地域協力の枠組みでもある。

現在アジア，特に東アジアは，地域協力が上手くいっているとは必ずしも言えない状況にあると思う。特に日中韓の3カ国の間で，多かれ少なかれ様々な感情が渦巻いているのは事実だ。しかし，もう先に目を向けるべきである。過去の東アジアの国々の間で起こった，許しがたく，または許されがたい出来事を，いくらかフラットな感情で協力体制が築けるようにする必要があると思う。過去の忌まわしい事実にきちんと目を向けることももちろん大事だが，そこでこれから先の，経済をはじめとする国同士の関係を悪くしていたら，変化の激しい現代の世界を渡っていけない。

私は2016年に初めて中国に行き，現地の友人が出来たが，その時感じたのはそれまでの想像よりもずっと日中という国の壁がないということであった。今では中国と聞く度に素敵な彼らのことが思い出される。また，私の訪れた地域では反日どころか日本をよく知らない人も少なからずおり，それまで自分が見ていたものはたった1側面に過ぎないのだと気付いた。加えて，そのように現地を知らず，自分でも気づかぬうちに偏った見方をしていたということに怖さを感じた。したがって，これからすべきことは，新しい未来のアジアを考える，地域共同のシンクタンクを強化することである。そして，選挙権年齢も20歳から18歳へ引き下げられた2016年の今，これからの時代を生きていく私たち若者が，来る時代のために，より良い選択をする知識と勇気を身に付ける「生の体験」を積極的にしていくことが大切であると私は考える。

(及川　英莉)

地域協力は「アジア人」としての意識から

　近年，世界中では様々な連携体制が生まれていて，その枠組みの強化も急速化している。日本の交渉中もしくは発行済み EPA・FTA でさえ十数個あり，最近は RCEP 交渉の動きも活発だ。いま日本を取り巻くアジアとの連携体制・協力体制はそれ自体の数を増やし，「いかに他国と連携をとれるか」が「国力」と言える時代になった。ここで述べたいのは，協定を結ぶ重要性ではなく，各国と連携する機会が膨大に増えていることだ。つまり，どのような関係作りをして実際に何をすべきかを考える必要がある。

　連携協定を結ぶ主要因は，国家間の障壁を減らし貿易をしやすくするなどが挙げられる。それが目的になることを否定しないが，それはあくまで経済関係を結ぶ手段であるべきだろう。なぜなら，連携協定で得られるのは経済面のことだけではないからだ。輸入を例にとる。輸入品はどんなモノなのか。食べ物，一次資源，加工品，最終製品など様々だ。それだけでその国が少し分かる。こう考えると連携協定には様々な意味があると分かる。しかし私たちは日常的にその視点を持つことはないし，それは非常に勿体ないことだ。私たちの生活はその機会で溢れているが，実際には私たちは捉えきれていない。

　私生活に即した対外関係を意識できるシーンとして「観光」がある。日本観光庁の発表によれば，2016 年 1～10 月の訪日外国人旅行者数が 2000 万人を超えた。これを噛み砕くと日本の良さを知る人，その良さを理解し他人へ伝えられる人が増加しているということだ。よく理解すべきなのは，周辺アジア諸国から訪日するケースが多いことだ。年々アジアでの日本の印象が良くなっているのだ。果たして日本人はそのことを理解できているのか。

　政治だけを通して，「中国が嫌いだ」，「韓国が嫌いだ」などと言う人がいる。しかし，日本の良さを知る人は必ずいて，その数も増えているのだ。では逆に私たちは，訪日する彼らの国について，その文化・社会情勢・人間味など，どれだけ知っていることがあるというのか。既にマクロで表面的な理解だけでは済まない時代になっている。私たちはミクロに立体的に，日本を良く思っている人々を理解する必要がある。

具体的に考えてみる。観光庁の統計によれば2015年の出国日本人者数は2013年から徐々に減少している。テロ集団の活発化などが要因だと考えられる。恐らくこれからは外国人観光客誘致が主流の考え方になるだろう。その点で2020年開催の夏季オリンピックは日本にとって大きな意味を持ち，試される時でもある。そうであるならば，官民連携且つ国から地方への波及など国力を総動員させて臨む姿勢が必要になる。

　訪日外国人の観光需要が高まる中で，これからは短期より長期滞在のケースを考える必要がある。その中でも私たちとの身近な接点として留学生がいる。ここ数年，国際系の学部・専攻の導入や多方面からの留学生の受け入れが進んでいる。留学生の受け入れのメリットとして先も述べたが，日本を理解する人が増えるということがある。これは，ただ留学生自身の理解が深まるだけではない。これまで以上に留学生を受け入れることで，日本に対する深い理解はアジア以外の国・地域にも広がっていくと考えられる。

　しかし，留学生に日本を知ってもらうことが目的ではない。日本人が留学生を理解することにも大きな意味があり，私が述べたいのはむしろこの点についてだ。留学生が増えたと言ったが，だからと言って日本人が留学生の故郷に興味を持てたかは疑問だ。勿論，留学生に対して積極的な学生もいるが，一部に限られてしまう。本当は留学生という身近な存在が学生の他国への興味・関心・理解を引き立てるのだが，今の学生には理解が及んでいない。

　国はグローバル人材育成を目指すなどと謳っているが，口だけに過ぎないのではないか。そもそもその意思は国から地方へ，その地方の教育現場へ，その教育現場にいる学生へ行き届いているのか。これからの未来は，その担い手である今の若者たちが背負うのだ。その若者たちに届いていないなら，官僚たちが朝から晩まで頭を抱えても意味がない。

　これまで，東アジア地域協力について多方面から述べてきた。私が強調したいのは，国単位で関係を結んでも地域協力ではないということだ。一人ひとりがアジアの国・文化・人などについて「アジア人」として相互理解を深める。この意識を作る段階から地域協力が始まっていくと私は考える。

（小島　望）

将来の日本とアジアのあり方

　まず，筆者が考えるこれからのアジア各国とアジア全体との関係を述べたい。結論，各国が優位性をもつ産業や役割をアジアの中でそれぞれが活かすことで，あるアジアの一国対世界ではなく，アジア対世界という構図に移行するのが将来のアジアのあり方であると考えた。以下その理由を説明する。

　近年，アジア各国の著しい経済成長が見られる。かつて日本はアジアの中で唯一の先進国で GDP もアジアの中で首位を保っていた。したがって貿易においてもビジネスにおいても，日本にとって相手にする地域は同じく先進国の欧米諸国であった。しかしながら現在の状況はその時から一変した。というのも世界にとって中国をはじめとするアジアは「世界の工場」であった。しかし近年は「世界の市場」として注目されるようになってきている。

　このアジア経済の実際は学ぶ度に筆者を驚かせることであり，同時に毎度日本に対して危機を感じる。驚くのは，筆者が高校までで習った内容が日本がアジア地域をリードしていた時代までで終わっているからであり，危機を感じるのは，日本が経済規模を他国と対抗しようとしているからだ。それが日本の強みを最大限に生かす最善の方法とは考えがたい。いうまでもなく，中国のような人口規模もはるかに大きく，潜在的な経済力を持ち合わせてれば経済規模で世界と戦う意味はある。

　ところが日本は少子高齢化で労働人口も減少する一方なので，経済規模で戦うのはそう簡単にいかないのではないか。そうであるならば，日本が強みを生かし，アジアの国とうまく付き合うのが良いのではないか。このことは日本だけでなく他のアジア各国にも共通することだと考えた。つまり 2015 年末に発足した ASEAN 経済共同体のように，各国が経済的に協力することでグローバル市場において成長の可能性を維持するという一つの方法がアジア全体にも使えるのではないかという考えに至った。これが最初に述べた筆者が考える将来のアジアのあり方に至った理由である。

　各国が優位性をもつ産業や役割をアジアの中でそれぞれ活かすということは，それぞれの国が持つ強みや良さ，特徴をグローバル化する社会の中で保ち

続けることを意味する。アジアは多種類の宗教や文化などが存在している。この特徴を共同体として実現不可能と捉えるのではなく，むしろその多様性が混在する共同体が実現できたらグローバル市場においてアジア共同体としての市場のニーズは高まるであろう。

これまで，アジアの将来像について述べてきた。いわば，この提言は日本が世界で地位を保ち続けるためにはどうすれば良いか，日本の強みに優位性を保ち続けさせるにはどうすれば良いか，日本が世界から注目され続けるにはどうすれば良いかという問題定義からきている。筆者自身，正直アジア経済を勉強するまでは，アジアと日本は別物と考えていたため，東アジアないしアジアの中で日本の地位のことなど考えたことはこれまでになかった。

しかし，勉強して，さらにある体験があって日本がアジアの中にあるということを認識することができた。最後にその体験を伝えたいと思う。その体験とは，筆者がアメリカに一人旅に行ったときである。そこで2人の知らないアジア人に助けられたのだ。一人はその町で一番危険な通りを地図アプリに案内されるがまま通ってたときに，そこが危険だと教えてくれ親切にも目的地まで付き添ってくれた。もう一人は，空港に行く電車に乗るときに同じ空港に向かう人で，どの電車に乗ればいいかわからない筆者に対して声をかけてくれ，空港まで同行してくれた。いずれも私がアジア人だから助けてくれたそうだ。3〜4年前に同じ地を訪れたことがあったが，その時に現地の学校で会った中国系アメリカ人に中国人かと聞かれ日本人と答えたらがっかりされた。とにかく中国人かと最初に言われることが多かったのを覚えている。つまりアジアじゃない地域の人からしてみればアジア人はみんな同じアジア人なのだ。

これらの体験から筆者は自分がアジア人ということに初めて気づいた。周りから見ればアジア人はみんなアジア人だと思うが，アジアの中でそれぞれの個性を生かし合えばアジア全体としてどの地域にも絶対負けない自信がある。しかしながら，複雑な歴史を抱えるアジアには各国間の未解決の問題が多く存在している。よって，共同体実現が簡単ではない。その実現のために，日本が前向きに動き出す存在になって欲しい。

（勝田　菜那）

日本における東アジア地域との連携・協力のかたち

　アジア，とりわけその中でも私たちが住む日本を含めた東アジアと呼ばれる地域は，グローバル化が進む現代の世界経済において，数十年にわたって目覚ましい経済成長を遂げてきた。

　さらに，それと同時に，こうした東アジアの経済成長は，この地域の結びつきをより強固なものへと変化させてきた。たとえば，NIEsやASEAN，そして中国の経済発展において見られる域外からの直接投資は投資国とその投資受入国の結びつきを強くし，加えて東アジアでは輸出主導型成長戦略の下，域内全体での工程間分業に基づく域内貿易が盛んに行われてきたこともあり，域内で強い相互関係と協力体制が作られてきた。

　そうした東アジア地域内の協力関係の構築は今日も続いている。現在，東アジアでは，各国・地域間で多くのFTAが結ばれ，また，最近ではRCEPやFTAAPといった広域FTA構想も打ち出され，東アジアの地域協力の枠組みの実現に向けた動きが加速している。では，そうした動きの中で，日本にはどういった役割が求められるのだろうか。

　現在，日本は世界第3位の経済大国であり，世界経済に大きな影響力を持っている。この経済力を短期の利益追求に費やすのか，それとも日本の将来，そして東アジアの将来を見据えた長期的な投資に費やすのか，その選択によって，日本と東アジアの未来は大きく変わってくるだろう。

　東アジアにはフィリピンやベトナムなど，成長の余地が大きく開かれている国・地域がある。自国の短期的な利益を追求するのではなく，そうした国・地域をリードし，東アジアの発展のために，東アジア各国・地域と長期的な連携・協力を図っていく。これこそが日本に求められていることではないかと私は考えている。それが達成できれば，東アジアと日本はより一体化し，より素晴らしい東アジアを築けるはずだ。

　さらに，私は，そうした連携・協力の実現のためには，東アジア各国・地域との信頼を築くことが最も重要だと考えている。互いに信頼し合える関係があってこそ，初めて長期的な連携や協力を果たすことができるのではないだろ

うか。

　では，そうした信頼をいかにして築いていくのか。それに関して私は，日本国民一人ひとりが東アジア市民であることを意識し，東アジア地域の人々と信頼関係を築いていくことが最も大切だと考えている。

　国家は国民がいて初めて成り立つものであり，いわば国民の集合体である。ならば，国民一人ひとりが築き上げた信頼はその国全体の信頼になるのではないだろうか。日本国民一人ひとりが，東アジアの国・地域に足を運び，そこで出会った人々，あるいは日本国内やその他の地域で出会った東アジア地域の人々と小さな信頼関係を築くことで，日本全体として大きな信頼を手にすることができると考える。こうして構築した信頼をもとに，東アジア各地域との長期的な連携・協力を実現していくことで，彼らと共に，より魅力的な東アジアを作り上げることができるはずだ。

　以上のように私は，東アジア発展のための地域協力の枠組み実現のために，日本は東アジア各国・地域との長期的な連携・協力を図っていく必要があり，その連携・協力関係を築くためには，私たち日本国民一人ひとりに対する信頼が重要であると考える。そうした信頼を得て，東アジアをより一層発展させるためにも，今後私たちは，東アジア地域の人々と直接の交流を図るなど，積極的に行動を起こしていく必要がある。

（小林　宇輝）

【参考文献】
猪木武徳（2009）『戦後世界経済史』中央公論新社。
小林尚朗・吉田敦・森元晶文編，福田邦夫監修（2014）『世界経済の解剖学―亡益論入門』法律文化社。
平川均・石川幸一・山本博史・矢野修一・小原篤次・小林尚朗編著（2016）『新・アジア経済論―中国とアジア・コンセンサスの模索』文眞堂。

「協力」と「発展」
——手を繋ぎ始めるアジア——

　世界各国でグローバル化が進んでいる現在，世界情勢は共同体を作り，従来のものより大きい枠組みで発展を遂げようとしている。アジア各国でもその動きは起こっており，東アジアを中心とした共同体の構成が近年生まれている。アジアの経済市場は年々拡大を続けており，中国やASEANなどの発展は著しいものである。では共同体を結成するにあたって必要なものとは何なのか。

　共同体の話題で欠かせないことの一つにFTAが存在する。なかでもTPPとRCEPはアジアにおいて重要な問題として定義されていて，日本においてもその方針を定められないでいる。どちらもメガFTAとして期待されるものであるが，これらは本当に東アジア共同体の結成において必要なのだろうか。

　共同体の先例としてEUの存在が挙げられる。EUは法律や経済政策を合同で進めていて，通貨も共通のものを使用している。いわば一つの大きな国のようなものである。しかし東アジアでは共同体としてEUと同じことをしても成功しないであろう。アジアはヨーロッパよりも民族や言語，宗教，経済力など様々な違いが存在している。EUのように一つにするために様々な制度を作り上げても格差が生じたり受け入れられなかったりしてしまう。では東アジア共同体をつくるにはどうすればよいのだろうか。その鍵はAFTAにある。AFTAの特徴は段階的で柔軟な自由化の実施である。このような相互理解こそがアジアの成長を促すものとなるだろう。

　この相互理解というものは一見難しいようにも思える。実際に日本の各メディアでは海外の反日運動などを目にする機会が多い。特に中国と韓国への印象はどこか悪い方向に加熱している。しかしこれらは必ずしもそうとは限らない。日本に観光に来る外国人は数多く存在し，アジアの食や歌手などのブームが起きている。その逆も同じであり，皆が敵対感情を抱いているわけではない。

　私は以前中国に1週間ほど研修に行ったが，そこであった人たちは皆私を迎え入れてくれて，嫌な顔ひとつすることはなかった。中国に行く前には様々な報道のこともあり身構えていたが，話してみるとすぐに打ち解けることができ

た。ではなぜこれが国単位で行うことが難しいのだろうか。それはやはり人と人とが直接触れ合うことが少ないからなのではないだろうか。

確かに今の時代，情報はインターネットを通じてすぐに知ることができる。しかしそれは自分自身が体験したものではない。その発信者が見たもの感じたものとして変換されたものである。しかしそれにもかかわらず私たちはそれが正しい情報，みんなの意見だと思いがちである。

ではどうすれば私たちは互いに理解し合えるのだろうか。様々なアイディアがあるだろうが，私はきっかけはなんでも良く，まずは相手をよく知るという姿勢が大切であると考える。国際交流の場というのは多くはないものの，探してみれば色々とあるものである。スポーツでも文化でも何か一つ自分の趣味に合うものから入ることが抵抗感なくできる最初の一歩であろう。

また実際にその国に行くことも理解を深める上で重要である。私も先の中国研修では様々な街や施設を回り，大変興味をそそられた。言葉が通じないからと敬遠する人は多いだろうが，学生のうちに一度は経験するべきである。文字通り視野が広がり，歴史の授業やニュースでは得られない見識が生まれるであろう。さらに国際交流が盛んになれば経済交流も一層深まり，今まで市場として弱かった地域が活性化していくだろう。

共同体の結成には障害も存在する。最初にあげたFTAも発展には欠かせないだろうがその本質を見失ってはいけない。我々が真に目指すべきことは高い自由化レベルということではなく，いかに互いを尊重し合い，アジア全体が発展していける協力体制を作り上げる信頼関係を築けるかということだ。

私たちが東アジア共同体の結成に向けてできることは一人ひとりでは小さいことなのかもしれない。しかしそれが周りにどんどん広がっていくことで点から線になり，やがては共同体の輪を作り上げることになるである。その行先には東アジアの発展が必ずや存在するであろう。私は今後共同体の構築のための相互理解を深めるための場を開いてみたいと思う。もしそれがきっかけとなって共同体創成に意欲を見せてくれる人が存在したのなら私にとってだけでなく，アジア全体の未来にとって喜ばしいことであろう。

（佐々木 将登）

アジア地域協力とコンテンツの可能性

(1) コンテンツの可能性

　今後，アジアがますます発展していくにあたり，その地域間での協力は必要不可欠である。そしてまた，その協力体制を強化していく上で相互理解も欠かせないものである。しかし，アジアは多様な文化や考え方を持つ地域であることから，相互理解は簡単なことではない。そこで，私が相互理解のツールの一つとして提案したいのが，コンテンツを通じた相互理解である。

　私は海外に行った際，コンテンツの力をよく実感する。例えば，ホームステイや研修で行った時に，現地の人々と仲良くなる手段の一つになったのが，日本の「アニメ」というコンテンツだった。アニメという共通の話題がきっかけとなり現地の友人と仲良くなることができたし，お互いの文化や考え方について理解する手助けにもなった。また，日本のアニメが好きだと語った海外の友人は，アニメがきっかけで日本が好きになり，そこから日本について調べるようにもなったとも話していた。

　政治や歴史的な理由で対立している国に住んでいても，こうしたコンテンツの影響によって相手の国を好きになり，理解しようとする姿勢に繋がっている。そこで，アジアの地域協力における相互理解は，コンテンツの影響がその相互理解へのきっかけになれるのではないかと考えた。

　コンテンツ産業において，アジアでもっとも影響力があるのは韓国であろう。韓国の文化的コンテンツは，ドラマや映画などの映像コンテンツをはじめ音楽界でもK-POPというジャンルを確立し，アジア各国で受容されている。また，日本でも韓流ブームが起こり，ドラマの放送や韓国のアーティストによる大規模なコンサート開催など，ブームが巻き起こっている。

　コンテンツはその作品が受容されるだけでなく，そこから派生した波及効果も期待できる。例えば，最初にコンテンツが受容されると，次にその関連グッズを購入する段階になり，続いてその国や地域の商品を購入する段階になり，最後にはその国や地域の文化に興味を持ち憧れの対象になるようになる。

　実際に日本でも，韓流の影響を受けて韓国語を勉強したり，現地へ足を運

んだりする人も出てきた。また最近の若い女性の間では，韓国の美容方法やファッションが話題となり憧れの対象となっている。また筆者が中国に訪れた際にも，韓流スターが韓国製品のPRとして広告に使用されているのを多く見かけた。韓国のコンテンツの波及効果がアジアで出ていることを感じた。

　こうしたコンテンツという側面から他国を理解し，それがきっかけで相手国を好きになることが実際には起こっている。それがアジアの相互理解の第一歩になる。コンテンツがアジアで発信されアジア全体で共有されれば，人々が自主的に相手国を理解したいという姿勢に繋がるのではないかと考える。

(2)　コンテンツをアジアで共有するために

　これを達成するためには，今度はコンテンツを発信し，それを他国の人に興味を持って受容してもらう必要がある。その方法として，インターネットを用いた拡散が効果的だと考える。

　例えば，韓国のコンテンツはインターネットを用いたプロモーションによってアジアを初め世界中で受容されてきた側面がある。情報化社会と言われる現在では人々が簡単にインターネットにアクセスできる環境にある。そして，SNS等のインターネット上のツールを上手に活用すれば，より効果的に，そして全世界にコンテンツを発信することが可能である。例えばカンボジアでは，テレビよりもFacebookの影響が強いらしい。このようにアジアの地域ではインターネット上の情報の方が影響を持つ場合もある。

　最後に，コンテンツという文化的側面からまず相手国を知り，好きになることが，相互理解へのきっかけづくりになると考える。そしてそのツールとしてはインターネットが効果的であると考える。多様な考え方で溢れているアジアだからこそ，協力のためには理解が必要である。その理解のためのきっかけ作りのツールとしてコンテンツが用いられ，その結果，アジアのさらなる協力と発展がされることを望む。

（澤田　果奈）

【参考文献】

金美林（2013）『韓国映像コンテンツ産業の成長と国際流通―規制から支援政策へ』慶應義塾大学出版会．

友達づくりから始めるアジア共同体

　インターネットの普及によって，われわれ一般人でも容易に世界へ向けて自分の考えを発信することが可能になった。それは同時に，以前と比べて民間の発言力がますます大きくなっていることを意味する。このような時代の中で，インターネットを通して発信される民間の声はもはや，国民感情を形成しているといえる。そして，それは好意的であれ反発感情であれ簡単に国境を越え，あたかも国民全体の意思であるかのようにその国に伝わる。しかし，果たしてそれは本当に国民全員の意思といえるだろうか。

　答えは否だ。なぜなら，インターネットを介して発言をしている人はごく一部に過ぎない。そうであるにもかかわらず，現在の東アジアとりわけ日中韓関係においてこの民間の声は，誤解を生み，アジア共同体創成を阻害する要因のひとつになっていると私は考える。2016年の日中韓共同世論調査結果によると，日中韓互いにとって「信頼できるパートナー」はどこかという問いに対して，いずれの二国間においても「信頼できない」，「どちらかといえば信頼できない」を合わせて50％を超えるという結果が出ている[1]。

　では，なぜ人々は互いに不信感を抱くような声を上げてしまうのか。それはその国の"生"の情報を知らないから，もっと言えばその国の友達がいないからである。身近な例として，外国人の留学生や同僚を思い浮かべてみてほしい。ともに勉強や仕事をこなし，盃を交わした友達やその故郷を悪く言うことができるだろうか。相手のことを知れば，安易に相手を批判することはできない。相手のことを知るには直接会って対話することが一番である。

　その感覚を変える鍵は観光にあると私は考えている。日本政府は2016年3月開催の第2回「明日の日本を支える観光ビジョン構想会議」の中で，2020年までに訪日外国人旅行者数を倍増の4000万人とする目標を掲げている[2]。このように日本も力を入れてきている観光分野であるが，現在海外旅行において大きな比重を占めるものは美しい自然や歴史的な建造物を見て回るものであり，いわば「モノを見る」観光といえる。このような観光の良さは，その国の魅力や歴史を知ることができる点である。しかし，実際にそこで生活する人々

と関わる機会はそれほど多くない。自然や歴史を体験する一方で，今そこに生きている人たちの価値観や習慣といった実際に触れることができないのである。

そこで私が提案したいものが「ヒトに会う」観光である。従来の観光資源ではなく，まず実際に人に会うことを目的として，それからそこで暮らす人々の生活に触れる体験型の観光である。

日本については，特に地方へ目を向けていきたい。2020年東京オリンピック・パラリンピック招致の際に謳われた「おもてなし」の精神は，田舎のおじいちゃん・おばあちゃんこそ持っているものだと私は理解している。海外からの観光客が実際に生活に入り込むことでその国に暮らす人々の実情を知ることができ，さらに経済効果をもたらし，地域活性化にもつながると期待される。こうして友達になり自国に戻った彼らが体験を広め，再び友達を連れて帰ってくるような好循環を生み出すことが理想である。たしかに，言語・文化や宗教の壁，いかに魅力的な観光商品としてパッケージするかなどといった障害は少なくないが，アジア共同体に向けて相互理解を深めるために，人と人を結ぶ観光には大きな意義があると私は信じている。

近年，日本人の海外への留学生は減少しており内向き志向だといわれる。留学経験のない私にとっても耳が痛い話である。しかし，海外調査という形で初めて中国に行き現地の人と接することで自分の世界は大きく広がった。これまで自分の見ていたものの小ささを痛感し，ふとした瞬間に中国で出会った友達に思いを馳せるようになった。そしてなにより，勇気を出して新しいことに挑戦することが面白いことであると身をもって知った。同じように考える人が増えれば，アジア共同体形成は徐々に進んでいくのではないか，というのが本文のきっかけであり趣旨である。このような貴重な機会を与えてくださった朱先生に対する感謝と，先に挙げた障害を解決し理想実現に貢献できる人材になる決意を込め結びとしたい。

（相馬 周平）

【注】
1 特定非営利活動法人 言論NPOホームページ (http://www.genron-npo.net/world/archives/6417.html, 2016年11月9日アクセス)。
2 首相官邸ホームページ (http://www.kantei.go.jp/, 2016年11月12日アクセス)。

これからのアジアと日本の関係

　私が考えるこれからのアジアと日本の関係は，お互いが協力し合えるような関係になることである。今までの日本は，アジアの中では経済的な面で大きな力を持っていた。しかし，2009年に中国に追い抜かれ，このままでは他の国にも追い抜かれても不思議ではない状況である。日本が経済的に発展していくためには自国内でより努力していくことはもちろん大事だが，それだけでは限界がある。今後さらに経済的に発展していくためには，他国との協力が現在よりも必要となってくるであろう。

　他国と協力するうえで重要になってくることはその国のことを知るということである。主に国民の考えではあるが，その国のことを知らないまま，誤解したままではプラスの印象を持っていない場合が多い。それゆえ，協力することに抵抗がある場合や，賛同が得られない場合がある。政治家や企業など，協力していくうえで中心になる人物達が知るということはもちろんのことではある。しかし，そのような人達のみが知るのではなく，私たち国民も知るということが重要になってくる。

　文化を知るということはその国へ実際に行き，見たり，体験したりしてみなければ分からないことが多いため難しい。自分の国とは異なることが多いからである。私自身，中国や台湾などの外国に行ったことにより，それを感じることができた。自分が想像していたものとは異なっていたし，驚くことが多かった。一方で，実際に体験することにより，その国を前よりは身近に感じることができたし，その国に対してとても良い印象を持った。行くということで得るということは大きいものではある。

　しかし，実際に外国に行くことは難しい上に，すべての国に行くということは困難である。さらに，あまり関心のない国に行くことはないであろう。しかし，食文化のことであれば他国に関心がなくても興味が湧きやすいし，身近に感じ，手軽に知ることができる。食文化から入ることで食のこと以外にもその国に対して興味が出てくる場合もある。

　手軽に食文化を知り楽しむ方法としては，外国の料理を取り扱うレストラン

を作ることである。レストランであれば身近であるし，気軽に入ることができる。まずはこのような身近で手軽なところから入っていくことにより，外国への抵抗が少なくなる。食事をし，そこから食以外の文化へ興味を持つきっかけになれば良いことであり，好循環につながる。レストランでは食事を楽しむことも重要ではあるが，その他にも工夫をすればさらに良くなるのではないのかと考えられる。店で文化の紹介・体験ができ，雰囲気も合わせてその国の環境を作る。それにより，食事のことだけではなく，他の面からみても異文化への理解が深まるだろう。

　協力体制を作り上げるという意味では，共同で観光地を作るのも一つの方法であると考えられる。観光地を作り，それが利益を生み出し，その利益が国民に還元される。そこから考えられることは，経済がプラスに働き，経済発展につながるということである。そのような好循環に持ち込むことができたのならば，共同で作業している国に対してのイメージは悪くならないはずである。むしろプラスに働くはずである。さらに国としても協力することで連帯感が生まれ，その他の面でも協力体制が整いやすいはずである。

　様々な面で協力していくことで自国のみならず，他国も発展することができる。お互いの未来，経済発展のためにも協力していくことが必要であると私は考える。そのために必要になることは他国を知ることである。何も知らずに嫌うのではなく，まずは知るということから始めていくべきである。そうすることでその国の良いところが見えてくるはずである。そこから徐々に協力体制を整えていくことが重要である。

（高藤　美幸）

鍵を握る日中関係と相互理解
——アジアの未来に向けて——

(1) アジアの未来と日中の役割

　現代のアジアには世界第1位の人口を擁し，今や世界の市場と化した中国や高成長の潜在力を秘めたインド，ASEANが混在しており，アジアの成長や多様性というものは今後より一層注目されていくと考えられる。このような中，アジアにおいてリーダーシップをとるべきなのは日本と中国である。なぜなら，アジアの中でも特に両国は経済的にも政治的にも中心になっているからである。

　したがって，これからのアジアでは日本と中国が協力し先頭に立って，インドやASEANなどをリードし，自国も巻き込みながらアジア全体を発展させていくことが重要な課題である。

　日本と中国が未来のアジアにおいて重要なカギを握る一方で，近年の日中関係は決して良好とは言えず，多くの国民がマイナスイメージを持つ。日本と中国のマスメディアは互いの悪い面を報道する傾向があり，両国民はそこで得た情報だけが正しいものだと認識してしまう。また，今日におけるSNSなどの普及によって，特に私たち学生と同じ世代の人々は外部から流れてきた真実性のない情報を簡単に見ることができる。以上のことが，両国民が互いにマイナスの感情を持ってしまう原因の一つだと考えられる。

　一方，2015年の年間訪日外国人総数がおよそ1900万人に対し，訪日中国人数は約500万人であり，実に訪日外国人の約4人に1人は中国人という結果である。このような根拠から考えると，日本と中国の関係を一言で語るのは困難である。

　そこで，日中関係という大きな壁を乗り越え，両国が協力してリーダーシップをとることが，これからのアジアに大きな影響を与えるのではないか。

(2) 日中関係改善のための私たちの役割

　日本と中国がより良い関係を構築するにあたって，重要だと考えるのは相互

理解である。事実，日本は島国である以上，マスメディアやSNSなどを通じた情報以外で中国のことを知る機会が少ない。そこで，マスメディアやSNSなどの情報に左右されず，互いを嘘偽りなく理解し合う人材の育成が急務である。これからの未来を担っていくのは私たちのような若者であることから，相互理解において私たちは重要な役割を果たさなければならない。

相互理解を深める手段の一つとして日本や中国に関する本や資料を読むことも重要だと考えられるが，それだけですべてを理解するのは困難である。本当に重要なのは実際に現地に行き，自分の目で見て，耳で聞くことだと考える。具体的に私たちのような学生にできることは留学や海外研修，海外旅行が挙げられる。そこではマスメディアやSNSでは伝えられない真の情報を得ることができ，相互理解への第一歩が踏み出せるのではないか。

筆者自身，所属するゼミの活動として2016年9月に1週間の日程で中国研修に参加した。中国滞在中は中国の学生たちと交流する機会があり，多くの会話を交わした。日本文化について会話することが多く，アニメや歌に関する知識は予想以上だったので驚いた。出会った中国の学生たちは日本が好きで，積極的に日本のことを知ろうとしているという印象が強かった。

このような体験から，相互理解の重要性を感じることができた。相互理解は一方通行では成立しない。中国の学生たちが日本を知ろうとしているのだから私たち日本人も中国を知ろうとする必要がある。そのためにも，両政府を筆頭に外部の情報に流されない人材の育成を加速して進めていくことが求められる。

前述したように，日本と中国はこれまでの経験と知識を活かしながらアジア全体をリードしていく必要があり，両国の協力は不可欠なものである。今日のアジアの成長は著しく，日中関係の改善によってはその成長のスピードを加速させる起爆剤となりうる。そのためにも私たち若者は相互理解をさらに深め，日本と中国，そして日本とアジアを結ぶ架け橋となろうではないか。

(當間丈士)

執筆者紹介 （執筆順）

氏名	所属	担当
朱　　永浩*	福島大学准教授	序, 第9章
鄭　　俊坤	ワンアジア財団首席研究員	第1章
平川　　均	国士舘大学教授	第2章
小林　尚朗	明治大学教授	第3章
石川　幸一	亜細亜大学教授	第4章
権　　寧俊	新潟県立大学教授	第5章
伊藤　俊介	福島大学准教授	第6章
三村　光弘	環日本海経済研究所主任研究員	第7章
大津　健登	九州国際大学特任准教授	第8章
佐野　孝治	福島大学教授	第10章
新井　洋史	環日本海経済研究所主任研究員	第11章
徐　　一睿	専修大学准教授	第12章
金　　　丹	東北大学東北アジア研究センター研究員	第13章
包　　振山	中国塩城師範学院専任講師	第14章
相田柊太郎	福島大学経済経営学類4年生	第Ⅳ部①
及川　英莉	福島大学経済経営学類4年生	第Ⅳ部②
小島　　望	福島大学経済経営学類4年生	第Ⅳ部③
勝田　菜那	福島大学経済経営学類4年生	第Ⅳ部④
小林　宇輝	福島大学経済経営学類4年生	第Ⅳ部⑤
佐々木将登	福島大学経済経営学類4年生	第Ⅳ部⑥
澤田　果奈	福島大学経済経営学類4年生	第Ⅳ部⑦
相馬　周平	福島大学経済経営学類4年生	第Ⅳ部⑧
高藤　美幸	福島大学経済経営学類4年生	第Ⅳ部⑨
當間　丈士	福島大学経済経営学類4年生	第Ⅳ部⑩

＊は編著者

編著者紹介

朱　永浩（ずう・よんほ）

1974年生まれ。
明治大学大学院商学研究科博士後期課程修了，博士（商学）。
福島大学経済経営学類准教授。専門はアジア経済論，中国経済論。

主要著書
『変わる北東アジアの経済地図―新秩序への連携と競争』（分担執筆，文眞堂，2017年）
『貿易入門―世界と日本が見えてくる』（分担執筆，大月書店，2017年）
『Food Security and Industrial Clustering in Northeast Asia』（分担執筆，Springer，2016年）
『新・アジア経済論―中国とアジア・コンセンサスの模索』（分担執筆，文眞堂，2016年）
『中国地域経済の変化と新たな韓中協力方案』（分担執筆，韓国対外経済政策研究院，2014年）（韓国語）
『世界経済の解剖学―亡益論入門』（分担執筆，法律文化社，2014年）
『中国東北経済の展開―北東アジアの新時代』（単著，日本評論社，2013年）
『中日経済貿易合作研究』（共著，経済技術出版社，2011年）（中国語）
『韓国経済の現代的課題』（分担執筆，日本評論社，2010年）
『東アジア地域協力の共同設計』（分担執筆，西田書店，2009年）
『グローバリゼーションと国際貿易』（分担執筆，大月書店，2006年）

アジア共同体構想と地域協力の展開

2018年3月31日　第1版第1刷発行　　　　　　検印省略

編著者　朱　　永　　浩
発行者　前　野　　　隆
発行所　株式会社　文　眞　堂
　　　　東京都新宿区早稲田鶴巻町533
　　　　電　話　03（3202）8480
　　　　ＦＡＸ　03（3203）2638
　　　　http://www.bunshin-do.co.jp/
　　　　〒162-0041　振替00120-2-96437

印刷・モリモト印刷／製本・イマヰ製本所
©2018
定価はカバー裏に表示してあります
ISBN978-4-8309-4992-0　C3033